男が男を解放するために

非モテの品格

大幅増補・改訂版

増補改訂版・まえがき

本書は二〇一六年に集英社新書として刊行された『非モテの品格――男にとって「弱さ」とは何か』の増補改訂版です。第一章から第三章までが集英社新書版にあたります。今回の増補改訂のために、第四章と第五章を新たに書きおろしました。第一章から第三章までの部分については、語句を多少手直しした程度で、大きな変更はありません。使用したデータにはやや古びている部分もありますが、全面的な書き改めは困難であるため、当時の数字のままにしました。

集英社新書版の部分は九万八千字ほど。今回の増補部分は八万九千字ほどの分量になりました。旧版に比べて、約二倍のボリュームです。増補というよりも、二つの本の合本のような具合かもしれません。実際に、第一章から第三章までの文章と、第四章から第五章までの文章では、文体やスタイルがかなり変わっています。

旧版と今回の増補改訂版の間には七年もの時間が経過しています。そしてこの間、わたしは、『マジョリティ男性にとってまっとうさとは何か　#MeToo に加われない男たち』（集英社新書、二〇二一年）、『男がつらい!――資本主義社会の「弱者男性」論』（ワニブックスPLUS新書、二〇二二年）などの男性学／メンズリブ的な著作を継続的に刊行してきました（なお『資本主義社会の「弱者男性」論』はまもなく韓国語版が翻訳出版されます）。

男性問題について、わたしなりに粘り強く、時間をかけて試行錯誤を試みてきたつもりです。今の自分が書くべきだと感じたものを精一杯書いてみたら、第四章、第五章のようなものになりました。戸惑いを感じる方もいるかもしれません。正直、増補した部分は文章が難解だとも思います（時に第五章は）。しかし、この七年の間の文体や姿勢の変化には、自分なりの、そして時代が強いる必然性があるとも感じています。

第四章でもふれたように、近年、男性集団による女性憎悪、暴力的で差別的な言動がいっそう目立つようになりました。わたしはそのことに強い危機感を持ち続けてきました。今も持っています。男性学やメンズリブ的な言説・実践がもっと多様なものになればいいのに。量的にも、質的にも。そう感じてきました。この本が、解放（リブ）を目指す男性たちにとって、ささやかに役立ってくれればいいと思っています。

今回、ずいぶん久々に『非モテの品格』の内容を自分で読み返したら、特に第三章が名文だと感銘を受けました。これはわりと神懸かり的な名文である、と。わが人生にたった一度きりの名文かもしれません。わたしは自分が書いた文章を読み返す習慣がほとんどなく、また自分の文章に対して——それこそ醜形恐怖症的な——嫌悪感を抱くことが多いので、こういった前向きな気持ちはとても稀なのですが……（なお思うところがあり、第三章は旧版から章題を変更しました）。

それもあって、今回、こうして増補改訂版を刊行することができたことを、個人的にもとても嬉しく思っています。

別の出版社から増補改訂版を出版するために、調整の労を取ってくれた集英社新書版の時の担当編集者である渡辺千弘さん、また部署を移動した渡辺さんからわたしの担当を引き継いだ若い編集者の吉田隆之介さんに感謝します。

そして今回の増補改訂版の担当編集者であるPヴァインの大久保潤さんにも、心からの感謝を。大久保さんのお声がけと助産によって、旧版の『非モテの品格』は甦って、こうして新たな産声をあげることができました。なお大久保さんは『ドラえもん論』の担当編集者でもあります（ちなみに『ドラえもん論』はまもなく台湾の出版社から繁体字で翻訳刊行される予定です）。

二〇二三年七月十六日

目次

第一章
男にとって弱さとは何か？

ふと、自殺した友人や知人たちの顔を、今でも思い出すことがある。

一人のシングルファーザーの男性がいた。

その人は、高齢者介護のケアマネージャーという、責任ある立場で働いていた。父子家庭だった。パートナーは別の男性と逃げて、たまに金を無心しに、ふらりと父子のところへやってくることがあった。子どもには、軽い発達障害があった。小学校のクラスになじめず、イジメもあったらしい。その人は、激務の合間を縫って、我が子の送り迎えもしていた。子どものことは無条件に好きなんです、とはにかんでいた。

そんな慌ただしい生活の中、その人は、いつのまにか、鬱病を患っていた。そのときも、職場の仲間へ迷惑をかけることを、とても気に病んでいた。ケアする立場のはずの自分が、周囲の人間や地域からケアされてしまっている。これでいいんだろうか。そんな矛盾にも苦しんでいた。

その人が自ら命を絶ったときの、周りの人々の反応――「男のプライドを捨てられたらよかったのに」「あの子だって、お父さんが生きていてくれることを望んでいただろうにね」。

あのときの、はらわたをえぐられるような違和感を、今でも忘れられない。

そうじゃあないだろう。なんで、自ら命を絶ったときにまで、「男であること」を責められなきゃいけないんだ。その人たちの見かけは優しい同情は、たとえば、男に逃げられ経済状況から中絶を選んだ女性に対して、「何も子どもを殺すことはなかったよね」と外野から同情するような振る舞いと、何が違うのだろうか。

悔しかった。

やりきれなかった。

そんな違和感から、男をめぐる問いをはじめてみたかった。

自分の弱さを認められない、という〈弱さ〉

僕の好きなマンガ家の戸田誠二という人が、「ストーリー」という短編を描いている（『ストーリー』宙出版、二〇〇四年、所収）。

――男の弱さとはどういうものなのか？

それがこの短編作品のテーマなのではないか。僕はそう受け止めている。

主人公は「ゆう」というサラリーマンの男性。共働きの妻がいて、家事を分担している。子どもはいない。いつも妻に気を配り、愛情と感謝を忘れないように心がけている。

職場の新規部門が立ち上がって一年目。ハードな状況だ。連日残業。職場は全員が男である。仕事仲間には強い連帯感がある。疲れきってはいるが、誰も愚痴を言わない。部長は多忙すぎて離婚したそうだ。若いのにもう髪が抜けはじめたやつもいる。ゆうはそんな彼らのことが好きだ。

ある日、ゆうは、社員食堂で一つのテレビニュースを目にする。無職のDV男が妻を殺した、というのだ。バカだな、としか思わない。男はどうあがいたって、女にはかなわないのに。前にも何かで見た。DV男は、妻を徹底的に殴り、妻が土下座して謝って初めて、気が静まるという。その後、凄まじい後悔と自己嫌悪が襲ってきて、謝罪する。しかしやがて男はまた暴力を繰り返す……。

その気持ちはわかるよ、ゆうは内心でそう思う。俺たち男は、本音では、殺したいほどに女が羨ましいのだろう。恋愛に生死を懸けるような感受性の豊かさ。男社会の様々な妨害に屈することなく、なお社会進出していく強さ、したたかさ。男を狂わす美しさ、冷たさ。何より決定的なのは、女は子どもを産めるということだ。男たちは会社で商品を生産する。でも本当に大切なものを産み出せるのは、女性だけだ。それなのに、仕事まで取られたら、男にいったい何が残る？　だから、男たちは女性の社会進出を拒み、殴り、侮辱し、差別するんだろう。

その気持ちはわかるよ――でも絶対、間違っている。俺は絶対にそんなことしない。

後日、若い部下の一人が、胃潰瘍で入院してしまう。ゆうが病院へ見舞いに訪れると、部下はベッドの上で、自分をひたすら責めている。みんな同じ仕事をしているのに、なんで俺だけが病気になるんだ。

自分がこんなに弱いなんて思わなかった。そう言って泣くのである。ゆうには何も言えない。

ゆうは、自分の人生について、こんなイメージを抱いている。

誰も通らない道。この道は自分の人生だ。しかしなぜか、ゆうは道端に立っている。妻だったら、道の真ん中を真っ直ぐに走っているはずだ。ゆうは思う。もしこれから妻との間に子どもが生まれるなら、女の子でなければならない。自分のような男が、再びこの世に生まれてはダメだ。もし自分のそばに一つのストーリーが流れているとしたら、物語の主人公は妻か娘だろう。そしてそれでいい……。

その夏。多忙の合間に、三日だけ休暇を取ることができた。

ゆうは妻の実家に一緒に帰省した。やっと、少し休める。つかの間の休息。しかし、その夜。ゆうは会社から急に呼び出されて、翌日の早朝には、職場に戻らねばならなくなる。疲れきっている。意識が混濁している。翌朝、駅に立っていると、突然、彼の身体は、電車に飛びこもうとして、走り出す。近くにいた誰かに止められる。妻は泣く。俺はなんでこんなことをしたんだろう。わからない。記憶がない。

妻は手続きを取って、彼を辞職させることにした。しばらく実家で休んでほしい、そう言ってくれている。なんていい人なんだろう。こんなにも弱い俺を責めないなんて。彼はしみじみと妻に感謝する。

そんな話である。

ゆうは、過労自殺の一歩手前まで追いつめられていた。

僕はべつに、そんなゆう（you）に同情しているわけではない。様々な要因があり、自己嫌悪と女性崇拝が絡まりあって、行くところまで行ってしまった男の自己破壊的な衝動——ただ、その行方が、どうしても他人事に思えなかっただけである。

懸命に働き、仲間を信頼し、家族を愛そうとしながら、自分の本当の弱さに気づけない。男としての弱さを否認し続けてしまった。そして心も体も弱って、自分というこの弱い存在、弱い男を殺そうとしてしまった。そこに複雑な悲しみを覚えたのだ。

——男の弱さとは、自らの弱さを認められない、というややこしい弱さなのではないか、と。

テレビで目にしたDV加害者の男性の心理を他人事に思えなかったのに、ゆうは「でも俺はそんなことはしない」と決めつけ、安心してしまった。しかしゆうは、殴る蹴るのとは違う形の暴力によって、身近な妻や仲間を苦しめていたのかもしれない。誰よりも強く優しくあろうとすることが、自分のみならず、自分を愛してくれる家族や友人こそを傷つけていった。わかりにくい被害者意識と加害の悪循環。そしてそれについて、ゆうは、どうしてもうまく語ることができなかった。

そんなゆう（you）の姿は、世の男性たちの姿を、ある側面から顕微鏡で拡大しているように思えた。能力主義的な賃金労働の過酷さ。男らしくあらねばならない、という性規範。仲間のためというプレッシャー。妻への不断の気配り。世の中からの、男性に対する様々な批判。どんなに嫌でも、他人や社会的な弱者を蹴落とさねば生きていけない、という現実に対する吐き気。それらすべてを黙って呑みこんで、我慢して、一人の自立した強い「男」であり続けねばならない、ということ……。

それらの要素が絡みあい、腸捻転を起こして、男性たちの中では、女性への奇妙な敗北感が育っていき、男性嫌悪が膨張していく。けれども、男たちは、それに気づけない。自分たちの無意識の底には「男の子なんて、この世に生まれてはならない」「男になんて生まれてこなければよかった」という、自らの身体に差し向けられた性暴力のような、男性抹殺的で反出生的な奇妙な欲望がひそんでいるのかもしれない、ということに。

ゆうの姿が特殊なもの、例外的なものだとは僕には思えなかった。ごく普通の多数派の男たちの中にもまた、そうした自己破壊的な欲望があり、男性嫌悪があるのではないか。

すると、男であるあなたたち（you）の失語や沈黙の奥には、いったい、何があるのだろう？

それが知りたかった。

そうだ。

男たちにとってはきっと、自らの性愛や男らしさの謎を問い直すことは、怖いことなのだ。

男たちの自己嫌悪（ミサンドリー）——フェミニストたちの死角

思えば、僕もまた、ずっと自分は男らしくない、何かが足りない、と感じ続けてきた。自己否定を続けてきた。

いや、そもそも、自分が男であることが嫌いだったのだ。自分の男としての肉体は汚らわしい、汚れている、そう思ってきた。どうして男になんか生まれてしまったんだろう。思春期の頃から、そんな気持ちがずっとあった。そして今もまだある。

おそらく僕は、男であることへの嫌悪感や身体蔑視の問題に、もっと若い頃に、ちゃんと向きあうべきだったのだろう。

しかし、長い間、そもそも、自分の中に渦巻いている男嫌いの感情に、ちゃんと気づくことすらできなかった。そのことを知らなかった。自分の欲望や身体という、最も身近なはずのものが、なぜか、見えていなかったのだ。

もちろん、そんなことを言えば、世の女性たちからは「何を言っているの?」「世の中の女性の人生がどんなに厳しいものか、それを知らないだけでしょう?」「男のくせに、現実逃避するなんて、おかしくない?」「男たちは加害者のくせに、なんで被害者面しているの?」——云々と、怒りの集中砲火が殺到するだろう。

男たちには、たくさんの社会的な既得権がある。無数の上げ底がある。ごちゃごちゃ言い訳するのではなく、そのことを、しっかりと自覚してほしい。加害者である自分たちの精神と生活習慣を変えてほしい。優しく葛藤するふりや自己反省のポーズなんて、もういらない。自分たちの中の最も見たくないところ、最も痛い無意識に向きあって、どうか社会や構造を変革してほしい、と。

僕らはもちろん、そうした男たちの社会的な優位をもっと知らなければならないし、自らの暴力性を見つめていくという困難から目をそらしてはいけない。

しかし、男の中のこの男性嫌悪——。

いったいそれにどうやって向きあえばいいのだろう?

どうやって男として、当事者である男の言葉によって、それについて語っていけばいいのだろう?

わからなかった。

男の自己嫌悪とは、たとえば、第二次性徴期の身体変化(大人の男性の声になったり、手や脚に毛が生えてきたりすること)への嫌悪感のことではない。あるいは、いわゆる「性同一性障害」[*1]についての話でもない。さらに言えば、しばしば見かける「男はつらいよ」「世の中のお父さんたちだって大変なんだ」というポーズのことでもない(それは「男に生まれてよかった」という優越感の裏返しでしかない)。

そもそも、僕の中で、異性愛男性(シスヘテロ)としてのジェンダー[*2]やセクシュアリティが根本的に揺らぐようなことは、一度もなかったように思える。

すると、この、男であることへの肉体的な嫌悪感は、いったい、どこから来るのだろうか?

もちろん、すべての男たちがそういう嫌悪感を持っている、と考えているわけではない。人によって程度の差もあるだろう。誰もが必ずそれを問題にすべきだとも思わない。

ただ、男性の自己嫌悪をせっかちに否認したり、嘲笑してスルーしたりする前に、どうか、皆さんにも、一度男としての自分を見つめてほしい。自分の中の欲望をのぞきこんでみてほしい。そんなことをやはり思う。

男であることへの自己嫌悪が、多数派である異性愛男性たちの中にも、実は、根深くわだかまっているのではないか。

フェミニズムの用語では、女性嫌悪のことをミソジニー、男性嫌悪のことをミサンドリーという。僕にとって、出発点はここだった——多数派男性の中にも、根深いミサンドリーがある。無意識に刷りこまれた、厄介なものとして。この本を書くために、自分の過去に向きあったり、いろいろな人に話を聞きにいったりして、僕はそのことを再確認することになった。そして僕らは、自分の中の根深い男性嫌悪に十分に気づいていない。身近すぎるゆえに見えていない奇妙な死角がある。そう考えるようになった。出発点としての自己嫌悪。

この自己嫌悪から、男性の性愛や身体の問題について、何かを根本的に考え直してみたかった。

たとえばかつて、哲学者の森岡正博に話を聞きにいって、心に刻まれた言葉があった。女性たちには実は、男性の中の自己嫌悪や身体蔑視の問題があまり見えていないのではないか、というのである。

たぶん多くのフェミニストに一番見えていないのは、男性の自己嫌悪という問題ではないでしょうか。ウーマンリブは「女は社会から自己否定させられてる。でも自己否定する必要なんてほんとうはないんだよ」という自己肯定からスタートしますよね。それに対し、社会は構造的に男性優位にできていて、だから男性たちは自然に自己肯定できるし、その余裕があるから自己否定や総括を主張できるんだと。その意味では女性は男性の権力性についてすごく鋭利な洞察をしたけれども、洞察しきれなかった部分もいくつかある。そのうちの大きなものの一つは、男性の自己嫌悪、特に身体蔑視の問題だと思います。（森岡正博・杉田俊介「草食系男子と性暴力」フリーターズフリー編『フェミニズムはだれのもの？』人文書院、二〇一〇年）

重要なのは、森岡がこのとき、男性の身体嫌悪のあり方について、かなり複雑な、蛇行運転を繰り返すような言い方をしていたこと、せざるをえなかったということだ。「なぜ自分の中に身体への自己否定があるのか。これはわからないとしか言いようがない」「そもそも、男同士の場ではあまりこういう話はしませんしね。しかし、実際に本を出したら、共感してくれる男性たちがわりと多くいた。やっぱりこういう問題があるんだ、とそれで分かったんですけれども」「ただ、私としては、男性の身体の否定性の問題を、あまり普遍的なものとして捉えたくはありません」。

なぜだろう。

そこには、おそらく、独特の語りがたさがあるのだ。

森岡は、男性の自己嫌悪、身体に対する嫌悪の問題に対し、射精に対する嫌悪感という卑近な性的現象から迫ろうとしている（『感じない男』ちくま新書、二〇〇五年）。

たとえば自分の父親がマスターベーションをしているところを想像してみてほしい。そこには、何か嫌なもの、汚いものがある、と男性たちは感じるのではないか。それはなぜか。そこには、何か、男性の身体イメージにおける重要な問題がひそんでいるのではないか……。

このことについて、社会学者の猪瀬優里は、中高生の月経や射精に関する意識についてもう少し客観的に把握するために、中高生に対する調査票調査や面接調査を行っている。
　それによると、月経・射精に対して「汚らわしい」というイメージを抱く子どもは、男女ともそれほど多いわけではないが、月経よりも射精を「汚らわしい」と感じる割合が高いという。男性は月経について「恥ずかしい」と感じる割合が七・四％なのに対し、射精については一七・八％が「恥ずかしい」というイメージを抱いていた。そこには、女性の月経については学校教育などの公的な場で「語られる」が、男性の射精についてはそもそも「語られてこなかった」という非対称性があるのではないか、と猪瀬は推察している。

　射精については公的な場で、将来の出産意欲や育児態度、「男性としての自己形成」や日々の生活の充実と関連づけて、公的に語られる機会は月経ほど多くない。月経に関する調査研究は、医療・保健のほか人文・社会科学の分野でも散見されるのに対し、射精や勃起など男性の性・生殖に関する調査研究は、射精障害等の治療に関する論文を除けば非常に乏しいのである。（「性の受け止め方、語り方」『ＳＹＮＯＤＯＳ』二〇一二年三月二一日　synodos.jp/society/2288）

　繰り返すが僕は、男であれば誰にでも身体嫌悪、男性嫌悪がある、と言いたいのではない。ただ、男性嫌悪という問題を入り口として、そこから何が見えてくるのか、そのことをできるかぎり考えてみたいのである。

男性は女性よりも自殺しやすいのか？

日本国内の自殺者数は、企業リストラが吹き荒れた後の一九九八年以降に急増し、史上初めて、年間三万人を超えるようになった。それから二〇一一年までの一四年間、三万人を下回ることはなかった。異常事態である。二〇〇〇年以降のデータがある国の中で、日本より自殺率が高い国は旧ソ連・東欧諸国、韓国などだけである。

自死遺族（自殺で家族を亡くした遺族）や支援者たちのアクションを中心として、二〇〇六年六月に議員立法で自殺対策基本法が作られ（二〇一六年四月に改正）、翌二〇〇七年には自殺対策に関する国の指針である自殺総合対策大綱が策定されるなど（大綱は二〇一二年に改正）、遅ればせながらも、自殺対策を推進する社会的条件が少しずつ整ってきた。二〇〇九年以降になって、ようやく自殺者数が減りはじめ、二〇一五年には約二万四〇〇〇人となった。

しかし、依然として日本では、自殺者数は交通事故死者数の約六倍であり、自殺率でいえばアメリカの二倍、イギリスの三倍という異常事態、非常事態のままなのだ。

国際的にも、自殺者は一般に、女性よりも男性のほうが多いことはよく知られている。自殺既遂による死亡者数の男女比は、おおむね2：1から3：1である。ちなみに自殺未遂は女性のほうが多いが、既遂は男性のほうがはるかに多くなる。

政府による自殺者の統計については、一九七八年以降、警察庁が「自殺統計」を発表していたが、二〇〇六年六月に自殺対策基本法が成立してからは、警察庁の自殺統計を内閣府が発表する、という形をとるようになった。またそれとは別に、厚生労働省の「人口動態統計」の中でも、自殺者数が発表されている。こちらは一九四七年から存在している。

それらのデータによれば、一九九七年頃から特に中高年男性の自殺が急増し（ただし二〇〇三年を境に四五〜五四歳、五五〜六四歳は減少、三五〜四四歳は増加傾向）、「勤務問題」「経済・生活問題」が原因・動機と思われる男性自殺者の割合が多い。「勤務問題」「経済・生活問題」を要因に含む自殺は、女性が全体の約一五％、男性が約五〇％ほどになる（一九九七年時点）。日本型雇用に特有の長時間労働・単身赴任などによって、疲弊や孤立を深めていく男性も少なくないと言われる。近年では二〇代・三〇代の自殺死亡率が高まっており、内閣府の『平成二七年版　自殺対策白書』では、一五〜三九歳の死因の第一位は自殺である。これは先進七ヶ国の中では日本だけの現象であるという。

一九四七年以降の自殺死亡率の経年的推移を男女別に見ると、男性は一九九八年以降に数値が急上昇し、高止まりしている。精神科医の松本俊彦は、これについて次のように言っている。「要するに、わが国の自殺対策における重要な課題は、『いかにして男性の自殺を防ぐか』であるといえるでしょう」（『アルコールとうつ・自殺』岩波ブックレット、二〇一四年）。

景気が悪化し、不況になると一般的に自殺者の数が増えるということはよく知られているが、男性たちのほうがその影響をより強く受けると言える。多くの人が指摘するように、そこには、日本人男性の雇用環境や生活状況などの制度的問題がかかわっている。特に日本は「過労死」という言葉によって有名であり、過労自殺（過労死の中の自殺による死のこと）する会社員の多い国である。統計を読み解くと、過労自殺者数は年間少なくとも二〇〇〇人以上にのぼるという（川人博『過労自殺 第二版』岩波新書、二〇一四年）。

もちろん、自殺という社会現象は、雇用・経済状況などを原因・要因として一元的に決まるものではない。たとえばライフリンクの清水康之らが、五〇〇人以上の自死遺族と協力して行った調査によれば、自殺の背景には六八の危機要因が潜んでおり、一人の自殺した人は、平均して四つの要因を抱えこんでいるという（自殺対策支援センター ライフリンク『自殺実態白書２０１３』）。特に鬱病、家族の不和、負債、身体疾患、生活苦、職場の人間関係、職場環境の変化、失業、事業不振、過労は「自殺の10大危機要因」とされる。逆にいえば、自殺の要因は複合的なものであり、これさえ実行すればうまく自殺者の数が減る、という万能の策があるわけではない。

しかし、明らかに、ジェンダー構造や性役割分業（その国ごとの雇用制度や社会保障体制）のあり方は男性の自殺と深くかかわっている。

たとえば松本俊彦は、統計を取ると男性よりも女性のほうが精神疾患の罹患率が高いことがわかるが、精神科医の経験からみれば事態はもう少し複雑であり、男性の場合、そもそも精神科の受診が遅れる傾向があり、それは男性が幼少時から「男は泣いたらいけない、弱音を吐いてはダメだ」「男は強くなければならない」などの文化的・社会的なプレッシャーに曝されながら育てられてきたからではないか、と言っている。そしてそのことは、男性特有の（男性の罹患率が有意に高い）メンタルヘルスとしてのアルコール乱用・アルコール依存の問題にかかわっているのではないか、と。男性たちは自分が鬱病やアルコール依存に罹患しているという事実を、そもそも認めず、受診しない傾向にあり、それが事態を悪化させて、最悪の場合は自殺へと至っていく。「働きざかりの男性の自殺予防は、アルコール問題を無視してはあり得ない」（松本、前掲書）。

あるいは「ユニオンぼちぼち」で支援活動を行う橋口昌治は、若者たちの自殺の中でも、就職活動に失敗した若者たちの就活自殺と性差の関係に注目している（「『就活自殺』とジェンダー構造」『現代思想』青土社、二〇一三年五月号）。就活失敗による自殺者には、やはり男性が多く、そこには「正社員にならなければならない」という心理的圧力があり、さらには「フリーターの男性では結婚相手にはならない」「男性は正社員になるべきだ」などの規範を内面化してしまっている、というジェンダー構造の問題がある。それに対しては「男性中心社会における男性問題」としても取り組まれるべきである、というのだ。

もちろん法律上は同じ「男性」というカテゴリーに入るとしても、異性愛者の男性よりも、同性愛者や性的マイノリティの人々のほうが自殺リスクが高い、という統計データがある。[*3] 単純化して「男性は女性よりも自殺しやすい」と言ってしまうと、見えにくくなる問題が様々にあるだろう。

ただ、自殺の問題にはジェンダーやセクシュアリティの問題が根深くかかわっており、かつ、男性たちには一般的に自己破壊的な傾向が強い、とまではどうやら言えそうである。

誤解はないと思うが、「男たちは自己嫌悪によって自殺するのだ」と言っているのではない。ただ、男性の中の自己嫌悪やミサンドリーは、これまで、十分に論じられず、社会的な言葉にもされず、さらには本人たちには自覚も認識もされてこず、自己隠蔽されてきたのではないか。それは様々にある危機要因の中の一要素として、もう少し、注目されてもいいのではないか。

「過労死110番」の活動を行ってきた弁護士の川人博は、過労自殺者たちの遺書を読むと、自分を死に追いこんだ会社に対する抗議や、無理難題を強いた上司に対する怒りの言葉を見ることは少なく、専ら期待に応えられなかった自分を責める内容になっており、「なぜここまで会社に対してわびるのか不思議でならなかった」と言っている。しかも多くの企業は、そうした遺書の内容をさらに逆手にとって、過労自殺の原因を労働条件や労務管理の問題としては捉えず、職場改善の教訓に活かさず、遺族に対しては冷淡であり、むしろ遺族たちを「会社に迷惑をかけた」と高圧的に責し、被害者である遺族が「申し訳ない」と謝る。そうしたグロテスクな状況がしばしば生じるそうである（前掲書）。しかも自殺に関しては、社会的偏見が根強いために、子どもがいるその配偶者（主に妻）は、死因を極力隠したいと考える傾向が強いという。

そもそも、自殺の調査に関しては、性暴力やDVと同じく、統計から除外される暗数の問題が大きいことが知られている。統計データを尊重しながらも、統計の〈外〉へも慎重に配慮することが大切なのである。

たんに殺されるだけではない。殺されたことすら、なかったことにされていく。自死を選び、自殺していく本人たちすら、自分が実は殺されたのだという事実に気づけないような形で。

するとやはり、「男性中心社会における男性問題」というややこしいところから——男性の自分に対するミサンドリーや身体嫌悪という視点から——自殺の問題を問い直していくことも必要なのではないか。そこでは自己の無意識を深く問い直すと同時に、社会的な制度・構造を問い直していくという、行きつ戻りつの動的な方法が必要となってくるはずだ。

松本俊彦は、男性のメンタルヘルス問題とは「否認の病」であり、さらに現代の日本社会はそうした「否認の病」の存在自体を「否認」する社会である、と言っている。

すると、問いの核心は、〈「否認の病」を「否認」する社会〉をいかに変革していくか、ということになるだろう。

「男性特権」を自己批判する、その先へ

もちろん、今の日本では、異性愛男性は、何をどう言い繕っても、どんなに言い訳をしても、マジョリティである。この国のマジョリティであるヘテロ男性たちは、女性／障害者／性的マイノリティ／定住外国人などに比べると、制度的・構造的なレベルで、数多の既得権（恩恵）を享受している。これは構造や制度の問題であり、たんなる客観的な事実の問題である。

過去の個人的な体験を過度に一般化して、「女性もそれなりに恵まれている」とか「男だってつらい」と主張するのは、やはり不公正なのである。「男たちも、女とは違った形で性役割や性分業に苦し

められているんだ、その点では男も女も同じだ」と主張することは、さらにアンフェアである（金持ちも貧乏人も、能力のある人間もない人間も、どっちも等しく不幸なんだ、誰でも同じだ、とは言えないだろう）。性的に公正な状況へ向けて少しずつ改善・改良が目指されてきたとはいえ、日本人男性たちの様々な優位は依然として揺らいでいない。

しかし――。

かといって、男たちは本当に、自分のことが好きなのだろうか？

日頃から自然に自己肯定ができているのか？

それは違うのではないか？

大多数の男たちもまた、実は、内なる自己嫌悪や身体蔑視に（女性たちや、性的マイノリティたちとは違う形で）苦しめられているのに、その問題から目をそらし続けてきたのではないだろうか？

今も向きあわずにすませているのではないか？

ことさら自分の性に向きあわず、意識しなくても、日常を生きていけること、それこそが、まさしく男たちの最大の特権ではなかったろうか？

すると、マジョリティであるからこそ、男性の自己嫌悪の問題はかえって根深いのではないか。社会的なマイノリティや被害者とは決して言えないから、どんな理不尽な目にあっても自分が犠牲者だとは決して言い切れないから、それゆえに、いったん自分の暴力や加害性に躓いた男たちは、罪悪感や自己批判をとめどなく膨れ上がらせていくのかもしれない。

いったんそうなってしまえば、男性優位の男社会、自分のマッチョさ、優しさの不足、能力主義の不健全さ……それらすべてが汚らわしく思われ、すべり台をすべり落ちるように、「男性の特権を自己批判しなければならない」という気持ちに歯止めがかからなくなっていく。

もちろん、死者はもう語らない。何一つ。

シングルファーザーのあの人の本心は、誰にもわからない。

もしかしたら、彼自身にすら、わからなかったかもしれない。

しかし、その人が「男らしさ」というプライドを捨てるための努力をしなかった、とは僕にはどうしても思えなかった。男らしさという呪縛から、必死に逃れようとした。矛盾に苦しんだ。父性と母性、男と女、責任と優しさ、それらのいずれをも何とか引き受けたかった。子どもを愛したかった。逃げた妻を許したかった。もちろん、世の、職場の女性たちからの「男の殻を破ればいいのに。でも、男なんだから、自分で黙って解決してね」という無言のプレッシャーも、深く受け止めていただろう。別れた奥さんの悪口や愚痴をその人が言っているのを、僕は一度も聞いたことがなかった。かえって、ふがいない自分を責めていた。どうして彼女の苦しみに寄り添ってあげられなかったのだろう、と。

でも、「助けて」と言えなかった。最後まで。

すべてに黙って一人で耐えようとしてしまった。

男たちは、なぜ、「助けて」と言えないのか。

男性たちの最大の自己呪縛とは、まさに自らの痛みに気づけないこと、「つらい」「苦しい」と口に出せないことかもしれないのに。そのせいで僕たちは、日頃の生活や性愛において異性や子どもたちに対する致命的な不感症／アパシーに陥っているかもしれないのに。そして「助けて」と言えないがために、自分の命を滅ぼし、無言のうちに他人にも、家族や子どもたちにすら、「助けて」と言わせなくしていくのだとしたら……。

僕にはやはり、それは男たちを呪縛する厄介な呪いであると思えるのだ。

男性たちは自分の性愛を語ってこなかった

個人的な事柄は、政治的な事柄である（The personal is political）。

これは、一九六〇年代以降の、フェミニズムや社会学におけるベーシックな考え方である。たとえば、恋人や家族間での性暴力やＤＶについて、それを個々人の生き方の問題として、批判したり責任を求めるだけでは足りない。なぜならそれは、男性的な暴力を再生産していく社会的な制度や構造の問題でもあるからだ。

これまで、よくも悪くも、男性問題の多くは、たんに批判的・消極的な側面から語られることが多かった。「男性は女性を傷つける加害者だ」「たとえ男性の中にも弱者的な属性をもつ人々がいるにせよ、構造的・社会的には、男性と女性の間には明らかな非対称性・不公正がある」「男らしさや父親らしさについて積極的に論じることは、それ自体が、差別構造を隠蔽する結果になる」「多数派の男の中の弱者や労苦を語る前に、もっと論じるべき深刻な社会問題はいくらでもあるだろう」「男性の中にも性暴力の被害者がいるのは確かだが、それはあくまでもごく少数であり、女性の被害者のほうがずっと多い」等々。

こうした状況は、当事者である男性たちが、自分たちの身体や性愛の問題を自分たちの言葉で語ることを十分にしてこなかった、十分な言葉（理論）をこれまでに編み出してこなかったためでもあるのではないだろうか？

つまり、男性たちには、手持ちの言葉が、圧倒的に足りていない。

もちろん、国内にも、一九七〇年代頃から、いくつかの男性運動やメンズリブなどのムーブメントがあった。一九九〇年代以降は市民講座も増えた。男性学や男性性研究も発達してきた。しかし、まだまだ、男性たちが当事者として、自分たちの性や身体について語るための言葉が——言葉の貯蔵庫やデータベース、あるいは「語り方」の方法そのものが——足りない。

男性たちには、どうか、自分の人生をもう一度、ゆっくりとふりかえってみてほしい。

いわゆるヘテロ（異性愛）の男性の中でも、自分の性に対して特別な違和を感じていない人のことを、シスヘテロと呼ぶことがある。性適合をしていず、性別違和を基本的に持たないような異性愛者たちのことである。

しかし、そんなシスヘテロであり、またマジョリティであるところの男性たち（日本人／異性愛者／健常者など）にも、それなりの、性的な居心地の悪さや葛藤、痛みが日常的にあるのではないか。ミクロな振動のような痛みは、男たちの「今、ここ」にもあるはずだ。

それは決して女性たちや、性的マイノリティたち「だけ」の問題ではない。あるいは、思春期の若者や青年たちばかりの話でもない。

たとえばこの僕が、まだ二〇代の頃、障害者ヘルパーの仕事に就いたときに、周りの女性ヘルパーたちから「あなたはこの仕事に向いているんじゃない？　でも、結婚とか大丈夫なの？　子どもは育てられる？」と親切心から言われたときの複雑な気持ち。あるいは、生まれつきのアトピー性皮膚炎のためもあって、昔から醜形恐怖症（ＢＤＤ）があり、現在に至るまで自分の顔や身体をうまく正視できず、自分の身体を嫌悪している、ということ（脅迫性障害＝ＯＣＤ研究会によると、醜形恐怖症の患者の割合は男性約四〇％、女性約六〇％だという）。そうした、日常の中で味わう男性的身体に対する小さな違和感たち。

そういう違和感を、僕らはもっと大事にし、言葉へと育てていっていいはずだ。

男性学を研究する多賀太が男性二三人に行った面接調査によれば、青年期の男の子たちの中にも、当然のごとく、「男であること」をめぐる様々な葛藤や躓きが生じている。たとえばある男性は、幼い頃は近所の女の子とままごと遊びなどをするのが楽しく、男の子同士の攻撃的で乱暴な遊びは苦痛だったが、成長するにつれ力も強くなり、「男らしさ」のイメージを持つようになり、その基準に沿うように努力を続けていた。ところが、今度は思春期になって異性に対する関心が高まると、女性たちからは逆に「優しさ」を期待されたりする場合があるのを知り、自分の中の「男らしさ」の基準がわからなくなり、混乱を感じてきたという。しかし、成長とともに、それらの複雑な葛藤や躓きは、わかりやすい「男らしさ」という規範的な価値観の中へと搦め取られて、なかったことにされてしまいがちなのだという。

つまり、男たちのアイデンティティ形成のプロセスは、「男らしい男性」以外の様々な潜在的な〈男〉のあり方を排除していく。多賀は、イギリスのスー・アスキューとキャロル・ロスらの研究を踏まえて、学校内の生徒集団において、男らしさ+能力主義が絡みあって増幅していく様子を分析している（「大人の男への道筋―青年期男性のアイデンティティ形成と葛藤」『男らしさの社会学』世界思想社、二〇〇六年）。

男子生徒たちの行動の動機やアイデンティティ形成は、学業、スポーツ、人気、外見、喧嘩の強さなど、様々な競争（パワープレイ）を通して形成されていく。これに対し、それらの場面ではなかなか活躍できない男子生徒たちは、しばしば、反社会的な方法（いじめ、嫌がらせなど）によって、自分たちの優越や支配を疑似的に獲得しようとする。つまり、苛められやすい子どもがさらに弱い子どもたちを苛めて、優越感を手にしようとするのだ。

この場合、男子集団のいじめ・嫌がらせに特徴的なのは、犠牲者となる男子たちを「女性化」したり「同性愛者」というレッテルを貼ったりすることである。男性集団内における弱者男性の支配は、こうして、女性嫌悪や同性愛嫌悪とも根深く結びついている。実際にイギリスでは、男性集団内のパワープレイは、共学校よりも、男子校において一層顕著なものになるという（前掲書）。そして、こうした学校内での男性集団の形成によって規範化された「男らしさ」の暴力は、卒業した後も、企業内や地域共同体の中での女性排除の文化へと継承され、再生産されていくのである。

「男らしい男」「男とはこういうものだ」というステロタイプ（性神話、性規範）にうまくなじめない男性たちの生を強いる葛藤や痛み——。

ここで出発点にしたいのは、男らしさという規範にうまくなじめない男たちの痛みである。つまり、必ずしも「男らしく」ない男たちのことであり——「男らしいマッチョな男」でもなく、かといって社会的なマイノリティでもないような、どっちつかずの周縁的な男性たち——、しかも、そうした痛みや弱さ（葛藤、矛盾）ゆえに生じるねじれた暴力の問題なのである。

マジョリティでしかない男たちの見えにくく語りにくい痛みの微妙さや、それがもつ意味である。それをそれとして男性当事者の内側から観察し、語っていくことができないだろうか。

男たちの葛藤・苦悩・矛盾を存在しないものとしてしまえば、そこには無理が生じ、男たちの中に厄介な空洞（穴）が生まれてしまう。空洞を埋めるために、無理な男らしさを偽装したり、暴発や暴力を反復したりして、さらに硬直した「男らしさ」のアイデンティティが強化されてしまうのである。

きっと、「普通」の男たちもまた、自分が男であるということに、もっと葛藤し続けていいのだ。

ただし、その場合も、僕たちマジョリティとしてのヘテロ男性の場合は、特殊な内省や語り口のあり方が不可欠になるだろう——すなわち、他者（女性や性的マイノリティたち）からの批判的な眼差しを繰りこみながら（自分たちの余裕＝上げ底を認識しながら）、しかも過剰に自らを自己否定し続けるという罠にはまることもなく、自らの男性性について問い直し続けていく、というやり方である。

確かにそれは、曖昧で、危うく、微妙な道となるだろう。

しかし、この曖昧で微妙な場所にとどまりながら、僕らはどこまでも、男性性の意味について問い直し続けるべきなのだ。問い直し続けていいはずなのだ。

「男の子」に産んで申し訳ない、という気持ち

男性にとって自分の弱さに向きあうこと、男としての弱さを問い直すことは、どうしようもなく怖いことなのではないか、と言った。

近年のトラウマやPTSD（心的外傷後ストレス障害）の研究によれば、伝統的な男女の社会化は、女性から声を奪い、男性からは心を奪うという（宮地尚子編『トラウマとジェンダー』金剛出版、二〇〇四年）。怖いと言えること、泣けること、逃げられること。それは過去のトラウマを克服するために、大切なことだ。しかし、世の中の男性たちは、「男らしさ」を守るために、自らの脆弱性や恐怖を否認せざるをえない。あたかも、この社会は、男たちに、感情を解離させ、無痛化に陥ることを積極的に奨励しているかのようだ。「酒を飲んで暴れたり、酔いつぶれて肝臓を壊すよりも、めそめそ泣いて傷つきを打ち明けることの方が男性にとってはタブーかもしれない」（同書）。

弱さや女々しさという烙印を払拭するために、過去にトラウマを受けた男性が、過度な男性性を追い求めることもある（ジムに通って全身の筋肉を鍛える、学問や仕事に没入する、女性をとっかえひっかえする、など）。

精神分析医のジークムント・フロイトは、かつて、第一次世界大戦でむき出しになった人類の攻撃欲望について、分析したことがある（『快感原則の彼岸』〈原著一九二〇年〉）。人間の攻撃性に関して考えていくうちに、フロイトは、普通の快感原則（不快な刺激をなるべく低減し、安定的な状態を欲望すること）とは異なる、奇妙な欲動が人間の中にはある、と仮定せざるをえなくなる。それをタナトス（死の欲動）と呼んだ。

無意識の中に溜めこまれた罪責感は、超自我（倫理）となって、自我を抑えつけ、「〜しろ」「〜するな」という命令を与えてくる。つまり、人間の脆弱な自我は、超自我からの倫理的な命令を、つねに子どものようにおそれ続けている。フロイトはそうした超自我を「厳しい父親」とも言っている。それは理想的な「男らしい男」からの、無力な子どもに対する命令のようなものである、と。

タナトスとしての男性嫌悪。

男性による女性への性支配の根っこにもまた、この、恐怖の否認（解離）があるのではないか。痛みを痛みとして感じることを、そもそも、自分に許せない。男性たちは、経済競争に勝利し、戦争時には兵士として命を懸けることを求められる。「なぜ男性は怖いと言ってはいけないのか?」と、泣き言を言うことは許されない。そのぶん、家族や恋愛の中で、妻や母親たちに優しく労わってもらおうとする。それが満たされないと、女性に対する感情が暴発してしまう。

何よりも怖いのは、自己否定が自分の中だけでは決して完結しないことである。それは周囲の人々に感染し、転移していく。

たとえば、僕たちの子どもが連れ合いのお腹にいて、まだ性別がわからなかった頃のこと、僕は、本心では、生まれてくる子どもが「男の子でなければいいのに」と何度も思っていた。でも、そのことを、誰にも言えなかった。むしろ逆のことを言っていた。周りの友人知人たちには、「男の子でも女の子でもそれ以外でも、なんでもいいよ」と言っていた。

我ながら、とてもひどい話だと思う。

けれども、それが本心だったのだ。男なんてかわいそうだ、自分みたいに鬱屈し、悶々とする人生を送るなんて、気の毒だ。くだらない能力や権威の競いあいや、男としての自尊心に苦しめられるに違いない。どうしてもそうとしか思えなかった。

福満しげゆきのマンガ『僕の小規模な生活』第三巻（講談社、二〇〇九年）には、生まれてくる子が女の子だと思いこんでいた「僕」が、男の子と知って失望する様子が描かれている。

弱いものがより弱いものを叩く。自分の弱さを認められないから、一番嫌な最低の暴力を、自分より弱い立場の誰かにふるってしまう。そしてそんな暴力の記憶を、あとから正当化したり、集団の責任に解消したり、無感覚になったり、かえって自分こそが被害者だったのだと思いこんだりしていく……。そこには、人間の一番根深い弱さがあると思えた。

資本主義と性分業と優生思想（能力主義）が絡みあっていくポイントとしての、男性嫌悪。

僕たちのこうした男性嫌悪の先には、何があるのだろうか？

男の内なる攻撃性や男性嫌悪を問い直し、それを変えて、高次元の男性的な欲望を解き放つためには、どうすればいいのだろう？

フロイトは、自己破壊的なタナトスこそが、人間の超自我（倫理）になるのだ、と言っていた。

だとすれば、僕たちは、自分たちを苦しめる男性嫌悪の先でこそ——男であることの矛盾や葛藤や失語の先でこそ——、「新しい男」になっていけるのだろうか？

そうした道がありうるのだろうか？

しかしそれは、具体的には、どういうことなのだろうか？

メンズリブを再起動する

男たちの根本的な弱さ。それは、自分の中の弱さをどうしても認められない、それにどうしても向きあえない、という〈弱さ〉なのではないか、と言った。

それにしても、自分の弱さを真っ直ぐに見つめること、そんなとても単純で素朴なことが、どうして、僕らにはできないのだろうか。この地球上の男たちには不可能だと思えるほど、至難なことに感じられるのか。

他人の弱さや無能さは許すことができるが、自分の弱さはどうしても許せないということ。こうしたダブルスタンダードこそが、もしかしたら、男にとっての最大の罠なのかもしれない。

自分の内なる男性嫌悪が、まだこの世に生まれていない子どもの性別を否定し、子どもに対する歪んだ所有欲望（男に生まれなければよかったのに）となり、さらには結果的に、子どもの中へも男性嫌悪の種子を植えつけていく。つまりそこでは、資本主義的かつ優生的な再生産（生殖）の悪循環が生じてしまう。こうした自己嫌悪の無限連鎖こそが、男性的暴力の核心にあるのだとしたら。

こうした悪循環を断ち切るには、どうすればいいんだろう？

かつて、ウーマンリブの女性たちは「無価値な女としてのあたし」という破壊的な強迫観念によって呪縛された無意識（欲望）を、どこまでも自己切開していこうとした。その痛みから、女としての自由を問い直すことをはじめたのだった。

ならば僕らもまた、内なる無意識としての男性嫌悪に向きあってみるべきだろう。なぜ僕は、こんなにも、無価値で非生産的な男としての自分を許せないのか。女子どもに暴力をふるう加害者のような存在としてしか、自分の存在を認められないのか。

ありのままの自分を見つめること。そして自分の欲望と身体を変えていくこと。男性である僕らは、この僕は、自らの加害や暴力性を見つめながら、とめどない男性嫌悪のその先で、ただ真っ直ぐに、自らの弱さも女々しさも子どもっぽさも受けいれながら、男として産まれた自分のこの身体を愛し直せるのでなければならない。

どんなにそれが嫌でも。逃げたくても。怖くても。

ウーマンリブの田中美津は、かつて、男たちは自らの原点を自力で内省すべきではないか、と迫った（『いのちの女たちへ――とり乱しウーマン・リブ論』田畑書店、一九七二年）。女性たちのウーマンリブに対して、男たちがマンリブを主張しようとすることに、べつに異論はない。しかし、そもそも「マン・リブというのは何を原点にして己れを明らかにしていくのだろうか」、それを聞いてみたい、と。

この問いを田中が突きつけたのは、すでに、半世紀近くも前のことである。

僕たちはこの問いに、どう答えればいいんだろう？

男として生きていくことをその「原点」から問い直す、とはどういうことなんだろう？

男であることのアポリア

男たちの中の失語とは、たとえば、哲学者のソクラテスが言った「アポリア」という状態に似ているのかもしれない。

アポリア（Aporia）とは、「行きづまり」「問題解決能力の欠如」「困惑」「当惑」などを意味する言葉である。

プラトンの（特に初期の）対話篇では、ソクラテスが、様々な他者たちと問答する。

たとえば徳とは何か、美とは何か、とソクラテスが質問する。対話の相手がそれに答える。その答えの根拠を、ソクラテスは一つずつ、崩していく。やがて、相手は、すべての回答に失敗してしまい、アポリア状態に陥って、何も言えなくなる。自分が何も知らなかったことを率直に認めるしかなくなる。無知を知る、とは、そういうことだ。たんなる内省や自己反省ではない。他者との対話の中で、自分の無能力を嫌というほど思い知らされる、という痛みを伴う経験だ。

これは、何らかの専門的な知識や特殊な情報を知らない、ということではない。アポリアとは、自分にとって最も大切なことを、それこそを、自分は何も知らない、ということなのである。愕然とするような無知や無能さを思い知らされた人の、呆然自失の状態のことだ。

> もしそのシビレエイが、自分自身がしびれているからこそ、他人もしびれさせるというものなら、いかにもぼくはシビレエイに似ているだろう。だがもしそうでなければ、似ていないことになる。なぜならぼくは、自分では困難からの抜け道を知っていながら、他人を行きづまらせるというのではないからだ。道を見うしなっているのは、まず誰よりもぼく自身であり、そのためにひいては、他人をも困難に行きづまらせる結果となるのだ。（『メノン』藤沢令夫訳、岩波文庫、一九九四年）

僕たちは、男でありながら、男として生きていくとはどういうことなのかを知らない。

男の性を問い直していくとは、こうした行きづまりに耐え続けることだろう。

男であることの失語＝アポリアの中で「しびれている」限り、僕たちは、自分の苦しみの原因をどこかの誰か（加害者や敵）のせいにすることはできない。かといって逆に、自分の罪や不甲斐なさをひたすら責めて、それによって安心してしまうこともできない。すなわち、被害と加害、男性性と女性性、受動と能動のはざまで、無限に「しびれて」、日常的にジェンダートラブルを味わい、戸惑い続けるしかない。


このアポリアには、終わりがない。果てもない。

それは苦しく、過酷なことだ。

しかし、だからこそ、こうした行きづまりは、従来の男の性（セックス／ジェンダー／セクシュアリティ）の息苦しさを新しい「男らしさ」へと変えていくための、手がかりとなり、ステップボードとなりうるのではないか。

哲学者のジル・ドゥルーズはこう言った。


人間＝男であることの恥ずかしさ――書くことの最も優れた根拠はそこにあるのだろうか？　生成変化するのが女であるときでさえ、彼女は女に――ならねばならないのであり、この生成変化は、彼女がその権利を主張することもできよう状態とは何の関係もない。（『批評と臨床』守中高明・谷昌親・鈴木雅大訳、河出書房新社、二〇〇二年〈原著一九九三年〉）

ここでドゥルーズは、男であることを責めているのだろうか。男性は生まれながらに暴力的で、生物として加害的な存在なのだ、と。だとしたら、救いがない。しかし、おそらく、そうではないのではないか。男であることの恥ずかしさを味わい、なめつくして、〈新しい男〉になってくれ。今現在の「男」とは異なる〈男〉へと生成変化してくれ。そのように呼びかけているのではないか。

男自身が「男であること」や「男らしさ」の意味をよく知っているとは限らない。逆に、生物的あるいは社会的に男であるからこそ、新たな男になることを、はじめから、一歩ずつ学び直さねばならないのかもしれない。それは過剰な攻撃性や自殺へと傾斜し、閉じがちな男性の欲望を、否認したり抑圧するのではなく、覚醒的に生き直し、外へと開き直していくことだ。

どうか、恥じることなく、男になってくれ。過度な罪悪感や羞恥心を抱かずに。清々しく真っ直ぐに。

　破壊的な流れが自分自身に押し寄せないで、どんな危険が伴おうとも別の流れの接合に役立つかぎり、この実験は自殺的ではない。しかし反対にすべてが「私の」一服、「私の」一回分、「私の」一杯という、ただそれだけの流れに陥るとき、これは自殺的な企てである。（ジル・ドゥルーズ「麻薬に関する二つの問題」『狂人の二つの体制　1975―1982』宇野邦一監修、宇野邦一ほか訳、河出書房新社、二〇〇四年〈原著二〇〇三年〉）

やはり、ここで言っておきたい。

男たちよ、どうか、自分を殺さないでくれ。

何もかもに耐えようとして、沈黙に逃げこまないでくれ。

そしてちゃんと男であることに躓き、失語してくれ。

様々な苦しみに黙って耐え続けている（つもりになっている）とき、僕たちは、本当は、加害と被害の悪循環を見つめられず、たんに思考停止してしまっているのかもしれない。よりよく生きる勇気を諦めているだけかもしれない。

そうした我慢や沈黙こそが、実は、間違った男らしさへの優生的な執着であり、所有欲望かもしれないのである。

もちろん僕は、自分のことを棚上げして、世の男性たちを批判したいがために、このようなことを言っているのではない。そうではなく、こうした悪循環の中にいる限り、男性である僕らは、自分が男として生まれてきたという事実そのものを真っ直ぐ素直に愛せないと思うからだ。優しく幸福に生きていくことができないと考えるからだ。自らの男性的な暴力や加害を自己批評的に捉え直していくことは、確かに無数の痛みを伴うことであるが、むしろ、自分の生や性愛の幸福に繋がっていく。そのように考えているのである。

どんなにもがいても、あがいても、自己嫌悪の呪縛から逃れられない。心が濁って、くたくたになり、すり減っていく。だとしたら、その自己嫌悪をさらに徹底することで、男としての失語＝アポリアをさらにその先へと押し開いていくしかない。失語し、口ごもりながらも、何かを語り続けるしかない。

男であることに十分に躓き、葛藤することができない、という無感覚（アパシー）。

大切なのは、多数派のヘテロ男性の中にもあるはずの葛藤や躓きを、覆い隠したり、抑圧したり、否認したりしないことだ。

自分の中の痛みを痛みそのものとして直視し、受けいれていく勇気を持つことだ。

ただし、ヘテロ男性の場合は、繰り返すが、特殊な内省や語り口が必要になってくる。すなわち、他者（女性や性的マイノリティたち）からの批判的な眼差しに刺し貫かれながら（自分たちの余裕＝上げ底を認識しながら）、しかも過剰な自己否定に陥るという罠をも回避しつつ、自分たちの男性性についてとぼとぼと、ぐるぐると問い返し続けていかねばならない。男性問題を男性当事者として語る言葉を作り出し、練り上げていかねばならないのだ。

そうした厄介でややこしい語りがたさや失語の中を通して、可変的な男性像（これまでとは別の男らしさ）のあり方を探っていきたい、そう思った。そして自分の弱さを認められず、様々な事柄に黙って耐え続けて、いつしか暴発し、過剰な暴力に走ってしまう、という男性的な暴力の問題を超えていきたかった。

逆にいえば、男たちの男性嫌悪とは、資本主義／ジェンダー／優生思想などが強いる様々な矛盾に耐えかねて、魂を歪められ、たわめられて、潜在的なエネルギーが澱んだままになっている状態のことなのではないか。

僕たちの中に蓄積されている潜在的な欲望は、もしかしたら、新しく開き直され、解き放たれるのを、待っているかもしれないのだ。

註

＊1　性同一性障害とは、性の自己意識（性自認）と生物学的な性別が一致しない状態のこと。ただし、これを「疾病」や「障害」と名づけることについては、批判もある。国際的には、一九七〇年代から、法的な性別の変更が認められてきた。たとえば野宮亜紀「日本における『性同一性障害』をめぐる動きとトランスジェンダーの当事者運動」（パトリック・カリフィアほか著『セックス・チェンジズ』石倉由ほか訳、竹村和子解説、作品社、二〇〇五年〈原著一九九七年〉所収）参照。近年はより多様な性のあり方を含むトランスジェンダーという言葉が用いられる。

＊2　ジェンダーとは、文化的・社会的に構築された性のあり方のこと（ただし文化的・社会的な性の「外」に生物学的・自然的な性があるというわけではない）。セクシュアリティとは、自分に染みついた性についての感じ方や考え方の傾向のこと。

＊3　日高庸晴・荻上チキ「セクシュアルマイノリティと自殺リスク」（『ＳＹＮＯＤＯＳ』二〇一二年四月二七日　synodos.jp/society/2252）は、いくつかの統計データを紹介している。首都圏の男子中学生における自傷行為の生涯経験割合は七・五％であるが、それに対してゲイ・バイセクシュアル男性を対象に二〇一一年度に実施したインターネット調査によれば、一〇代のゲイ・バイセクシュアル男性における自傷行為の生涯経験割合は一七・〇％と、二倍以上高くなっている。また日本のゲイ・バイセクシュアル男性においては、全体の六五％が自殺を考えたことがあり、

一五％が自殺未遂をしている、という結果が出ている（一九九九年〈一〇二五人から有効回答〉と二〇〇五年〈五七三一人から有効回答〉のインターネット調査など）。

さらに二〇〇一年に厚生労働省のエイズ予防研究の一環で大阪ミナミのアメリカ村で実施した若者の健康リスクに関する街頭調査（http://www.health-issue.jp/suicide/）では、性的指向を分析軸として、自殺未遂経験割合の実態が明らかにされている（一五〜二四歳の男女二〇九五人からの有効回答）。自殺未遂の生涯経験割合は、全体で九％（男性六％、女性一一％）であり、その中でも男性の場合のみ、他の要因の影響を調整してもなお、性的指向の問題が最もリスクの高さを示し、ゲイ・バイセクシュアル男性や自分の性的指向がよくわからない人の自殺未遂リスクは、異性愛者よりも約六倍も高いことが示唆されている。

第二章　男のルサンチマンについて――非モテの品格？

戦後の日本社会で徐々に形成されてきた「男性」たちのあるべきライフスタイル――それは、いわゆる日本型の雇用システム（終身雇用、年功序列、企業内福祉、職能制＝日本型能力主義など）のもと、一つの会社にメンバーとして帰属して、生活の多くを捧げて働き、給与所得によって家族（妻、子ども）を養っていく、というものだった。

高度成長期以降に確立された「サラリーマン」というライフスタイルは、「ヘゲモニックな男性性」（他の男性性と比べて、優位に位置づけられる権威的な男性性のパターン）となり、この国の男性たちの「男らしさ」のモデルになってきた（多賀太編著『揺らぐサラリーマン生活』ミネルヴァ書房、二〇一一年）。日本の正社員男性たちは、長時間労働、転勤・転属のリスク、無限定な職務内容の重荷などと引き換えに、長期安定的な雇用・生活を保障されてきた。ただし、それには、「夫は仕事＋妻は家庭で主婦、あるいはパート労働」という性別役割分業に基づく、妻による家事・育児・介護などが大前提になる。

日本の勤労者世帯においては、世帯収入のうち、男性世帯主の勤務先収入が占める割合が際立って高い。各種データによると、日本では、一九八〇年代になると、他の先進諸国にも増して、強固に「男性稼ぎ主」中心型の生活保障システムが強化されていった（大沢真理『現代日本の生活保障システム』岩波書店、二〇〇七年）。一九八五年に男女雇用機会均等法が制定され、女性差別撤廃条約を批准したにもかかわらず、である。

戦後日本の福祉保障制度は、「男性会社員＋専業（パート）主婦＋子ども」という家族像をモデルとし（ゆえにシングル世帯、あるいは共働き世帯に対し、税制や社会保障制度が不利な形で機能してしまう）、所得・生活保障を――国家による公的保障よりも――「会社」＋「家族」の機能によって支えようとしてきた。しかしこの「勤め人の夫＋専業主婦の妻」という組み合わせが一般化したのは、実は、戦後の高度成長期の一時期のことにすぎなかったのである（落合恵美子『21世紀家族へ』ゆうひかく選書、一九九四年）。

しかも、日本型雇用の慣行や相対的に手厚い福利厚生が適用されたのは、大手企業や公務部門の男性正規雇用者が中心であり、これは雇用者総数の二〇％ほどにすぎず、正規社員の女性、非正規社員・パート社員などは、そのメンバーシップから除外され、排除されてきたのである（生田武志「フリーター≒ニート≒ホームレス」、『フリーターズフリー』vol.01、人文書院、二〇〇七年）。

雇用・労働問題とジェンダー構造

しかし、近年（一九九〇年代以降）のいわゆる「ポスト近代」的な雇用・労働環境や経済構造の変化は、こうした戦後日本の男性たちのライフスタイルを、次第に、不確かで不透明なもの、不安定なものへと変化させてきた。

ＯＥＣＤ（経済協力開発機構）の調査によると、一九八〇年代後半以降、先進諸国では、規制緩和が進んで、非正規雇用者の数が増えた。これはたんに日本国内の景気変動や制度設計の問題だけではなく、グローバルな構造的変動の問題である。その理由としては、市場の国際化によって人材配置・活用の柔軟化を求められてきたこと。製品の生産過程が細分化し、事業・業務のアウトソーシングが進んだこと。揺れ動く顧客ニーズにフレキシブルに対応するために、営業・業務時間の拡大を迫られたこと。コスト削減のため、仕事量の変化に応じて労働者の数を調整しなければならないこと、などがあると考えられる（大沢真知子「非正規（非典型）労働の国際比較」埋橋孝文編著『ワークフェア』法律文化社、二〇〇七年）。

こうしたポスト近代的な状況は、比較福祉国家論などでは、エスピン・アンデルセンにより「ポスト工業社会化」とも呼ばれている。一般に、ポスト工業化の段階では、労働のあり方が女性化（サービス労働化）していく。先進国内の産業が発展し、工業化していく段階では、男性労働者による第二次産業（重化学工業、鉱業、建設業など）が中心となり、女性たちは家庭に入って主婦化する傾向がある。これに対し、ポスト工業化の段階に入ると、オフィスワークやサービス業などの比率が高まり、女性たちが労働の場面で活躍するようになる。これは女性の労働力参加の「Ｕ字型仮説」と呼ばれる（筒井淳也『仕事と家族』中公新書、二〇一五年）。

逆に言えば、ポスト工業化の時代においては、男性たちにも様々な対人サービスやケアワーク的な能力が求められるようになる。

データによると、近年、多くの国では、臨時労働者（直接雇用の臨時労働者、派遣会社を通した派遣労働者など）が増えているが、パートタイム労働者がすべての国で増えているわけではない。日本の特徴は、パート労働者の増加が特にはっきりと目立つことだ。日本のパート労働者の特徴としてしばしば指摘されるのは、必ずしも短時間労働者ではない、という点である。つまり、実質的には同じ働き方をしているにもかかわらず、正社員と非正規社員の間には大きな処遇の差がある。そこには明らかな「身分差別」のようなものがあり、非典型労働者たちの社会保障制度への包摂は、不十分なままだ。

ここでは、明らかに、雇用・労働問題とジェンダー構造の問題が絡みあっている。しかも日本は、景気変動や経済危機などのリスクを、非正規のパートタイム労働者へ構造的に押しつけることによって、たびたび乗りきってきた。つまり、パートタイム労働者／主婦層たちの存在が、男性正社員たちを守るためのある種のバッファ（緩衝材）になってきた。

先進諸国は、一九七〇年代以降に、景気減速、大量失業、財源不足などの問題に直面して、それまでの福祉国家政策の見直しや、経済モデル（第二次産業中心で、拡大する中間層からの税収をあてにして福祉を充実させる、という高度成長型の経済モデル）からの何らかの形での脱却を模索してきた。

しかし日本の場合、オイルショック以降の不況期を、企業福祉を前提にした会社主義（ジャパン・アズ・ナンバーワンの日本的経営）によって、よくも悪くも、それなりにうまく乗りきってしまった。それは中長期的にみれば、制度的・構造的なモデルチェンジが必要な時期にそれをスルーし、問題をずるずると先送りし、事態をより深刻化させてしまったとも言える。

男性たちのアイデンティティ・クライシス

特に一九九〇年代以降のいわゆるポスト近代化の段階に入ると、従来のサラリーマン的な働き方の「型」が揺らぎ、家庭生活の規範も不安定になった（未婚化・晩婚化・非婚化の増大、家事・育児・介護の分担など）。そこでは男性たちもまた、仕事・家庭のあり方やバランスを自らの意志で決めねばならず、またその結果を自己責任として引き受けねばならなくなった。

こうした足元が流動化していくポスト近代化＝ポスト工業化の流れの中で、従来の「男性稼ぎ主」をモデルとする雇用・労働環境、家族規範が大きな変化をみせていることが、世の男性たちに対して、様々なアイデンティティ・クライシスをもたらしてきたのである。

「サラリーマン像の揺らぎは、男性中心主義のもとで形成されてきた戦後日本社会のジェンダー構造の揺らぎをも意味する」（多賀太、前掲書）。

こうした男性たちのアイデンティティ・クライシスは、そのまま、規範としての「男らしさ」の根本的な揺らぎを強いられていくという経験であり、つまり、日々の労働や生活の中で様々なミクロレベルでのジェンダートラブル――ある人の中で規範的な「男らしさ」「女らしさ」などの輪郭が揺らいで、解体されていく複雑なプロセスのこと――を味わっていく、ということでもある。

それでは、世の男性たちは、こうした「型」（規範的なモデル）の弱まった状況の中で、自分の働き方や性愛、家族のあり方を、どのように決めていけばいいのだろうか。

まず必要なのは、僕たちが日々の労働や生活の場で経験している男性としてのジェンダートラブルのあり方（ミクロな振動、葛藤）をはっきりと受け止め、自覚し直していくことであり、そしてそこに生じている痛みや変化の兆しを少しずつ言葉にしていくことではないか。

それはすなわち、現代的な男性たちの労働や雇用、性愛や家族関係の葛藤や揺らぎを、たんに従来の「男性稼ぎ主」中心型の「男らしさ」の危機や崩壊などといったマイナスの面だけではなく、来るべき新しい男性性（masculinities）を探し求めていくための重要なチャンスとして（も）、積極的に捉え直していく、ということである。

僕らのこの日々の不安や恐れ、うまく言葉にできない痛みや失語の中には――「男らしくない男たち」の戸惑いの中には――、やがて生まれいずる何か大切なものの胎芽があるのではないか、と。では、「死にたい」という暴力（タナトス）から本当に自由になり、解き放たれた男性性とはどんなものでありうるのか。

マジョリティ男性たちのねじれた被害者意識

フリーターでライターの赤木智弘は、フリーターなどの弱者男性たちは、弱者女性よりもさらに社会的に弱い立場にある、と言っている。なぜなら、女性たちは専業主婦になれるが、男性には主夫になるためのイスが限られているからだ、と（『若者を見殺しにする国』双風舎、二〇〇七年）。

そこには「あまりにも大きな格差」があり、男女平等という「きわめて当たり前のこと」を実現するためにも、強者女性たち（配偶者を支える余裕のある女性）は、弱者男性たちを積極的に専業主夫として養ってあげるよう努力すべきだ、と赤木は言うのである。

奇妙な提案である。

見つめるべきなのは、従来の「男性稼ぎ主」型の「男らしさ」の制度的・構造的な揺らぎが、「弱者男性」としての被害者意識の問題へとスライドし、ねじれたミソジニー（女性嫌悪・蔑視）やバックラッシュ（反動的な揺り戻し）の問題に搦め取られてしまう、ということだ。

ここには、厄介で切実な問題があるように思える。

たとえば僕は「女性たちは弱者男性の苦しみがわかっていない」という切迫した言葉を、何度か聞いたことがある――女性たちはすでに、男女同権の恩恵を受けている。なのに、いまだに自分たちは被害者だと主張する。我々男性を加害者として執拗に攻撃してくる。でも、女性としての特権をうまく利用している人もいっぱいいるし、自分の置かれた現在の状況からは、とても彼女たちが一方的な被害者にはみえない、云々。何だかんだ言っても、女の人の多くは結婚さえすれば、経済的・社会承認的な危機を解決することができるじゃないか、云々。

世の中の様々なマイノリティたち（女性、障害者、在日コリアンなど）によって、マジョリティ＝主流派の発言権や社会資源が不当に制限され、奪われている、というねじれた被害者意識――。

こうした奇妙なねじれは、どこからやってくるのだろうか。

少しだけ歴史を確認しておきたい。

一九七〇年代のマイノリティ運動にはラディカリズムの傾向があった。男性と女性、健全者と障害者、日本人と在日外国人などの間に、埋めることのできない非対称性（敵対性）を見て取り、そこから、マジョリティたちの存在（男性、健全者、日本人）を自明視した価値観をラディカルに変革することを目指したのである。

しかしその後、社会がそれなりに成熟し、社会問題や市民ニーズの多様化／重層化／個別化が進んだ。すると、そこには、別の問題が出てきた。多様性や多文化共生が是とされ、マイノリティや社会的に排除された人々のニーズがひとまず「社会問題」として認知されるのだが、まさにそのことで、たんなる無数の社会問題の中の一つ（one of them）として無害化＝無痛化され、支配的な構造の中にやわらかく吸収されてしまうのである（ナンシー・フレイザー『中断された正義』仲正昌樹監訳、お茶の水書房、二〇〇三年〈原著一九九七年〉。ジョック・ヤング『排除型社会』青木秀男ほか訳、洛北出版、二〇〇七年〈原著一九九九年〉など）。支配／被支配、搾取／被搾取、抑圧／被抑圧、加害／被害などの対立が一見解消したかにみえるのに、それらが深層レベルで温存され、さらに複雑な支配・搾取・抑圧・加害を生み出してしまうのだ。

こうした状況の中では、社会的なマジョリティであり「強者」であるところのヘテロ男性たちのジェンダー／セクシュアリティもまた、さらに複雑で、微妙で、ねじれたものになっていく。

たとえば以下は、かつて僕がじかに聴いた男性たちの声である。

「ゲイやレズビアンの人たちには、僕にも知り合いがいますし、周りからの偏見や差別で苦労しているのはわかっているんですが、それでも、あの人たちはどうしても、恋愛や性の経験が豊富であるようにみえてしまうんですね。失敗や挫折も含めて。やっぱり羨ましい。自分にはほんとに貧弱な経験しかないんです。なんもない。このむなしさをどうしていいか、わからないんですよ」

「私が童貞のとき一番つらかったのは、ホーキング青山さんの本とかを読んで、重度の身体障害者ですらセックスできるんだ、って知ったことでした。ガーンと、頭をぶんなぐられた感じ。いや、もちろん、差別意識なんですけどね……でもすごく嫌だった。ぶっちゃけ、俺には『障害という武器』すらないんだ、って思った」

「メンヘル（精神的に病んだ人）の女性たちって、何だかんだ言っても、みんな、彼氏がいるんですよね。正直、全然同情できなかったな……」

言うまでもなく、これらの声は、現実的に正しいか間違っているかでいえば、間違っている。

しかし僕は、彼らのそんな声を聴いたとき、どうしても、違和感とも自己嫌悪ともつかない、複雑な悲しみを覚えてしまったのだ。

男性たちの非正規雇用問題

いくつかのことを、冷静にみていくことにしよう。

二〇〇〇年代後半、国内の労働者の三割以上は、非正規雇用者になった。データをみると、非正規雇用者の比率は、一九九〇年代半ばまでは二割ほどだったが、その後、男女ともに、非正規雇用者比率が上昇し続けている。先ほどの赤木智弘の発言の背景にもまた、就職氷河期・デフレ不況世代の若者たちを見舞ったこうした非正規化という状況があるように思える。

ただし、そこには、明らかな男女差がある。女性の場合、もともと非正規率が非常に高く、九〇年代半ばでも約五割であり、さらにその傾向が継続的にじわじわと高まってきた、という感じである（図1）。

これに対し、男性の場合、二〇〇〇年代に入ってから、非正規率が急速に高まっている。特に二〇代半ば～三〇代半ばの、若い男性たちの非正規雇用比率の上昇が大きい。一九九〇年代半ばの約三％から、二〇一三年の約一六・四％へと、急上昇がみられた（図2）。

つまり、長らく非正規雇用問題とは、女性たちの問題だったのだが、二〇〇〇年代になると、非正規の男性たちの比率もまた、無視できないほどのレベルに高まり、「男性の非正規化」が新しい社会問題を形成したのである。

しかし、依然として、男性に比べて女性の非正規比率は二倍以上。つまり「非正規雇用の問題の中核

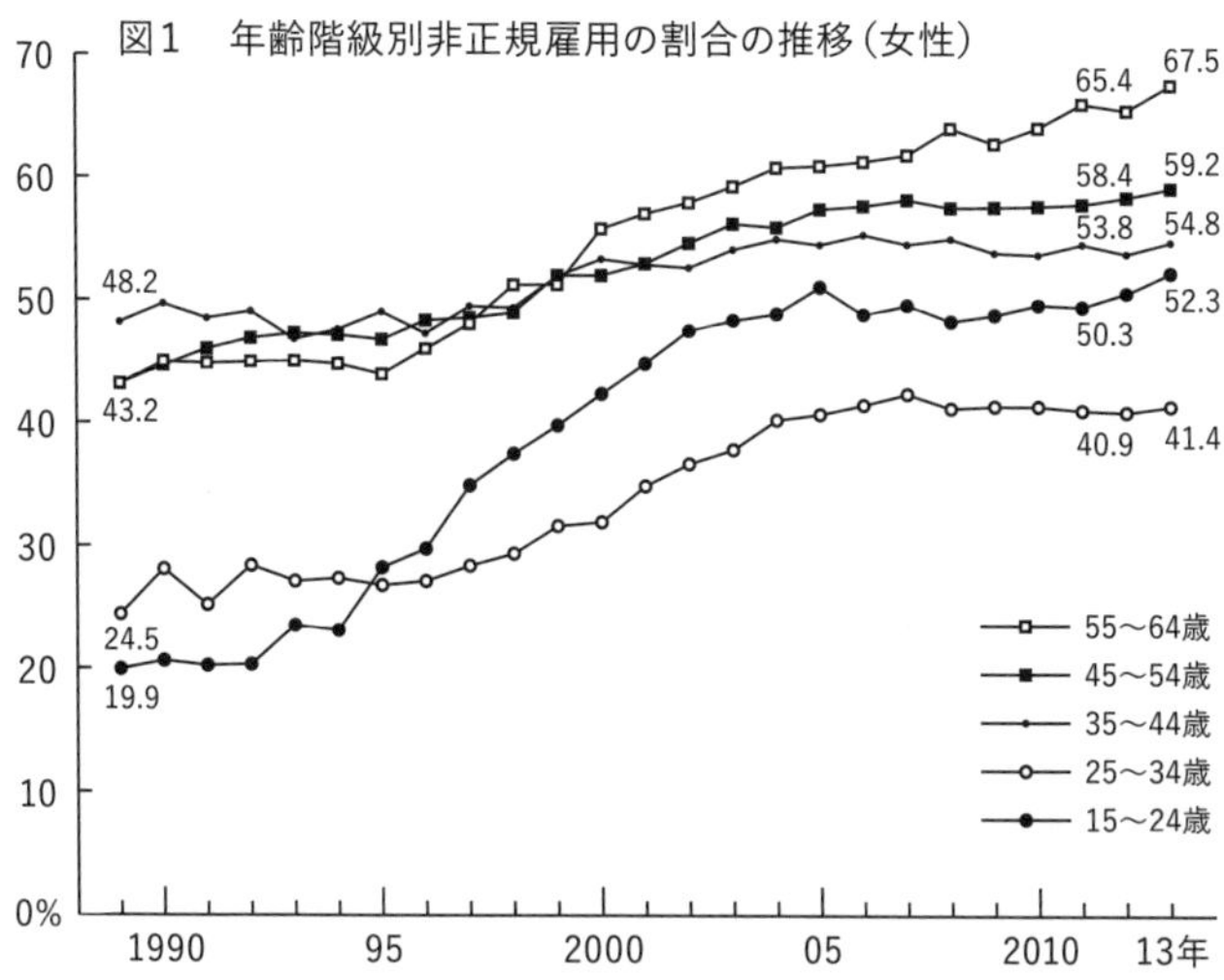

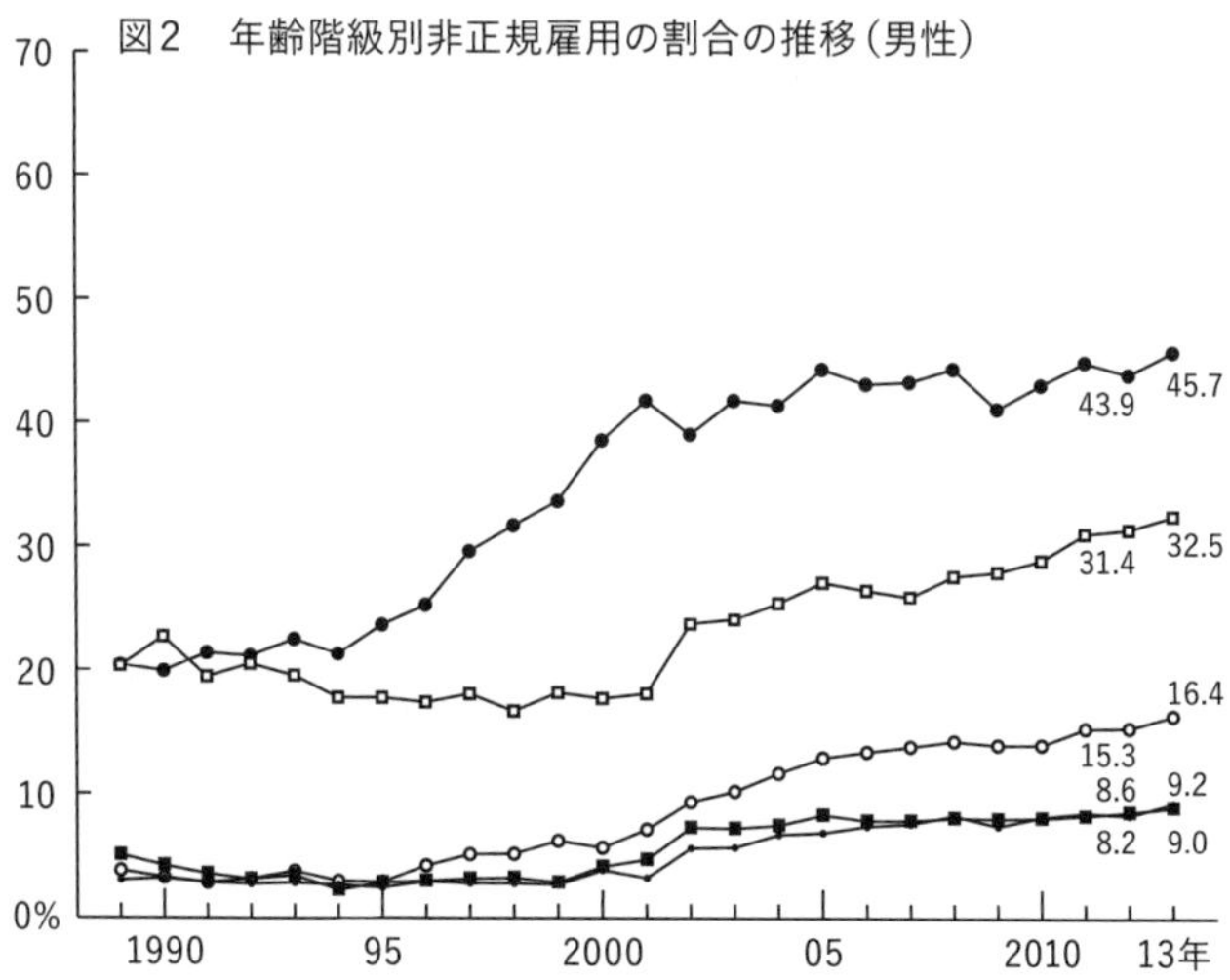

出典：内閣府男女共同参画局「男女共同参画白書」平成26年版

図3　性別にみた正社員数の変化　注：期間中の変化（万人）

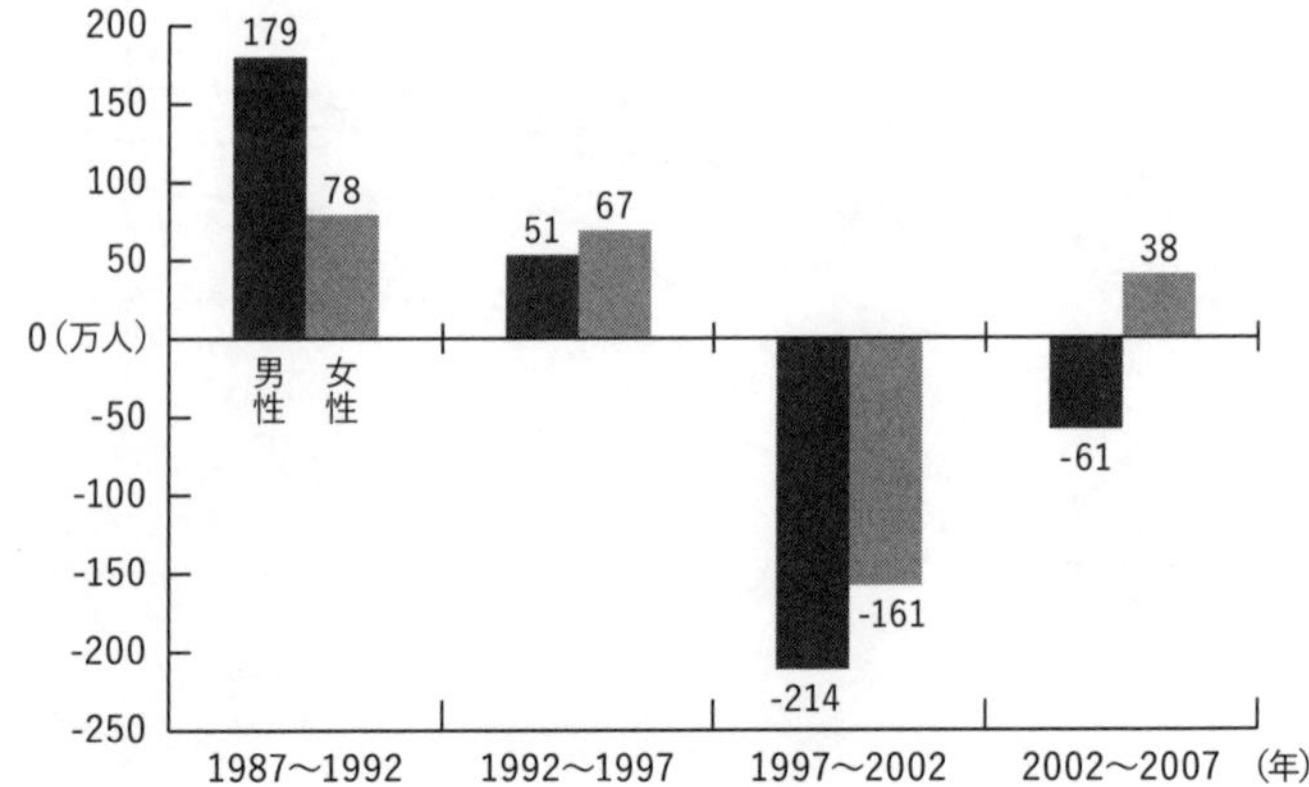

資料：総務省「就業構造基本調査」1987年、1992年、1997年、2002年、2007年

図4　2002～2007年の産業別雇用者数の変化（男女・雇用形態別）

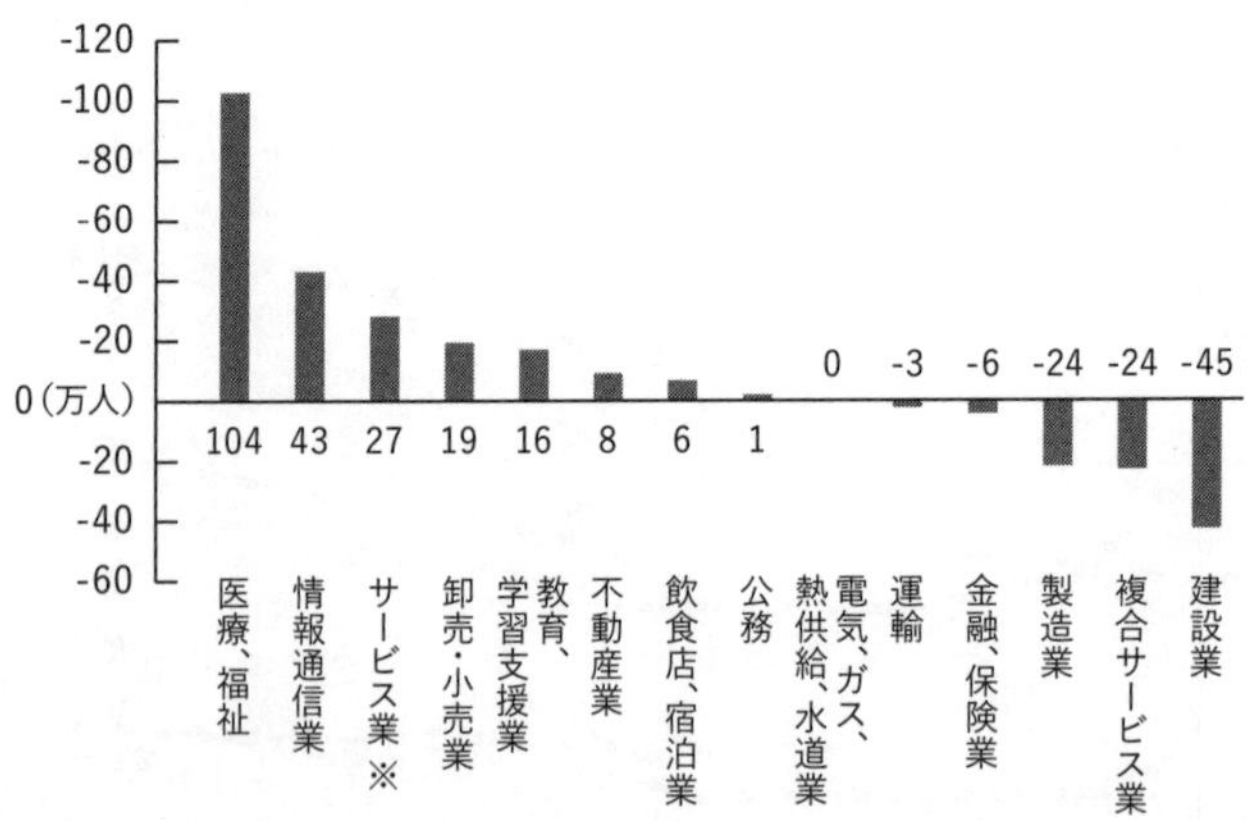

注：未卒者、既卒者双方を含む。図表注の「サービス（※）」は総務省「就業構造基本調査」における「サービス（他に分類されないもの）」を指す。
「縮小する男の安定雇用」（みずほ総合研究所『みずほ政策インサイト』2011年9月30日）より

は女性の問題」なのである。日本社会は、今も、経済力や社会的地位の点で、男性優位の社会であり続けている。男性は平均して女性の約一・五倍の賃金を得ている。また管理職ポストの九割は男性が占めている。国会議員の議席の九割前後が男性である。さらに、男女平等度を計る国際的な指標である「ジェンダー・ギャップ指数」では、二〇一五年度時点で、日本は一四五ヶ国中一〇一位という低さである。

ただし、その一方で、次のようなデータもある。みずほ総合研究所の「縮小する男性の安定雇用」(『みずほ政策インサイト』二〇一一年九月三〇日)という報告書では、男性の正社員数と女性の正社員数の増え方(減り方)の違いがグラフにしてある(図3)。

これをみると、一九八七年~二〇〇七年の間、一貫して、男性のほうが強く雇用変動の影響を受けてきた、ということがわかる。特に、一九九〇年代後半以降の男性の正社員数の減少は、製造業、建設業、卸売・小売業、運輸業など、正社員に占める男性比率が高い分野で、より急速に事態が進んできた。他方で、医療・福祉、情報通信、サービス業など、雇用吸収力の見こまれる産業では、女性や非正規労働者の比率が高く、男性の安定した雇用機会にはなっていない(図4)。

つまり、構造的には男女差は依然大きいものの、相対的に、男性のほうが大きな経済上の変化=流動化を経験してきた。そこに問題の一つの鍵があるのかもしれない。構造的にみる限り、男性たちは、過剰に被害者意識を抱かざるをえない状況——より正確には、リベラルな男女平等と非正規化とポスト工業化が混じり合って、自分が被害者なのか加害者なのか決定不能になる、という状況——に見舞われてきたからだ。

正規 vs. 非正規という「にせの対立」

従来の性別役割分業的な男らしさのアイデンティティが揺らぎ、男性たちは労働・性愛・生活の面で様々な矛盾や葛藤を強いられるようになった。こうしたグローバルな構造的変動の問題が、ある種のわかりやすいイデオロギーとしての「弱者男性」の問題へと滑り落ちて、それが結果的に、「にせの敵」(女性やマイノリティたち)への憎悪やバッシングに流れこんでしまっているのではないか。

そうしたことを述べてきた。

そしてこうした男性たちの雇用・経済状況の変動は、一九七〇年代以降の未婚化(晩婚化+非婚化)の流れとも連動したものである。

男性非正規雇用者たちの結婚率・同棲率が低いことに関しては、各種のデータがある(総務省「就業構造基本調査」など)。

父親研究などで有名な松田茂樹は、内閣府が二〇〇五年と二〇一〇年に実施した『少子化社会に関する国際意識調査』(二〇一一年)の個票データをもとに、日本・韓国・アメリカ・フランス・スウェーデンの二〇~四九歳男女の、結婚・出産などに関する意識の違いを比較している(「結婚と出産の国際比較」

第一生命経済研究所、二〇一一年)。

年齢別に結婚・出産の傾向をみると(図5)、欧米三ヶ国の特徴としては、二〇代での結婚・同棲経験率が高いが、子どもの数は少なく、三〇代以降になると出産数が急増する。

これに対し、日本社会の特徴は、若い年代のカップル形成が非常に遅いことにある。特に二〇代の結婚・同棲経験率が低い。三〇代でもまだ低い。しかし、四〇代になると、欧米並みになる。つまり、若い世代のカップル形成の遅れが、日本の少子化の要因の一つなのではないか、と松田は推察するのだ。

男性の非正規雇用者たちが、結婚しにくく、同棲しにくいことは、国際的に各国共通の事態である。しかし、日本は特に顕著に、非正規雇用者が結婚・同棲しにくいことがわかっている(図6)。日本の男性正規雇用者の場合は、アメリカ・フランス・スウェーデンより若干低いだけである。

また、カップルが希望する数の子どもをもてない理由のトップは、「子育てや教育にお金がかかりすぎるから」であり、その次が「高齢出産になるから」である。松田の提言によれば、少子化対策というと、子ども手当などの結婚後の対策、あるいは男女のマッチングなどが中心になりがちだが、結婚以前の、若者対策(若年層の雇用・生活の支援)が重要ではないか、ということになる(未婚化が進んだ要因には様々な分析があり、たとえば、女性の高学歴化・労働参加によって、結婚相手の希望水準が高まったことが大きい、という見解もしばしば見られる)。

もちろん、正社員/フリーター、正規雇用/非正規雇用などの置かれた状況の違いを、「どちらがマ

図5　年代別にみた結婚・同棲経験率及び結婚・同棲経験のある人の平均子ども数（2010年）

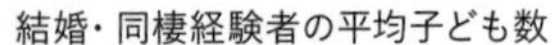

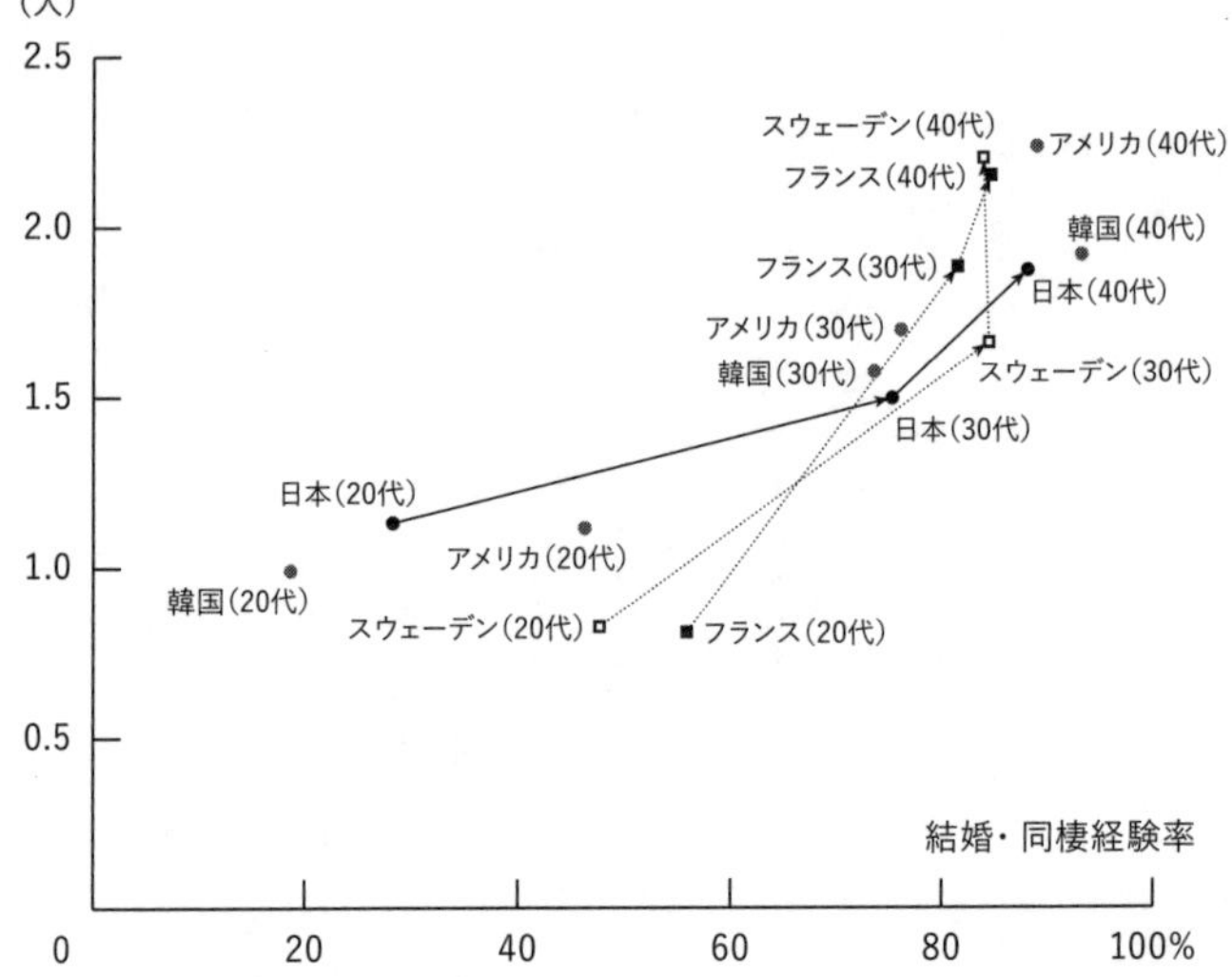

図6　属性別にみた結婚・同棲経験率（2010年）　注：結婚・同棲経験者が対象

		日本	韓国	アメリカ	フランス	スウェーデン
男性	自営	73.1	73.4	82.1	73.0	90.0
	正規雇用者	69.9	57.8	73.0	79.2	75.4
	非正規雇用者	27.3	42.1	52.8	62.7	47.6
女性	自営	82.5	85.9	82.9	88.5	82.1
	正規雇用者	57.2	55.1	68.8	84.4	82.0
	非正規雇用者	83.6	70.3	76.8	77.8	80.8
男性	本人年収低	30.0	25.3	55.6	63.0	37.7
	本人年収中	72.5	56.8	68.8	83.3	75.3
	本人年収高	89.4	84.6	87.1	90.0	80.0

松田茂樹「結婚と出産の小交際比較」
（第一生命経済研究所『ライフデザインレポート』2011年10月）より

シか」「どちらがより自由で幸福な生き方なのか」云々という対立関係で捉えるべきだとは思わない。

というよりも、それはにせの対立にすぎないかもしれない。

たとえばそもそも、非正規雇用者たちの社会保障や権利がこの国ではあまりにも低く抑えられているために、正規雇用者たちは、非正規雇用者の身分に転落することを過剰に恐れ、彼らをバッシングするのかもしれない。しかもそのことによって、かえって、自分たちの長時間労働や無限定な責任の過重さをより強化＝正当化してしまっているのではないか。

日本のサラリーマン男性の場合、特に子育て＋教育費用＋住宅費（ローン）の負担が大きく、それを代替するような公的社会保障の仕組み（住宅政策や高等教育の無償化など）がそれなりに充実していなければ、家計を支える中高年の正社員たちが、現行の年功賃金制度（＋企業福祉）から離れる、降りることのリスクを強く恐れるのは、当然ではないだろうか（濱口桂一郎『新しい労働社会』岩波新書、二〇〇九年）。彼らはいわば終身雇用／年功序列／税制優遇／退職金などを未来の人質に取られて、職場移動の自由を強く制限されてしまっている、とも言えるのだ。

これはいわゆるイクメン（育児を楽しむ、カッコいい男性のこと）の話にもかかわるだろう。

かつて行政から打ち出された「育児をしない男を、父とは呼ばない」というスローガンが象徴しているように、世の男性＝父親たちもまた、家事・子育て・ケアなどへ積極的にコミットすべきだ、しなければならない、という流れが強まってきた。もちろんそのこと自体は歓迎すべきであり、労働・家事・育児の男女平等がさらに進むのであれば喜ばしいことだ。しかし他方では、男性たちに対しては、依然として、黙って一家の家計を支え続けるような、保守的・家父長的な「男らしい男」(扶養責任を担った男)への期待もまた、かなり強く残っている。

つまり、世の男性たちは「強く男らしくあれ」(保守的な男性像)＋「男らしさを捨てろ」(リベラルな男性像)というジレンマを強いられているのではないか。実際に、女性たちの間では、二〇〇〇年前後から、「男は仕事と家事、女は家事と趣味(的仕事)」という「新・専業主婦志向」、あるいは「父親は職業と子育てを両立、母親は育児優先」という「幸福な家庭志向」が強まっている、というデータもある(多賀太『男らしさの社会学』世界思想社、二〇〇六年、第6章を参照)。

すると、大切なのは、就労・経済の問題と性愛・家族の問題が絡みあっていくゾーンから、「男らしさ」という経済的・制度的な呪縛を――そして男の弱さをめぐる厄介で微妙な問題を――問い直していくことである。男性たちを苦しめる「死にたい」という欲望を変えていくことだ。そして「男らしくない男たち」の生の現状について、訥々とであれ、戻りながらであれ、自分の言葉で語っていくための技法を探し求めていくこと、自分たちの性愛や働き方をよりよく変えていくための道を試行錯誤し、暗中模索していくことである。

「非モテ」とは何か？

ここからは、「非モテ」というちょっと情けなくて惨めな言葉を入り口として、男性の性愛と労働について考えていくことにしたい。

非モテ。

異性からの性的承認を過剰に求め、「なぜ自分はモテないのか」という悩みを過度にこじらせた状態が、ネットやメディア上で、一九九〇年代半ば辺りから、「モテない問題」「非モテ問題」と呼ばれるものを形成してきた。こうした流れは、男性誌・女性誌の実利的なモテ方の指南、オタクカルチャー、ネット上の非モテ論壇、非モテSNSなど、様々なジャンルとも関係している。

しかし、なぜ、この言葉からはじめようとするのか。

理由はとても単純だ。

僕自身が、一〇代や二〇代の頃から、長い間、この問題にとても苦しんできたからだ。

その個人的な痛みの記憶を避けて、男性問題について語ることはできない、と思われた。

「誰からも愛されない」ということ

僕自身の問いの出発点を、書きとめておきたい。

僕は二〇代半ばの頃、大学院で国文学を学び、研究職を目指していた。それなりに必死に勉強したし、自分なりに努力もしたと思う。しかし、結局、研究職には就けなかった。学校を出たあとの人生の展望も何もなかった。教員免許もなく、自動車免許すら持っていなかった。僕の人生は一度、そこで完全に行きづまった。

まずは当面の生活費が必要だったから、コンビニや書店のアルバイトをかけ持ちした。バイト生活をしながら今後の人生について考えようと思った。しかしまもなく、バイトの移動中、原付バイクで歩行者の中年女性に怪我をさせてしまった。転倒して、僕自身も左鎖骨を折った。治療費や慰謝料を支払えず、両親に多額の借金を作った（任意保険に加入せず、自賠責保険にしか入っていなかったのだ）。ちょうど同じ頃、四年半つきあっていた恋人からもふられた。

いくつかの個人的な不幸が、玉突き事故のように重なったのだ。しかし、僕は中流家庭の生まれだったので、経済面でも生活面でも両親のサポートを受けられて、本当のどん底には落ちずにすんだ。

怪我から快復した後も、未来は見えなかった。再びコンビニや警備会社の仕事を転々とした。慣れない工事現場を走り回ったり、高校生と並んで深夜にレジ打ちをしながら、自分はいったい何をやっているんだろう、とつくづく情けなかった。自分はこの世の中で何ものでもない、と痛感した。もちろん、それもこれも自業自得でしかなかった。ただ、すべてが虚しかった。

そんな日々の中で、僕はやがて、社会や周囲の人間に対する、鬱屈した被害者意識を抱えこんでしまった。他人を憎み、世の中を憎んだ。何より、自分が憎かった。死にたかった。

夢を諦めたこと。仕事もないこと。金がないこと。社会的な肩書がないこと。周りに友達がいないこと。もちろん、そのどれもが苦しかった。つらかった。

しかし、当時の僕にとって、一番苦しかったのは、恋人がいないことであり、恋愛・性愛の問題だったのである。

なぜだろう?

何をしていても、淋しかった。胸にぽっかり穴があいたように虚しかった。

誰からも愛されないことは、どうして、こんなにも苦しいのか。淋しさがつのると、動悸がしてきて、本当にその場にへたりこんでしまった。真夜中の警備の仕事のとき、休憩中に駐車場の暗い片隅に蹲って、星空をみて、泣いたこともあった。鏡の中の僕の目つきは、怪しくなっていった。自嘲気味に笑うようになった。

もう誰でもいい。そう思って、知り合いの女の子に声をかけまくったりした。「誰でもいい」という欲望がみえみえだった。全部うまくいかなかった。逆に数少ない友達を失ったりもした。一層自己嫌悪が化膿していった。

そのうちに、自分でも、だんだんわからなくなっていった。誰でもいいからモテたいのか、好きな相手と結ばれたいのか、不特定多数の相手からモテまくりたいのか、自分しか愛せないのか、もう自分すら愛せないのか。すでに自分でもよくわからなかった。ただ、意味不明のわびしさや暴力的な感情が、日々、着々と、自分の中に、降り積もって、澱んで、腐っていく……。

ある人が、ネット上で尋ねていたことがあった。

——何だか、聞いているとよくわからないんだよね。君が言うのは、誰でもいいから恋愛したいってことなの？　いろいろな女性からモテまくりたいってこと？　それとも昔の恋人とやり直したいってことなの？　どれなの？　それとも、どれでもないの？

その人の言葉は、とても淡々としたものだった。誰かを責めていたわけではない。でも、どんな攻撃的な非難や嘲笑の言葉よりも、その人の言葉は、僕の心臓を深々と刺し貫いた。こうした問い方自体に暴力を感じ、僕はどうしようもなく失語に陥ってしまうのだった。

あの頃から、もう、長い時間が過ぎた。

その後、僕は、ホームヘルパー二級の資格を取って、地元の川崎市で障害者介助の仕事に就いた。デイサービスで一年の臨時職員を経て、NPO法人の正社員になった。その後、若い頃の夢だった記事や本を書く仕事ももらえた。そして今もこうして書き物の仕事を細々と続けている。本当にありがたいことだと思う。三〇歳を過ぎて、新しく恋人もできた。結婚した。子どもを授かった。自分にはできすぎた幸運だと心から思えた。

しかし――。

なぜか、あの頃の痛みが、今もまだ解けない謎として、鈍い慢性疼痛のように残り続けているのだった。

たとえば、ヘルパーの仕事に就いて、若い頃からの夢だったライターの仕事もできて、自分の本が出せるようになっても、僕にはすべてが虚しく、無駄に感じられた。親しい友人や職場の後輩と遊んでいても、心底からは楽しめなかった。あいつには彼女がいるんだ。モテるやつには俺の気持ちはわかるまい。ふつふつとそんな黒い気持ちが湧いてきた。仕事の喜びや、友人たちと遊ぶ喜び、読書の喜び、物書きとしての喜びなど、人生には様々な楽しみや喜びがあるはずなのに。

あの圧倒的な淋しさは、どこから来ていたんだろう。

そもそも今の僕は、あのときの痛みを本当に克服できているのか。僕の中の虚しさ、歪んだ被害者意識、それらはどうして消えてくれないのか。もしかしたら（心底ぞっとするけれど）、五〇歳になろうが七〇歳になろうが、こういう淋しさや孤独感、惨めさや人恋しさがしつこく付きまとってくるのだろうか。

だとしたら――。

若い頃のモテたいという欲望の問題は終わっても、性的な淋しさの問題は終わらないのである。青春期の恋愛や性に対する激しい渇望は終わっても、男の性をめぐる問題は執拗に終わらないのだ。

そういうことにずっと苦しみ、悩み続けてきたのに、その苦しみから目をそらしてきた。いつか時間が解決してくれる、自然に消えていく、と自分をごまかして。けれども、そんなはずはなかったのだ。

だから、今、もう一度、そういうことを考えてみたいと思った。
自分の中の男性としての痛みや空洞に、あらためて、ちゃんと向きあってみたいと思った。

非モテの三類型

「自分は非モテについて考えている」と言ったときに、周りの知人たちから殺到した疑問や批判のことを、僕は今もありありと思い出す。「要するに、モテればいいんでしょ。うじうじ考えずに、コミュニケーション・スキルを磨いたり、ナンパしたりして、実際にモテるしかないよ」「異性（女性）からの性的な承認がなくても、別に普通に生きていけるのでは。それは男の勝手な都合、所有欲なんじゃないの」「非モテがどうの、とか考えているから、君はモテないんだよ」「非モテなんて問題は、そもそも、存在しない」。

いずれの批判ももっともだと思った。正しいと認めざるをえなかった。けれども、そうした情けなく恥ずかしいところから考えるのがふさわしい問いもまた、世の中には存在するのではないか。むしろ男たちは、そうした情けなさ、ぐだぐださ、滑稽さにもっとこだわってみたほうがいいのではないか。そこには、もしかしたら、たんなる冗談やネタ、猥談として処理しなければ耐えられない痛みがあるかもしれない。

おそらく非モテとは——客観的な状態というよりも——非モテ意識（非モテマインド）のことなのだろう。そこに何らかの客観的な基準があるとは思えない。つまり、「自分は非モテだ」と思いこんで、こじらせてしまっている人、それが非モテの当事者である。

実際に、恋人がいなくても、別に悩まず、幸せに、ごく普通に日々を過ごせる人もいる。逆に、恋人や配偶者がいても、つねに非モテ意識に悩まされている人もいる。多くの女性とやりまくっても本命から愛されず虚しい、という人もいる。

モテや非モテについては、人によって感じ方がかなり異なるため、会話がかみあわないことが多い。すれ違いになるし、はてはケンカにもなる。

問いをときほぐすために、まずは、いくつかのレベルを区別してみたい。

哲学者の森岡正博は、かつてブログ上で次のように書いた。

> そもそも、「いろんな女からちやほやされたい、あわよくば、いろんな女とエッチしたい」という願望は、「権力欲」にほかならない。このような権力欲に裏付けられたモテにこだわっているかぎり、光明はさしてこないだろう。（中略）
>
> モテる男とは、「自分の好きなひとりの女を恋人として大切にすることができる」男のことである。そういう男になることができたら、その結果として、「ただそこにいるだけで、まわりの女たちに、異性としての快い刺激を与え、かつ、安心させることのできる男」に、長い時間をかけて

徐々に近づいていくことができる。（「モテとはひとりの女を大切にすることである」http://d.hatena.ne.jp/gordias/20070414/1176477766）

森岡の区別にならって、

※非モテ1：いろんな女からちやほやされたい（が、されない）、あわよくば、いろんな女とエッチしたい（が、できない）こと

※非モテ2：自分の好きな一人の女から恋人として愛されないこと

と考えておこう。

すると、前者の非モテ1は、不特定多数の他者からモテたいという欲求にかかわり、後者の非モテ2は、特定の誰か（具体的な他者＝あなた）を愛したい、という欲望にかかわることになる。モテたい、という欲求とは、不特定多数の女性からちやほやされ、モテまくり、やりまくりたい、という欲求である。

これに対し、愛したいし愛されたい、という欲望とは、自分が愛するその人（具体的な他者）から愛されたいし、その人のことを愛したい、という欲求である。

簡単なようだけれど、この区別によって、僕の中ではずいぶんと見通しがよくなった。

たとえば僕は以前、あるお酒の席で知人たちに「僕の中には、結婚したあとも非モテ意識が残っている」と話したら、「どうして?」「意味がわからない」という批判の集中砲火を浴びたことがある。「自分の結婚相手がいまだに非モテとか言ってたら、どう感じると思ってるの?」とも言われた。

しかし、自分でも不思議だったのは、なぜ、恋愛をしたり結婚したりしても、「自分は非モテだ」という挫折感が自分の中に残り続けているのか、ということだった。

右のように整理してみると、「結婚したあとも非モテ意識が残っている」とは、事実としてモテ2(具体的な誰かを愛し、また愛されている)の状態にあるが、モテ1(いろんな女からちやほやされる、いろんな女とエッチできる)の状態にはない、というギャップによるものだとわかる。逆にいうと、僕の中には「モテ1こそが本当のモテだ」という思いこみが根深くあったのだ。

しかし、ここにはもう一つ、別の水準がある。

ひきこもり当事者の上山和樹は、当事者の立場から、性的挫折というトラウマについて、次のように書いている。

ひきこもりは、普通は「社会的・経済的挫折」と見なされます。それはわかりやすい話です。実際、そうですし。でも、私が思うに、ひきこもりには、もう一つ重大な挫折が秘められています。これまではあまり触れられていないんですが、「性的挫折」です。これは、決定的です。特に男性に言えると思いますが、「社会的にうまくいっていない自分のような人間に、異性とつきあう資格などない」。そう思いつめて、絶望している人がどれほど多いことか。そして、これは決定的な挫折感情なのです。「もう自分には、セックスも恋愛も結婚も、一生ムリだ」これは耐えられない認識です。実は、こちらの挫折感情のほうが、傷としては根深いのではないか。

仕事だけなら、「一生、できなくてもいい」と思えるかもしれません。しかし、性的な関係となれば……。（『「ひきこもり」だった僕から』講談社、二〇〇一年）

これを非モテ3と呼ぼう。

すなわち——。

※非モテ3：性愛的挫折（恋愛未経験／失恋を含む）がトラウマ化し、あたかも人格の一部となって、常日頃から、非モテ意識に苦しめられ続けてしまう状態のこと

僕は二〇代の半ば頃、仕事や社会的ステータスがないこと（承認問題）よりも、お金がないこと（金銭問題）よりも、女性から愛されないということ（性愛問題）によって最も苦しめられていた。

それはなぜだったのか？

思い出せば、多分あの頃の僕は、次のように考えていたのではないか。

自分には恵まれた容姿も才能もなく、社会的な成功や立身出世も、もう、望めそうにない。人生はこ

れ以上マシなものにはならない。けれども、恋愛の領域であれば、まだ人生のすべてを取り戻せる、一発逆転できるかもしれない。いや、自分にはもう、それしかない――もちろんそれは、現実から目を背けて、都合のいい夢の中に撤退していただけである。しかし、だからこそ、現実逃避的に奇跡を待ち望むことでしか、精神や生活を維持できなかったのだ。

たとえば、日本の最初期の近代的なロマン主義者である北村透谷は、次のように書いた（「厭世詩家と女性」一八九二年）。恋愛こそが、人生の秘密を解くための鍵だ。恋愛がなければ、人生は無意味になってしまう。人間は、人生の理想をそれぞれの頭の中で思い描く。しかし必ず、想像の中にある理想の世界と、現実の娑婆の世界は、対立し、互いに争うことになる。そして現実は強大であり、個々人の理想は無残に破れていく。このとき、恋愛こそが、現実の過酷さの前に敗れた人間がひきこもるべき最後の牙城となる。むしろ現実や娑婆の世界と対立し、敗北せざるをえない人間にこそ、恋愛の真実の純粋さが見えてくるのであり、そのような人々を恋愛は生かしめてくれるのだ、と。

おそらく僕は、職業や社会的地位、容姿や才能などの、社会的な属性を異性から承認してほしかったのではなかった。この自分の存在そのものを無条件に肯定してほしかった。さらに言えば、たぶん、僕の中にある〈男としての弱さ〉をありのままに、性愛的に肯定してほしかったのだ。

ものすごく自分勝手であり、恥ずかしいことだけれども、それが僕の中の無意識の欲望だったように思う。

恋愛や性愛はもちろん大事なものだ。しかし、それが人生のすべてだと言ってしまえば、それは言い過ぎになる。性的なものは、僕らの存在や人格の中の大切な一部分ではあるけれども、「性愛＝人生」（恋愛や性愛こそが人生の中核にあるべきだ）とまでは言えない。にもかかわらず、あの頃の僕の精神の中では、すべての物事の価値が、異性からモテる／モテないという価値観によってジャッジされてしまっていたのだ。社会学者の宮台真司が言うように、恋愛やセックスがしたかったというよりも、世界全体を意味あるものにするためにこそ、どうしても恋人が必要だったのだ。

しかも、たとえ恋人ができても、あるいは結婚して子どもが生まれても、この満たされなさ（男の不感症、無感覚）の根本的な原因が取り除かれていなければ、僕らの中にはなお、執拗な非モテ意識が残り続けてしまう。時にそれは、性依存やＤＶ、性暴力などの症状となっていく。いや、僕らはむしろ、恋人ができたり結婚したりしたときにこそ、自分の中の厄介な男性性の呪縛、あるいは非モテ意識の怖さと向きあわざるをえないのだろう。

どうだろう。

いいかげんにしろ、そんなことを言えばきりがない、と思ったろうか。

そうなのだ。

なかばトラウマ化した非モテ3の怖さとは、まさに、このような永遠にやまない不能感や空洞感のことなのだ。

ルサンチマンは、僕たちをどうしようもなく、こうした独我論（モノローグ）的な世界観の中へと追いこんでいく。何を語っても、何をしていても、虚しく不能な気分が世界全体を灰色に塗り潰してしまうのだ。「幸福な世界は不幸な世界とは別ものである」(ヴィトゲンシュタイン)。こうした独我論的な非モテの世界とは、たんに内面に閉じこもるとか、他人に心を開かないということとは、まったく別の事柄であるように思える。

性的承認とアディクション

非モテとは、何よりもまず、ある種の思考回路の問題、自己評価の極端な低さの問題である。

久保ミツロウの有名なマンガ、『モテキ』(講談社、二〇〇九〜二〇一〇年)を参照してみよう。『モテキ』の主人公・藤本にとって、非モテマインドは、半ばトラウマのようになっている。かつて藤本は、女性と仲良くなって告白するたびに、何度も「男としてみられない」とフラれ続けてきたからだ。「どんな女から優しくされても/俺より他の男の方がいいに決まってる/今の俺じゃダメだってずっと思ってたダメな結果の方が『ああやっぱり』ってすぐ納得できた」。「やっぱムリなんだよ　他の男と比べたら俺の方が絶対クズでデクノボウでウスノロでそのクセ何の努力もしないありのままを愛して欲しいなんてさ」。「いい仕事してる訳でもねーし夢もないし金もないし/おかげ様でちっとも女にモテませんよ!!」。

しかし、藤本の極端に受け身的な態度や、自問自答のシミュレーションは、あまりにも度が過ぎていて、むしろ、自分が「行動しない」「決断を下さない」ための防衛戦略であるかにみえてくる。つまり藤本にとって、非モテとはある種のアイロニーであり、行動しないことを正当化するための理論武装なのではないか。

非モテには「マイナスの自己啓発」とも呼ぶべき、フィードバック&ループ的な認知パターンがある(republic1963「非モテ問題の基礎知識」http://khuriltai.readymade.jp/top/?p=19 現在はリンク切れ)。「俺なんてモテないよ」「俺には恋愛する資格がないからね」等々という自虐や自己卑下を繰り返せば繰り返すほど、その人は饒舌になり、またアクティヴになり、そのアイデンティティがかえって強化されてしまうのだ。

こうした非モテ精神の強迫反復は、どこか、複雑にねじれたアディクション(依存症、嗜癖)を思わせる。セクシュアル・アディクションの治療の第一人者、パトリック・カーンズは言っている。

> 一般的に、嗜癖者は自分自身を価値のある人間とは考えていません。嗜癖を含めて、もし自分に関することがすべて知られてしまったら、他人が自分を好きになるとか自分の欲求を満たしてくれるとは考えません。結局、彼らは、セックスが一番大切な自分の欲求だと思っています。孤独に耐えられるようにしてくれるものがセックスというわけです。彼らの中核信念がセックス依存症を定着させるのです。(『セックス依存症』内田恒久訳、中央法規出版、二〇〇四年〈原著二〇〇一年〉)。

カーンズはまた、性依存者のセクシュアリティについて、次のように述べている。

「セックスがいちばん重要なニーズだ」と思い込んでいる。サポートもケアも肯定も愛も、すべてが性的化されている。公的・現実的な生活と私的・性的な生活に引き裂かれていて、徐々にその双方ともコントロール不能になり、秘密の性的生活が顕在化する。（吉岡隆・高畠克子編『性依存』中央法規出版、二〇〇一年）

非モテ意識とは、こうした意味での（裏返しの）性依存なのかもしれない。異性からの性的承認に過剰にこだわり、アディクションのようにそれを求め続けてしまうのだ。そうやって非モテ男性の中では、性的承認に対する依存度が——嗜癖的かつ自己言及的に——高まっていくのである。

社会学者のアンソニー・ギデンズ（イギリスのブレア元首相のブレーン）は、アディクションをもたらすメカニズムは「資本主義の精神と何ら異なるものではない」と分析している。伝統的な価値観や秩序の「型」が失われていく社会の中では、人々は、あらゆるものを嗜癖の対象にしがちである。たとえば拒食や過食、薬物、仕事や健康体操、スポーツ、映画、セックス、愛情、等々。ギデンズによれば、「反復行動は、『自分たちが承知している唯一の世界』にとどまるための方法、つまり、『相容れない異質な』生活価値や生活様式に身をさらすことを避けるための手段なのである」（アンソニー・ギデンズ「ポスト伝統社会に生きること」ウルリッヒ・ベック、アンソニー・ギデンズ、スコット・ラッシュ『再帰的近代化』松尾精文・小幡正敏・叶堂隆三訳、而立書房、一九九七年〈原著一九九四年〉）。

アディクションには、価値観が多様化・流動化していく資本主義的な競争から一度脱落してしまった人が、欲望を特定の対象に固着させ、それにこだわり続けることで、擬似的に資本主義に順応し直す、という効果があるというのである。

DVもまた、一種の暴力嗜癖となる場合があり、資本主義的な競争に対する不適応に陥った人が、暴力によって「男らしさ」を過剰な形で取り返し、それによってアイデンティティを補完する役割がある、と言われている（草柳和之『DV加害男性への心理臨床の試み』新水社、二〇〇四年）。

資本主義と男らしさに対するアディクション（タナトス）が絡みあっていくゾーン――DV加害者の男性は、見た目がいかに紳士的で穏やかでも、無意識のレベルで「男らしさ」やジェンダー差別に強く呪縛されていて、その思いこみを変えるのは、臨床的にもかなり難しいという。

そもそも、アディクションは「男性中心の社会システムを維持するための補完物」という面があり、「男性中心社会の中で男性が過剰適応を強いられて無力感・自己否定を蓄積した時、社会制度・女性蔑視の観念・男性のジェンダー問題が強力に後押しして、嗜癖としてのDVという誤った自己回復を選択させていると見なすべきである」（草柳、同書）。

僕自身の欲望を内省してみれば、僕が苦しんできた非モテというメンタリティもまた、男性稼ぎ手モデル的な「男らしさ」への過剰適応であり、「男」であり続けようとするアディクション的な欲望によって駆り立てられてきたのではないか。

そう考えると、たとえば、次々と性のパートナーを替えるタイプの男性も、裏返しの非モテのようなものなのかもしれない。ポリアモリー（複数恋愛。浮気や不倫ではなく、本気で複数の人を愛するというライフスタイル）やフリーセックスを否定しているのではない。他者からモテることそれ自体が自己目的化（嗜癖化）してしまっているなら、やりまくることもまた非モテ男性の孤独と大差がない、と思うのだ。資本主義経済の中では、浪費家と守銭奴が実は表裏一体であるように。

そもそも、問題の根にジェンダーやセクシュアリティのトラブルがあるなら、うわべの非モテ意識をいくら取り繕っても、ごまかしても、モテに対する強迫意識は決して止まらないだろう。別の症状が次々とあらわれるだけだ。

実際に、僕がそのことを痛感したのは、DVや虐待の加害者男性たちのメンタリティを知ったときだった。DV加害者たちは、パートナーが逃げると、追いかけたり、別の犠牲者を探したり、殺してしまったりすることがある。パートナーの性的な承認を失うことに耐えられないのだ。

男の厄介なルサンチマン問題

僕たちは間違った被害者意識に染まるべきではないし、覇権的な強い男性のイメージに過剰適応しようとするべきでもない。まずは、社会構造の変化によって葛藤し、複雑に揺らいでいる自分たちのあり方を、ありのままに見つめてみたほうがいい。

そして、むしろ、現状をあえてチャンス（男性たちのライフスタイルの経路を多元化し拡張していくための確率変動の時期）として捉え直して、男としての自由を――「男になっていくこと」の多様で複線的な可能性を――、新しく見つけ出していったほうがいいのではないか。

もちろん、男たちが内なるルサンチマンから抜け出すことは、簡単なことでも単純なことでもない。はっきり書けば、僕の中にも女性たちに対する歪んだルサンチマン（被害者意識、ミソジニー）があったし、今もある。それが事実に反すると頭ではわかっていても、ねちねちとした恨みが消えてくれないのだ。

僕らがルサンチマンを乗り越えるには、正しい知識や情報を集めるだけではなく、欲望の襞に分け入って、それを見つめ直し、身体や生活の次元で自分を変革していくしかないのだろう。

もちろん、いろいろと努力してパートナーと出会えたなら、それに越したことはない。しかし、恋愛には必ず、失敗や別れの可能性がつきまとう。誰にとっても、ねたみやルサンチマンやトラウマの問題は他人事ではないはずだ。けれども、多くの恋愛マニュアルや自己啓発本は、恋愛のよい部分ばかりに光をあてて、その負の位相を切り捨てたり、無視したりしがちである。誠実な男性学の本ですら、時にはそうなのだ。

しかし、男性たちのルサンチマンの中には、独特のユニークな位相があり、重要な何かがあるのではないか。

どうしても逃れられないルサンチマンがあるとして、それに対し、どのように向きあっていくのか。それを非暴力的なものへと昇華し、変容させていくことができるか。そもそも非暴力的なルサンチマンなどというものがありうるのか。それは非モテをめぐる問いの中心的な課題の一つである。

自分の中に根深く陰湿なルサンチマンがあることを、まずは認めよう。なぜなら、ルサンチマンの存在を否認すればするほど、問題の核が無意識の底に抑圧され、主体の中心が空洞化してしまうからだ。男性としての「心の穴」(二村ヒトシ、AV監督)が広がっていくのである。

それでは、そうした感情をこじらせすぎたり、「自分なんて男としての存在価値がない」という過剰な自己否定に走ったり、「どうせ女なんて」という女性嫌悪に捉われてしまったりしないためには、どうすればいいのか。問題に対峙しないままだと、僕らは自分の存在や身体をますます愛せなくなり、内側からじわじわと滅ぼされてしまうだろう。たとえ五〇歳になっても、七〇歳になっても。

ニーチェとルサンチマン

嫉妬。羨望。ねたみ。怨み。自己嫌悪。自己卑下。韜晦。皮肉……。

思えばフリーターだった頃の僕は、親しく大切な友人とすら、嫉妬や羨望によって、真っ直ぐ眼を合わせられなくなっていた。素直に感謝していいはずの物事に、感謝できなくなってしまった。いや、そればかりか、自分のことを積極的に評価し、褒めてくれる人のことが、この世で一番信用できなかった。こんな最低最悪の自分を褒めてくれるなんて、この人のことは信用できない、と。こうした鬱屈したねじれの中に、ルサンチマンの怖さがあると思った。

哲学者のニーチェは、人間は、合理的な理性や意志ばかりではなく、肉体や自然の情念によって動かされながら生きている、と強調した。たとえば嫉妬や憎しみの情念によって。自分の意志で自由にアクティヴに振る舞っているつもりが、他者や環境や身体の影響によって、受動的に動かされ、生かされてしまっているのだ。そういう意味では、人間は、根本的に無力で、受動的な生き物である。にもかかわらず、この自分は自由に振る舞い、自分の意志で生きている、と錯覚しがちな生き物なのだ。

では、ルサンチマンはどこからやってくるのか。

哲学者の永井均は、社会的な弱者たちが抱えこんだルサンチマンを「現実の行為によって反撃することが不可能なとき、想像上の復讐によってその埋め合わせをしようとする者が心に抱き続ける反復感情のこと」と定義した(『ルサンチマンの哲学』河出書房新社、一九九七年)。

ルサンチマンの事例として、よく挙げられるのは、イソップの「酸っぱいブドウ(きつねとブドウ)」の寓話である。望んでいるものが、手に入らない。手に入れるには、自分の力が足りない。他の連中はそれをうまく手に入れているのに、樹の上のブドウにどうしても手が届かない。羨ましい。ねたましい。そういう屈辱や無力さを繰り返しているうちに、きつねは、あのブドウはきっとすごく酸っぱいに違いない、と考えはじめてしまう。

あんな酸っぱいブドウを食べない自分のほうが正しいんだ。あんなものを食べる連中のほうが間違っている。絶対どうかしている。いや、それだけじゃない。あいつらは、きっと、何か不正なこと、悪いことをしているに違いない。そうに決まっている。やっぱり、あいつらは悪なんだ。自分は悪くない。間違っていない。自分は正しいからこそ、こんなに純粋に苦しんでいるんだ。

そうした観念的なねじれにまで至ってしまうということ、それがルサンチマンの仕組みである。

ニーチェは、本当の意味で強い人の道徳と、奴隷的な考えに捉われてしまった人の道徳を区別している。強い人の道徳は、「わたしは〇〇ができる」、だから「わたしはよい」と考える。はじめに「わたしはよい」という自己肯定があり、自らの存在と身体の根源的な肯定があるのだ。この場合、わるいこととは、そうした根源的なよさを感じられず、どうしても自己肯定を持てずに、他人の幸福や存在を否定してしまうことである。

これに対し、奴隷的な人が抱く道徳とは、まず最初に、「社会や他者が悪い」「あいつらは悪だ」と考える。その上で、「自分はあいつらとは違う（自分は悪ではない）」がゆえに「自分は善だ」という順序で物事を考えてしまう。そこでは、根本的に、社会や他人への否定感情や憎悪の念がまずあるのだ。そして善とは、たんに「悪ではないこと」として、消極的に定義される。

先ほどの永井の定義によれば、ルサンチマンは、(1)「現実的な反撃の不可能性」、(2)「想像上の復讐（埋め合わせ）」、(3)「反復性」という三つの要素から成り立っているとされた。重要なのは、ルサンチマンがごく普通の人間的な感情としての嫉妬とは、少し異なるということだ。つまり、ルサンチマンとは、自分の無力さや敗北に瀕した状況に対し、現実的に反撃する手立てがない人間が、想像上で現実を打開し、他人に復讐し、自分の傷口を埋め合わせるために、日々誰かを攻撃したり、自分を正当化せざるをえない、という強迫反復＝アディクション的な習慣のことなのである。

それればかりではない。注意すべきことがある。ニーチェはルサンチマンを「疾しい良心」と呼んでいた。つまり、一見もっともで正しいこと、優しいことを口にし、隣人のためを思って行動する人々が、実は、本人が気づかないうちに、厄介な怨恨や疾しさによって駆り立てられてしまっている、ということがあるのだ。

たとえば、ある男性が、非常に穏やかに優しく、男女平等を主張し、男女の共同参画に賛同し、さらには日頃から、男性の既得権や性暴力の問題を自己批判し、世の男性たちに向けて「男性中心的な社会を変えよう」「自分の中の男らしさの呪縛をもっと見つめよう」云々と呼びかけているとする。その姿は、真摯で誠実なものにみえる。しかし、厄介なのは、その見かけは良心的な振る舞いが、実は、無意識の疾しさを隠しているかもしれないということだ。つまり、かつて女性に手酷くふられたり、現在の恋人や妻に性的に満足ができない（そしてそれを口にできない）がために、自分の中の満たされなさや痛みを消し去ろうとして、逆に自分の中の「男らしさ」を延々と批判したり、男性問題について真摯に議論・対話したり、周囲のマッチョな男性たちを批判し続けたりしているかもしれないのだ。

おそらく、内なる男としての弱さに向きあうこと、ルサンチマンが強いるねじれに向きあうことは、すごく厄介で苦しく、難しいことなのであり、失語や言い淀み、沈黙などをどうしても伴うことなのである。

つらいものはつらい。淋しいものは淋しい。

思えば——。

人前で「男らしくなれなくて、つらい」「恋人がいなくて耐えがたい」などとうっかり口にしてしまえば、たちまち、周囲の人たちから「君が身勝手な妄想を女性に押しつけているからではないのか」「君の経験不足が悪い」「コミュニケーション能力不足だ」「男性権力だ」「ミソジニーだ」云々……という批判や罵倒が殺到してくるのだった。「そんなふうに他人のせいにばかりしているから、お前はモテないんだ」とも叩かれるかもしれない。そうなると、自分の中の罪悪感や羞恥心はますます悪化し、化膿せざるをえない。苦しい。つらい。そんな日々が続けば、誰だって、男らしさに対する劣等感や非モテマインドをこじらせてしまうのではないか。

つらいものはつらい。淋しいものは淋しい。それらの気持ちに「男らしく」黙って耐えなくてもいいのだ。何もかもを男同士の猥談や冗談のネタにしなくたって、いいんだ。自分の中には、確かに、悲しみも怨恨もある。そのことを抑圧したり、否認したりしなくたっていい。

過剰に自己否定せずに、まずは、自分の中に確かに存在する複雑な葛藤や揺れ動きを、人前で語ってみる。自分の言葉にしてみる。それらの思いを他人に伝えられる場や機会を、常日頃から、意識的に増やしていく。まずは、そういうことが大切なのではないか。そうした場や機会が、自分の中のルサンチマンを問い直していくためのプラットホームになってくれる気がする。そこから、やっと、自分の中の暴力の問題を問い直し、熟慮し、それを変えていける気がする。

男の弱さとは、自分の弱さを認められない、というねじれた弱さである、と言った。自分の弱さを否認し、つねにそれをネタにして、ちゃんと向きあえない。男としての痛みや悲しみを、自分のなまの言葉でどうしても語れない。それに黙って耐えようとしてしまう。

しかし、そうした厄介なルサンチマン（怨恨の反復、疚しい良心）そのものを、べつに過剰に自己否定しなくても、いいのではないか。なぜなら、それらの思いは、自分の中に、すでに存在してしまっているのだから。一度この世に存在してしまったものは、無条件に、肯定されてよいのではないか。

そうだ。どんなに間違っていてもいいんだ。醜くてもいい。泣いていい。僕たちの中にルサンチマンがあるなら、それをまずはありのままに受け止め、抱き止めてもいい。回避すべきなのは、むしろ、そうしたルサンチマンを過度にこじらせて、他人や自分に対する暴力へ走ってしまうことだからだ。

本当は、この世に善用しえないものなんて、何もない。何一つ。怨恨すらも。

とすれば、必要なのはむしろ、自分の中のルサンチマンを徹底的に深く深く掘り進めていくことなのだろう。性的空虚さが男性嫌悪となり、それゆえに女性嫌悪が高まり、女性からの被害者意識が強くなっていき、ますます性的な空虚さを深めていく……。こうした不毛な悪循環を断ち切っていくためには、その根もとにある、内なる男性嫌悪に向きあうしかない。なぜなら、抑圧された男性嫌悪は、いつか必ず、ミソジニーや過剰な存在否定（自死衝動）になってしまうからだ。

ルサンチマンをさらに掘り進める

それでは、自分の中のルサンチマンを、さらに掘り進めて、見つめてみよう。

たとえば僕の中には、長い間、次のような思いがあった——淋しい。悲しい。つらい。できれば、誰かに抱きしめてほしい。誰かを愛したいし、誰かから愛されたい。自分の中の、男としてのこの弱さを、ほんの少しで構わないから、受けいれてほしい。弱い男性として承認されたい。そしてもっと素直に、さわやかに、自分の身体や欲望を真っ直ぐに自己肯定してみたい。

しかし、世の男たちは、基本的に、それらの気持ちを口にすることができない。言葉にできない。なぜなら、自分の弱さや怨恨を、そして女々しいことや子どもっぽいことを口にすることは、この社会の中では最も男らしくないことである、とされてきたのだから。自分の中の弱さや女々しさを認めてしまえば、それこそが、最大の自己否定になり、最悪の自己破壊になってしまいかねないのだ。

思えば、そもそも、男であることの意味をちゃんと考えたり、語ったりすること自体が、ずいぶん難しいことだったような気がする。なぜなら、恋愛や性について問い直すための内省的な言葉が、僕たちの手元にはないからである。つまり、男が自分の性に躓き、悩んだとき、そのことを真っ直ぐに（癒しの言葉ではなく）考えぬくための言葉が、そもそも足りないと思った。

男性たちには、自分の弱さを語るための言葉や場所がない。愚痴や弱音をちゃんと言葉にして、自分の弱さを認めて、誰かに受け止めてもらえるような場所がない。

そればかりか、世の男性たちは、誰かを性的に傷つけて罪悪感を抱いたり、逆に性的な傷を受けたりした場合にも、男性中心的な社会のマジョリティであるために、あっさりと癒されてしまう。ホモソーシャルな男たちの絆（職場、友人関係、飲み会、サークル、など）によって、あまりにも簡単に元気になり、回復し、楽しくなってしまうのだ。

イヴ＝コゾフスキー・セジウィックは「ホモソーシャル」と「ホモセクシュアル」を区別した（『クローゼットの認識論』外岡尚美訳、青土社、一九九九年〈原著一九九〇年〉。『男性同士の絆』上原早苗・亀澤美由紀訳、名古屋大学出版会、二〇〇一年〈原著一九八五年〉）。ホモソーシャルという言葉は、ホモセクシュアル（同性愛）とは概念として異なる。ホモソーシャルな場では、男女の異性愛こそが自然なもの、当たり前で自明なものとされ、同性愛は激しい嫌悪・排除の対象となる。男同士の絆は、女性の存在を、競って奪い合うべきターゲットとみなすのだ。つまり、ホモソーシャルな集団は、ホモフォビア（同性愛嫌悪）＋ミソジニー（女性蔑視）によって、男同士の絆を強化していくのである。

しかしこれは、逆に言えば、男たちは性愛の痛みや傷に対し、真っ直ぐに向きあうことができない、ということでもある。だからこそ、問題のありかそのものが覆い隠され、自己隠蔽されて、痛みや傷が無意識の底へと沈んでしまう。

男性たちは、性や恋愛について、なかなかフラットに話しあうことができない。日常的なホモソーシャルな空気とは、たとえば――。(1)互いの能力や強さをすぐに競い合ってしまう。(2)これまでの恋愛や性の「武勲」を、猥談的に誇ってしまう。(3)性の問題をネタ化し、からかいやハラスメントの対象にしてしまう。⑷弱さや恐怖を他人に打ち明けることは男らしくない、という（メタな）抑圧がある。⑸他人と何かを真剣に語ろうとすれば、それ自体が、「男同士が腹を割って話しあう」というホモソーシャルな空気に支配されてしまう、等々。

文学者の大西巨人は、かつて、同時代の小説を批判して、「彼自身の買春と社会主義・反戦思想との関係については少しの疑問も感じる様子がない」「自己および自己の仲間の性的・道徳的頽廃については無限に寛容または無感覚」なメンタリティのことを「俗情との結託」と名づけて、批判したことがある（「俗情との結託」一九五二年）。

大西の言葉は、今もなお、生々しい。世の男性たちは、言葉の上では誠実なこと、正しいことをいくらでも口にすることができるけれども、実は、呆れるほどに世俗的な欲望や動機によって動いてしまっている。つまり、下半身的に動かされてしまっている。そして自らの卑近な性的・道徳的頽廃をスルーしたまま、わかりやすい社会問題＝「真空地帯」について語ったり、行動したりすることで、無限に自己免罪してしまうのではないか、と。

本当は、一番身近な欲望、自分の中の「俗情」と真っ直ぐに向きあうことは、男たちにとっては、ほとんど不可能に思えるほどに難しいことなのだ。

男の自己批判（私語り）の危うさ

繰り返すが、男としての自分のあり方を内省し、男の弱さを問い直していくということは、独特の困難や失語、語りにくさを伴う。

まず、次のことに注意しておこう。

男性たちが自らの「男らしさ」を問い直そうとするときに、時として、過剰なネガティヴさや罪悪感を抱えこんでしまいがちである。

自分の男性としての暴力性に関する罪悪感が募って、許しがたいものに感じられ、やがて自分の身体そのものが汚らしく感じられてしまう。そうなると、延々と自分の男性性を否定し続けねばならなくなる。その先にあるのは、慢性的な自死のような自己否定であり、男性としての身体の完全な抹消であるかもしれないのに。

これとは逆に、自己否定そのものが「男らしさ」をさらに強化する殻（バリア）になってしまう、というややこしいケースもある。「男は様々な制度的な特権に恵まれている」「男たちは女性や性的マイノリティたちに対する、無意識の差別者である」「男たちはもっと自己批判をしなければならない」云々と、オートマティックな自己否定を繰り返すことによって、目の前の他者からの具体的な問いかけや対話を、あらかじめ無害化し、自己防衛してしまう、というパターンである。

こうした男性たちは、一見、誠実に自らの暴力性を内省し、問い直しているようにみえるのだけれども、実は、他者からの男性批判をうまく内面化して、返す刀で、身の回りの男性たちを批判しているだけなのかもしれない。しかしそうしたオートマティックな男性批判のやり方は、かえって、女性や性的少数者たちの声にじかに向きあいながら、自らの男性性を問い直す、という痛みや葛藤を、最初から回避し、無痛化してしまってはいないだろうか。そうだとすると、残念なことであり、もったいないことではないだろうか。誠実であるぶんだけ、なおさら。厄介だけれども、それもまた、男たちのねじれた不感症であり、倫理的なインポテンツを意味するかもしれないのだ。

さらに言えば、そうしたタイプの男性批判(男の自己批判)が、たとえば親子関係や教師・生徒の関係などの場面で、まだ性情報やセクシュアリティの面で未成熟な若者や子どもたちへと投げこまれて、かなり暴力的なやり方で、男性嫌悪や自己批判を植えつけ、受胎させてしまうかもしれない。父親としての僕の中の男性嫌悪が、へたをすれば——どんなに真面目に誠実に、男性問題を語ったとしても、まさにそれゆえに——、無意識のうちに、わが子の性別そのものの否定(男に生まれてしまって、君はかわいそうだ!)を意味してしまいかねないように。

開かれた問い直しへ

とすると、必要なのは、過剰に自意識に閉じてしまう男の問い直し=内省ではなく、他者や現実に対して開かれた問い直し＝内省の道であるだろう。つまり、内省すればするほど、自分の男性的な欲望や身体が、一層他者たちへと開かれていくような内省のやり方である。

そのためには、どうすればいいのだろうか。

その場合、頭や意識よりも、身体（欲望）を使いながら何かを考え続けたほうがいいのだろう。一人きりであまりにも深刻に真摯に、頭の中だけで物事を考え続けていると、自家中毒を起こしてしまいがちだ。男性嫌悪や自己否定をこじらせてしまうのである。

だから必要なのは、誰かの隣りで、他者に寄り添われながら、自らの男性性を内省的＝身体的に問い直していくことであり、そして、必ずしも「男らしく」は生きられない男たちがそれでも生きていくための言葉や行動を探し求めることではないか。

そもそも、自分を変えていくとは、誰かと変え合うことであるからだ。

それはいわゆる、「異性にモテるためのコミュニケーション・スキルを高める」という話とも違う。当たり前のことだけれども、恋愛とは、一方的に相手を所有したり、一方的に承認されようとすることではない。恋愛とは、目の前の相手とのコミュニケーションの産物であり、二人が積み重ねた時間や経験を通して熟成させていくものであって、それはつまり、二人で育て合っていくものなのだ。

もちろん、相手の気持ちや感情を思ってみること、想像してみることは、大事だけれども、あまりにも何もかもを先回りし過ぎたり、相談もせずに勝手に決めてしまうことは、優しさのように思えて、実はその逆のもの、相手に対する支配欲求の裏返しだったりする。結果的にそれは、相手の感情や気持ちを都合よくコントロールしたい、ということなのだから。

自分が若い頃の、こんなことを思い出す。僕は子どもの頃からずっと、アトピー性皮膚炎だったために、自分の容姿や外見が、どうしても好きになれなかった。思春期に醜形恐怖症になり、特に鏡で自分の顔を見ることができなくなっていた。

けれども、恋人になった女性は、そういうことを全然気にしなかった。僕が勇気を出して自分のアトピー性皮膚炎や醜形恐怖の悩みを告白したら、その人はそもそも、そんなことを気にしたことすらなかった、ということがわかった。逆に、びっくりしていた。あなたはそんなことを気にしていたの、全然気づかなかったよ、と。少なくとも、彼女にとっては、僕の苦しみや葛藤はたんなる独りよがりだったのだ。

その人とはすでに別離してしまったし、ずいぶん時間が経ったけれども、いまだにそのときの記憶は、幸福なものとして、僕の中に静かに残り続けている。

「草食系男子」への大いなる誤解

それにしても、「男らしくない男たち」にとって、男性としての他の生き方の具体的なモデルはありえないのだろうか？

「草食男子」という言葉がある。二〇〇九年の流行語大賞にノミネートされ、大きな話題になった。もともとは二〇〇六年一〇月に、ジャーナリストの深澤真紀が日経ビジネスオンラインの記事の中で命名したものである。また二〇〇八年四月に女性誌『ｎｏｎ‐ｎｏ』が「男子の草食化」の特集を組んで、世間の認知度が一気に高まった。さらにブームの火つけ役になったのが、二〇〇八年七月に出版された森岡正博の『草食系男子の恋愛学』（メディアファクトリー）である。

森岡は、草食系男子を「新世代の優しい男性のこと」で、「異性をがつがつと求める肉食系ではなく、「異性と肩を並べて優しく草を食べることを願う、草食系の男性のこと」と定義している。この場合、重要なのは、草食系とは、女性に対しても対等で優しいフェミニズム的な意識を自然に受肉し、身につけた男性たちを指すものである、ということだ。少なくとも森岡の本の中では、それは、「セックスに関心がない男性たち」とか「恋愛にあまり意欲のない男たち」というような意味合いではなかった。

森岡の議論の中では、草食系男子と非モテ男性は近いものとされている。森岡によれば、非モテ男性たちの問題点は、自分で自分の存在（男であること）を延々と否定し続けてしまうことにある、という。「自分は異性から愛されるはずがない」「自分は恋愛に値しない男だ」「モテる奴らには、この苦しみは絶対にわからない」云々と。

彼らは、そのように決めつけて、自分を見限ってしまっているのだ。そのために、自分の恋愛や性愛をめぐる今の状況が「変えられる」「変われる」という可能性をも台無しにしてしまっている。

もしかしたら、僕たちは、自分の意識や肉体を変えることが怖いのかもしれない。

もしも自分を変えられるのだとしたら、今までの自分の苦しみ、哀しみ、痛み、それらすべてが無意味なもの、間違ったものだったことになってしまう（ように感じられる）から。今までの人生の苦痛が無意味なものになるという悲しみのほうが、自分は変われると知ったときの喜びよりも、大きい気がして。

それならば僕らは、やはり、そうした自己呪縛、自分で自分にかけた呪いのような考え方を、ほんの少しばかり、変えてみたほうがいいのだろう。

非モテもまたある種のジェンダートラブル——ある人の中で規範的な「男らしさ」「女らしさ」などの規範が揺らぎ、解体されていく複雑なプロセスのこと——の一つなのであり、本当は、そこに生じる葛藤や痛み、迷走などを通して、僕たちは自分の男性的な欲望や身体を少しずつ変えていくことができるはずなのだ。

つまり僕たちは、この非モテという、惨めで情けない問いを入り口としても、自らの男としての欲望を問い直し、変えていけるはずなのである。

承認欲求・自己肯定・自己尊重

とはいえ、肉食か草食かを問わず、恋愛的なコミュニケーションにどうしても成功しない人は存在し続けるだろう。いつまでもモテず、誰からも愛されない。そういう人々は必ずこの世の片隅に居続けるだろう。

そのことを、どう考えればいいのか。

フェミニストの上野千鶴子は「（性的弱者は）コミュニケーション・スキルを磨いていただくしかない」「マスターベーションしながら死んでいただければいいと思います。冷たいでしょうか」と言ったことがある（上野千鶴子・宮台真司「メディア・セックス・家族」『論座』朝日新聞社、一九九八年八月号）。

しかし、どうだろう。たとえ愛や承認を得られず、誰かから抱きしめられず、ルサンチマンや自己嫌悪をずっと解消できなくても、それらを抱えたまま、しかしそれを他人や自分への過度な暴力にしてしまうことなく、こじらせることなく生きていく、そこそこ幸福で楽しく生きていく、そうした生き方もまたありうるのではないか。

大切なのは、他者への暴力が許されないだけではなく、自分の身体への暴力もまた許されない、ということである。もちろん、自分勝手な理由で、無関係の他人を傷つけることは許されない。けれども、自殺やリストカット、あるいはネット依存で掲示板やSNSに匿名の悪意をばらまきながら、昼夜逆転の生活で、オナニーを繰り返しながら心身を損なっていく、そうした自己破壊もまた、実は、許されないことなのではないか。

本当は、男たちもまた、もっと、自分の欲望や身体を大事にしていいし、慈しんで構わないはずなのだ。

こんなふうに考えてみる。

他人（異性や職場の仲間）からの存在の承認が得られず、また、傷や痛みを抱えていてうまく自己肯定のできない人であっても、ある種の自己尊重の感情——自分の身体や存在に対する「よい」という基本的な感情——によって、少しずつ、ゆっくりと全身を満たしていくことができるはずだ。

他者からの承認でもなく、自己肯定でもなく、自己尊重。

それはどういうことだろうか。

様々に悩み、迷い、他人を傷つけ、自分も傷つきながらも、少しは自分のあり方や欲望をマシにしようとして努力していること。たとえそれが不十分であり、理想とする「完璧」には程遠いものだとしても、これまで一歩一歩、蟻のような歩みで、努力し続けてきたということ。そうした自分の存在や身体の価値を、自分に対してそれなりに認めてあげること。自分の人生が刻んできた軌跡や道程に、小さな自信を持ってみること。それが自己尊重である。

男らしくもないし、決して立派な人間ではないし、大したこともないのだけれど、唯一無二の、かけがえのないものとして、自らの男性的な身体や存在を尊重できるということだ。

僕も最近になって、ようやく、少しは次のように考えられるようになった。自分なりに、何事かを地道に、悩みながら、こつこつと積み重ねてきた。間違いや、失敗や、足りないことも多いのだけれど、とりあえず、ここまでやってきた。空を飛ぶ鳥からみれば、蟻の歩みかもしれないけれど、そこに哀しみも喜びもあり、それらをかみしめて生きてきた。そんな、そこそこでぼちぼちの自己尊重であるならば、たとえ根深いルサンチマンを抱えこんで、他者の承認も得られず、自己肯定の感情もうまく得られない僕らにとっても、ささやかな力になってくれるかもしれない……。

どうだろう。

そんなふうには考えられないだろうか。

おそらくそれは、自分の中の空洞や弱さから目を背けて、「自分は男らしいんだ」「本当の自分はもっと強いはずなんだ」と自らに言い聞かせ、鼓舞し続ける、という偽りの自己肯定（男らしさへの自己啓発）とは異なるものだろう。そのような虚勢を張っても、早晩、無理が生じて破綻してしまう。なぜなら、偽りの自己肯定とは、ありのままの自分をむしろ無視して拒絶することであって、「虚勢としての男らしさ」にこだわってしまうことだからだ。

それなりの自己尊重の念を持つことができるようになるためには、そうした虚勢としての男らしさとは別の、もっと身近で地に足のついた勇気が大切になる。

自己尊重する勇気とは、様々な現実の困難や失敗に対して、強く立派で完全な人間として振る舞おうとする勇気、のことではない。自分の弱さやダメさを鏡に映して、恐れながら、おびえながらも、自分の姿を真っ直ぐに見つめることができる。そしてそこから一歩一歩、さらに先の生き方を目指すことができる。自分の中の暴力性を制御したり、別の生産的な力へと変えていったりすることができる。そうした弱々しく、優柔不断ながらも、いじましい勇気であり、いわば弱虫の勇気なのではないか。

そもそも、この僕の身体とは、僕自身にとってもどうにもならないものであり、僕らの意識にとっての他者である。この世に他者が存在するということ、自分自身の身体も含めて、決して自分の思い通りにならず、ままならないものが様々に在るということは、本当は、そのままで、善いことなのではないだろうか。

男性の自己否定はそれ自体が嗜癖化してしまうことがある、と言った。男性的な加害や暴力性を何とか乗り越えようとして、かえって男性性をこじらせてしまったり、「疾しい良心」の罠にはまってしまうケースがある、と。

しかし、現実の様々な困難や問題に対して、しつこく葛藤し続けることができる、という能力（それを通して必要な自己尊重の感情を身につけていくということ）は、おそらく、たんに自意識をこじらせること（ひたすら自らの男性性に罪悪感や嫌悪感を覚えて、否定し続けてしまうこと、そしてそのことに一種の薄暗い快感や倫理観を持ってしまうこと）とは、少し異なることであり、微妙に違ったことなのである。

この微妙な、ちょっとした違いが、案外、大切なのではないか。

たとえば二村ヒトシは、女性から嫌われる男たち、「キモチワルい」男たちの特徴は「考えが堂々めぐりをしてる」こと、つねに暗くて重たい状態にあることである、と言う（『すべてはモテるためである』文庫ぎんが堂、二〇一二年）。要するにキモチワルい男たちとは「自意識過剰」な男たちなのであり、ならば必要なのは、具体的な身体の楽しさや喜び、遊びやゆるみなどに基づく「適度な自信」なのではないか。

自分の中の弱さや女々しさを認めることは、僕たち男性にとっては、確かに、怖いことなのだと思う。

しかしそれは、どうして怖いんだろう。

きっと、僕たちの中には、根深い男としてのプライドがあるからだ。

男のプライド。これは厄介だ。

たとえば長年ひきこもり状態にあった男性たちは、現実的には一発逆転の確率は非常に低いにもかかわらず、かえって男性的なプライドを捨てきれず、社会的に高い地位の職業に就こうとしたり、美しくスタイルのいい女性と恋愛することにこだわったりする場合があるという。それくらい、根深いものなのだと思う。

内なる「男らしさ」を否定することは、時と場合によっては、「死ぬことよりも怖いこと」なのかもしれない。

ならば大事なのは、自分の中の弱さ（男らしくないところ、女々しいところ、何かができないところ）を、怖いながらもそこそこに見つめて、何とかかんとか、ゆるゆると、自分の存在や身体を受けいれられる男になる、いわば「男らしくない男」になっていく、ということではないか。

自分の中の暴力性を意識しつつ、しかしそれを過度にこじらせたりもしないような、柔らかさ、遊びやゆるみを兼ね備えた「新しい男」のあり方を目指していく、ということではないか。

それは自分の弱さと向きあわずに、押し殺してしまうことではない。かといって、「どうせ自分なんて弱いんだ」とひねくれたりすることでもない。あるいは、強く堂々とした男としての虚勢をひたすら張り続けることでもない。

大切なのは、自分の身体のか細い声を聞いてあげることである。弱く、小さく、未熟児の産声のような自らの命の声に耳をすませることだ。

この世界に、この取るにたりない、つまらない、しかし唯一無二の身体が存在することのありのままの喜びを、じっくりとかみしめたり、のんびりと味わったりすることのできる男になっていくことである。

考えてみれば、男としての自分の身体の中には、女性らしさもあり、変態っぽいところもあり、病的なところもあるのかもしれない。

最近、僕は、子育てや仕事に関して、やっと、他人に対して弱音を吐けるようになってきた。それはいいこと、望ましいことなのではないか。男であることをこじらせる原因の一つは、誰かに「助けて」と言えないことにあるのだから。

弱音。

弱さの音色。

それはわるくない感じだ、と思えた。

僕が子育てから学んだのは、愚痴を言うことと弱音を口にすることとは、ちょっと違うのかもしれない、ということである。愚痴とは、たぶん、ストレスを吐き出し、そのことで自我の輪郭を修復することである。それに対し、弱音とは、自分の弱さを認め、受け止めた上で、自我の輪郭を今よりも柔らかく変型させ、変えていくことなのだと思う。

これは、愚痴と弱音のどちらのほうがいいか、という話ではない。人生の中では、自分の中に痛みを抱えこまず、愚痴を言うことも、誰かに弱音を吐くことも、どちらも必要なことなのである。

「男」をこじらせたり、「自分はなんて男らしくないんだ」という嗜癖的な自己否定の罠にとらわれたりしないためには、自分の内なる弱さや女々しさを受け止められなければいけないのだけれど、多数派のヘテロ男性としての僕らにとっては、それが何より「怖い」ことであり、どうやら自分一人の力では決してできそうにないことなのだと思った。

もう一度、反芻してみよう。

「こんな人間になりたい。だから努力する。でも、そうはなれない」「頑張ったけれど、どうしてもダメだった」。これまでの人生の中で、そうした失敗や間違いを繰り返してしまったこと、それらのプロセスを決して丸ごとは肯定できなくても、ただ、それそのものとしては尊重できる。そしてその小さな尊重の気持ちが、これから自分を変えていくための、ささやかな足場になり、足がかりになっていく。その程度の自己尊重であれば、誰にでもできるのではないか。

大切なのは、自分の中にどうしようもなくある恨みやルサンチマンを、男らしく押し殺して否認するのではなく、自虐的なネタにするのでもなく、またホモソーシャルな猥談や庇いあいによって解消してしまうのでもなく、それをいわばユーモラスなものへと転用し、善用していくことである。

この世に産み落とされ、存在するものたちの中で、およそ、誰かのために役立たないもの、善用しえないものは、本当は、何一つありはしない。

ここでいうユーモアの精神とは、すなわち、自分の中の「なぜ自分はこんなにも男らしくないのか」「死にたくなる」という気持ちを受けいれながら、だからこそ、この自分以上に苦しみ、言葉を失って苦しみ続ける他者たちの中の弱さを肯定し、そこに新しい光を当て、互いに生かしあっていくということだ。そんな弱さと無力としてのユーモアがある。怨恨や自己嫌悪を長い間こじらせてしまい、すっかり「男らしさ」という病におかされてしまっているからこそ、男たちは、「男らしくない男たち」としてのユーモラスな喜びを見出していけるはずなのだ。

そんな「男らしくない男たち」のユーモアの可能性について、もう少し具体的な形で、以下の「補論」で考えてみることにしたい。そしてそれを第三章へと繫げていきたい。

補論①
認められず、愛されずとも、優しく、幸福な君へ

恋人やパートナーと出会えること、「この人しかいない」という人と愛し、愛されることは、最高に幸福なことであると思う。

けれども、たとえ運悪くそうしたパートナーと出会えず、独り身のまま、孤独のまま生きていくとしても、君たちは、別の仕方で、新しいやり方で、心から幸福だと思える人生を、いい人生を送っていくことができるはずだ。他者に対する暴力に走るのではなく、かといって自己否定のブラックホールに呑みこまれるのでもなく、非暴力的に、優しく生きていくことができるはずだ。

僕は、ずっと、そういうことを考えてみたいと思ってきた。

そのためにも、がちがちに凝り固まってしまった「男」への過度なこだわりを、ゆっくりと、解きほぐしていきたかった。

僕らもまた本当は、様々なタイプの「男」になりうるのかもしれない。そうした潜在的な可能性を、身体の中にゆるみや遊びのように見出し、取り返していくことができるのかもしれない。

もちろん、言葉で言うのは簡単だけれど、それは、決して簡単なことではない。僕自身、これまでの人生の中でそういうことはゆっくりと、少しずつしか改善してこれなかったし、いまだに「男らしい

男」という固定観念から、十分に逃れられているわけではない。

では、どうすればいいだろうか。

まず、大切なのは、気長に考えてみる、ということではないか。

単純だけれど、これが大事だと思ってきた。

業を煮やす気持ち、焦る気持ちはわかる。しかし、そもそも、今までうまくいかなかったことが、そう簡単に急転直下でうまくいくとも思えない。そういう可能性も完全にゼロだとは言えないが、そんなにすぐにうまくいくと考えるほうがやはりおかしい。

前のめりの焦りは、他人からみれば物欲しげで、卑しくみえてしまうから、より一層うまくいかなくなってしまうかもしれない。

鷹揚な、落ち着いた、少し余裕のある態度のほうが、周りの人に対しても誤解なく、上手に気持ちや思いが伝わりやすいのではないだろうか。

まずは、その場で、深呼吸してみることだ。もちろん、実際にいざ何かをはじめれば、すぐに焦る気持ち、はやる気持ちに再び駆り立てられることになるだろう。でも、焦って前のめりになってしまうそのたびに、足を止めて、落ち着いて、深呼吸してみること。

そして、気長に物事を捉えてみるという多少の余裕と心の柔らかさを得たら、自分のことを、様々な角度から、様々な欲望や可能性が絡まり合ったものとして——いわば連立方程式として——、じっくりと考えてみる。

部屋の中に閉じこもるのではなく、外へ出て、様々な人に会いにいって、いろいろと試してみるのもいいかもしれない。頭の中だけで考え続けようとすると、悩みや絶望はこじれやすいから。

そしてそのときにこそ、気長に考えることが肝心なのではないか。

人と会うことは、期待と失望の繰り返しだから、疲れてしまいがちである。だから、「勇気を振り絞って試してみたけど、やっぱりダメだったよ、人生なんてそんなもの」と、あまりにもせっかちに諦めてしまいやすい。

だが、必要なのは、やはり、誰かから愛されるための努力を地道に続けてみる、ということである。

こういうことを言えば、ガッカリされるかもしれない。

たとえば、恋愛の極意やナンパの作法のような本には、異性とのコミュニケーションスキルの大切さが繰り返し書いてある。結局は、コミュニケーションのスキルが大事であり、テクニックの問題なのです、と。

しかし、ここで言うのは、多くの異性から効率的にモテるためのスキルというようなものではない。自分が好きになった「その人」から愛されるためのスキルということだ。

技術やスキルなどと言うと、反発や反感を持たれてしまうだろうか。その気持ちもわかるつもりだ。僕らのように恋愛経験が乏しく、打たれ弱い人間ほど、物事を過剰に「純粋」に考えてしまいがちだ。スキルや駆け引きについて考えること自体が不純であり、目の前の好きな人に対して失礼じゃないか、と。

でも、そうじゃないんだ。

相手を本当に本気で大事にしたいからこそ、純粋な思いがあるからこそ、きちんと自分の思いを言葉で伝えたり、地道な努力を払ったり、日頃から感謝や喜びをこまごまと伝えること、伝え続けることが大切なのだ。

黙っていても相手が理解してくれるはずだ、以心伝心で純粋に通じ合えるのが本当の愛だ、というのは、身勝手な思いこみであって、子どもが母親に期待するような未熟な感情にすぎない。

これははっきりと言っておきたい。

そして、目の前の「その人」をしっかりと愛することができるならば、不特定多数の異性からモテたいという欲望は、自然と弱まってゆき、いつの日か、朝の光を浴びた幽霊のように、あとかたもなく消えてしまうかもしれない。

あんなにも苦しんだ切迫感や焦りやせつなさから、僕らは、自然に解放されてしまっているかもしれない。

そんな日が自然に訪れてくれればいいと思う。

もう一つ。時には、恋愛・性愛の問題を、個人の運不運や自助努力の問題としてのみ考えずに、社会や制度の問題として（も）考えてみることも、やはり、大切だろう。なぜなら、問題を社会の問題として考えることは、僕たちの中の過剰な自己嫌悪を少しは緩和してくれるからである。この国の雇用制度の整備の遅れや、グローバルな非正規雇用化の流れのために、恋愛や性愛に不具合が発生しているのではないか（第二章）。またそこには、男性の育児やケアをめぐる様々な問題も絡んでいるのではないか（第三章）。

とはいえ、すべてを社会や時代の問題として考えてみたところで、僕らが誰かから愛されるわけではないし、せつない孤独や虚しさから解放されて自由になれるわけでもない。自分の不幸を、社会や誰かのせいにするという態度が、かえって、僕らを近寄りがたく、つきあいにくい人間に見せてしまうこともある。

では、どうすればいいのか。

思想家の吉本隆明は、こんなふうに言っている。

> これは僕が自分の実感から延長した確信みたいなものなんですが、人間だれしも、一生のうちに一人だけはときめいたり、心から好きになったという異性、同性でもいいのかもしれないけど、かならず出会うと思っています。これは信仰に近いといえば信仰に近いんだけど、でも実感なしの信仰じゃなくて、実感を含めた信仰です。そういう人にかならず一人は出会うから、その人じゃないのに途中で妥協して、心から好きじゃなかったのに結婚するみたいなことを繰り返せば傷になりますから、ほんとに好きな人、ときめく人が出てくるまで待っていればいい。
>
> 年齢がいくつだからとか、一世代、二世代前まで年齢のことを言われたこともありましたが、い

まはそういうこと言われることはない。いくつになってもいいわけです。死ぬ一年前でも構いませんから、かならず好きな人に出会うものだと確信しています。（『僕ならこう考える』青春出版社、一九九七年）

どうだろうか。

これは、本人も強調しているように、吉本の個人的な信念であり、特に科学的な根拠があるわけではない。けれども、吉本が実体験を通してたどりついたこの答えは、どこか、僕らを深いところからほっとさせてくれるようなところがある。恋愛や性愛についての無用なこわばりをゆるめて、遊びやスキマを作ってくれるところがある。

吉本は、三〇歳を過ぎた頃に、友人の奥さんを好きになってしまい、三角関係に苦しんだ人である。また、モテてカッコいい文学者たちへの劣等感を抱えたり、自分の顔に自信が持てなくて、性格が歪んでしまった、とも告白している。つまり、吉本は、非モテの思想家なのだ。

けれども、そうした劣等感やルサンチマンを正直に認めながらも、それをこじらせることなく、奇妙な鷹揚さというか、ゆるさというか、ユーモアのようなものを捨てていない。

だから、思い煩うことはないんじゃないですか。もしかしたら、考えなくなったとたんにそういう人が出てきたりするかもしれないし、それはわからないことですから。（同書）

これが恋愛の勝利者・経験者の余裕だとは思わない。恋愛や性愛をめぐる苦しさや弱さや劣等感をそれなりに舐めた人に、その先でかすかに光が差しこむような、柔らかさであり、ゆるさであり、ユーモアである。

思えば、僕らは、次のようなことを忘れがちな気がする。

恋愛が大事であるように、仕事や趣味や友情も大事であるということ。どちらも同じくらい大切でありうること。たとえ恋愛関係を得られなくても、それ以外のものを、ちゃんと大事にしていいんだ、ということ。

つまり、人生から恩寵のように与えられたもの、大切にすべきものを、ちゃんと大切にしてもいいんだ、ということ。吉本の言葉を借りれば、愛や恋の問題についても「重層的な非決定」が大事なのではないだろうか。

そのような形で、過剰な男らしさやモテに対する欲望を静かに減していくこと、こじれてしまった絶望や諦めをうまく避けていくということである。

そのときにこそ、なるべく人に対して優しく接することだ。

いや、他人だけじゃない。

ほかならない君自身に対しても、できるだけ優しく接することだ。

それは自分の暴力や弱さを見ないふりをすること、完璧な正しい「男らしさ」を演じ続けることではない。自分の中の弱さを真っ直ぐに見つめ、暴力や加害をも認識し、そこから、自分を少しずつ変えていくという勇気を持つことだ。

何度でも繰り返すけれど、やはり、人生の中で誰にも愛されない人は愛されないままだろう、と僕は考えている。それは身も蓋もない、シンプルな現実だ。どうにもならない事実だ。すると、大切なのは、そこから何を考えられるか、である。

そこから、おそらく、非モテの品格が問われていく。

それは誰にとっても他人事ではないのではないか。もしも恋人や結婚相手や子どもがいたとしても。なぜなら、いつかは彼らとも離れていく日が来るのだから。そもそも、たとえ彼らと共に暮らし、愛しあっているとしても、誰もが各々の中に、他者の承認や自己肯定によっては解消できない、孤独の永久凍土を抱えこんでいるのではないか。最愛の恋人や子どもですら溶かしえない凍土を。

ならば、誰もが、いつか来る別離や、日々の鋭利な孤独に耐えうるだけの、精神の強さとしなやかさを身につけていくしかない。僕らはそのとき、もう少しだけ他人に優しくなれるはずだし、もう少しだけ自分の存在や身体を真っ直ぐに愛せるはずなのだ。

長い間、ルサンチマンに苦しんできたから。他人を嫉妬し、恨み、そんな自分を嫌いになり、何かを求め、得られず、何度も何度も苦しんできたから。だから、他人の中の「心の穴」や弱さに対して、繊細な優しさを持つことができるだろう。君以上に世の中の他人の中に交じれず、他者に近づくことも遠ざかることもできない人たちに、傲慢ではないやり方で、手を差し出してみよう。

もちろん、そんなことをしたって、君自身は、きっと、報われないだろう。ますます、キモチワルくなり、モテなくなり、自分の中の傷や穴を悪化させてしまうかもしれない。でも、それでも、構わないではないか。

いつかたまたま、愛する人に出会えたときこそ、君たちは内なる孤独やルサンチマンをいかに熟成させてきたか、そのことを試されるだろう。運よく恋人と巡り会えたときに、過剰に何かを求めたり、調子に乗って他の誰かにも手を出したり、別れた後にストーカーになってしまったり——決してそんなことをしなくてすむように。そんな明日のために、日々、心と体の準備をしておこう。

孤独で独り身だからこそ、誰からも愛されないからこそ、人間としての礼儀や品格を失ってはいけない。そのときも、「愛されねば生きる意味がない」とか「誰からもべつに愛されなくてもいい」などと考えちゃいけない。

たとえ誰からも愛されなくても、前を向いて生きていく。それはできる。本当にできることなんだ。もちろん、君は、悩んで、苦しんでいい。涙を流せずに泣いてもいい。だけど、それをこじらせすぎちゃいけない。他人をねたんでいいけど、恨むところまではいかない、そんな曖昧な場所にどうか踏みとどまってほしい。ぐらぐらと躓き続け、ふらふらと迷って葛藤する道を選んで、せっかちな暴力に身を委ねたりしないでほしい。

小さな自負と誇りを積み重ねながら、自分が歩んできた道に対する自己尊重を一歩ずつ身につけながら、海辺で拾った小さな貝殻やガラス片のように溜めこみながら、悲しみの中でそれでも前を向いて生きていく。歩き続けていく。

誰からも構われないからこそ、誰からも愛されずに孤独だからこそ、誇り高く生きていく。気高く生きていく。

誰も傷つけずに。優しく。

不要な自己卑下もせずに。

自分の体も大切にして。

どうか、君が君自身を嫌悪したり、自信を失ったり、自らを傷つけたり、殺したりすることがないように。

いつか、ゆっくりと、この世界は変わっていくはずだ、もっとずっと優しくなっていくはずだ、と信じて。

誰からも愛されなくても平然としていられるから、気高いんじゃない。心底苦しんでいいんだ。いつまでも悲しみ、弱さにぐねぐねと迷い、ぐにゃぐにゃに葛藤していいんだ。それしかないんだ。苦しく、惨めで、せつなくて、死にたくても、前を向いて生き続けるから、他人を傷つけずに優しく生きようとするから、君は人間として本当に気高いんだ。高貴なんだ。人間の弱さも惨めさも汚さも、誰よりもよく知っている君だから、他人に対して、誰よりも優しくできるんだ。

どうか、そのことを忘れないでほしい。

そんな君自身に対する、ささやかな自己尊重の気持ちを感じてほしい。

そして――。

いつか、君の前に、一生に一度きりの、君だけの相手があらわれますように。

そんな誰かと幸運にも出会えたとき、どうか、君が間違った愛し方をしませんように。優しく、真剣に、誠意を持って、その人に対して振る舞うことができますように。君がちゃんと自分の気持ちを言葉で伝え、感謝の気持ちを伝えられますように。その人と、生きることの喜びを深く楽しく分かち合えますように。与え与えられ、愛し愛されることができますように。

僕はそれを祈っている。

その日は来る。きっと来る。

そんなふうに祈っている。

第三章

男にとってケアとは何か——クィア・障害・自然的欲望

男らしく生きるとは、自立して生きることである——どんなに男女平等や男女共同参画が唱えられているとしても、そうした価値観は、今も根強くあるのではないだろうか。

経済的自立、就労自立、精神的自立……。

誰にも頼らず、他人に依存せずに、自分一人で自立して生きられること。そして家族（妻や子どもたち）の暮らしを支えられること。それは男性たちが依然として標準装備として要求される能力である。

けれども、よくよく考えてみれば、誰かを支え、ケアしたり、誰かからケアされるということは、人生の中では、特にイレギュラーな経験とは言えないのではないか？

たとえば人間の赤ちゃんは、寝たきりで、自力で寝返りを打てず、食事には全介助が必要である。おしっこ・うんちを垂れ流しにする生き物だ。これは、今の介護保険では、最重度の、要介護度5にあたる。

僕たちは誰もが、この世界に産み落とされ、両親や親類、国や社会や地域から、様々な無償の支援やケアを受けながら、今日、この日まで生きてきた。それは決して、自分一人の力だけではなかった。人は誰もが年をとっていく。いずれは、再び、うんちやおしっこを垂れ流すようになるかもしれない。たまたま事故や病気によって、他人の介護が必要になるかもしれない。たとえ自分はそうならなくても、大切な恋人や家族がそうなるかもしれない。先のことはわからない。

とすれば、社会的・経済的に完璧に「自立」していて、自分は依存やケアとはなんの関係もない、と思いこめる人間のほうが、実は、イレギュラーなのではないだろうか。

それだけではなく、健常者・男性であるこの僕は、そもそも、自分以外の誰か（女性や外国人労働者やケア労働者たち）に、ケアの負担を——社会構造や制度のあり方を通して、無意識のうちに——押しつけているから、そういうことをあまり考えずにすんでいるだけではないか。ほんの小さな偶然（たまたま、機縁）によって、今よりもずっと過酷な人生を強いられていたかもしれない。

人は生まれ・生き・食べ・産み・病み・老い・死んでいく。それが自然の連続するサイクルであり、その中からどこか一部分だけを切り取って、自分はただ一人の力でちゃんと自立しているんだ、と思いこんでしまえば、大切な何かが見えなくなっていく。そのとき僕たちの命は自然から復讐され、内側から荒廃していく。

数字の上では、現在日本の六五歳以上の高齢者は三三八四万人、障害者は八六〇万人、就学前の乳幼児は六二三万人である。さらにいわゆる制度の「谷間」の障害者や病者、慢性疾患や難病（認定・無認定）の患者、障害認定を受けていない精神疾患の患者たちも含めれば、潜在的なケアユーザーの数は膨大なものになる。実際の利用者数は、二〇一六年時で、介護保険が五二三万人、障害福祉サービスが約七八万人。二〇二五年には高齢化率が三〇%になると推測され、また超高齢化も進むため、要介護者の数はさらに増えるだろう（注・二〇一六年時点）。

そうした状況の中で、ケアにかかわる人々の数も、年々増え続けている。仕事でケアワークを選ぶ人、家族介護の負担を強いられた人、ボランティアに従事する人……。

かつて二〇世紀は「難民の世紀」と呼ばれたこともあったが、二一世紀の今、グローバルな少子高齢化／ニーズの多面化／医療関連技術の高度化などが進んでいく中、人類は未曾有の〈ケアの世紀〉へと足を踏み入れたのかもしれない。

僕は二〇代半ばから、十数年の間、地元の通所施設やNPO法人で、障害者支援の仕事をしてきた。二〇〇九年に子どもが生まれてからは、自宅で子育てをしながら、非常勤ヘルパーの仕事をしたり、物書きの仕事をしたりしてきた。パート主夫のような感じである。

そうした日々を通して、僕の中でケア（介助、介護、支援）の意味が少しずつ変化し、熟成してきたと思う。

子どもや家族、職場で出会う様々な介助者や障害者たち。彼らの存在に囲まれながら、男として、父親として生きていくとは、どういうことか。根本的に考え直してみたいと思った。

ケアワーカーたちがケアを必要とする

二〇一〇年六月七日に、ケアラー連盟が発足している。ここで言うケアラーとは、家族・親族・知人などの「無償の介護者」のことである（つまりケアワーカーは含まれない）。介護対象は、高齢者、障害者、病者など様々である。また同居・別居・常時・随時など、ケアラーによる要介護者へのかかわり方も様々だ。

ケアラー連盟によると、発足の二〇一〇年の時点で、すでにケアを必要とする世帯は四八〇万世帯。これは一〇世帯に一世帯の割合である（二〇〇四年の時点では全世帯の六％だった）。連盟による「ケアラー緊急アンケート調査」中間報告によると、将来の暮らしに「不安が大いにある」「少しある」人が合わせて八八・八％、介護を「負担」に思う人は八九・六％。日々のストレスや将来に対する悲観を要因とした介護疲れ殺人、介護心中なども跡をたたないという（ちなみにケアラー連盟は、二〇一一年に一般社団法人日本ケアラー連盟となり、その後、東日本大震災被災地のケアラーの支援や実態調査を行ったり、ヤングケアラーの支援や実態調査を行ったりしている）。

ケアを必要とする被介護者たちだけではなく、ケアを行っている介護者たちの生活保障や権利擁護もまた重要であることが次第に認知されてきた。ケアラー自体が「二次的依存者」になっていく、という構造的問題があるからだ。すでに欧米先進国では、法的根拠に基づく介護者支援が多様な形で展開されている。

ケアすること／ケアされることにかかわる領域が広がっている中で、「ケアを提供する人＝女性」という従来のイメージも大きく変わりはじめている。

二〇〇九年三月に発足した「男性介護者と支援者の全国ネットワーク」によると、すでに主たる介護者のうち、四人に一人は男性である（都市部では三割超、欧米ではすでに四割。http://dansei-kaigo.jp/aboutus/）。津止正敏・斎藤真緒『男性介護者白書』（かもがわ出版、二〇〇七年）によると、介護者の続柄では特に息子の割合が急増し、主介護者が息子である割合は一九七七年の二・四％から二〇〇四年の一二・二％と、約五倍になっている。少子高齢化や非婚化の中、独身の息子が親元にいながら、親を介護するというパターンが増えているものと思われる。

職場と似たような態度で家事や介護に対処し、弱音を誰にも吐けず、一人で責任を抱えこんで「強い男」を維持しようとすることが、ケアラー男性たちを追いつめていく要因の一つとも言われる。もともと母親や妻に介護・家事を任せきりだったために、ケアに不慣れな男性たちがストレスを溜めこんで、女性よりも苦悩の度合いがこじれていくケースも多い（奥田祥子『男性漂流』講談社＋α新書、二〇一五年）。

家族介護の現場だけではない。近年ますます、介護労働市場におけるケアワーカー不足、介護士や保育士の低賃金や過重労働などが深刻な社会問題として報道されるようになっている。

公益財団法人介護労働安定センターによる二〇一四年度の「介護労働実態調査」（財形福祉協会『財形福祉』二〇一五年九月号）によると、介護事業所の実に五九・三％が人手不足（「大いに不足」＋「不足」＋「やや不足」）であり、人員不足の理由のうち「採用が困難である」が七二・二％。採用困難の原因は、「賃金が低い」が六一・三％、「仕事がきつい（身体的・精神的）」が四九・三％である。年間の離職率も全体で一六・五％と高い。

つまり、制度的に介護関連の事業所は経営が困難（公定価格として国が定める介護報酬単価の低さ、時間数上限による総量規制、自己負担によるサービス利用への抵抗感、などによる）であり、そこで働くケアワーカーが十分な賃金を得られない、という構造的な要因がある。それはこの国の政策上の問題でもあるから、しばしば「官製ワーキングプア」とも指摘される。

実際に、ケアワーカーたちの過半数（約六割）は「働きがいがある」と答えているのに対し、不満の上位は「仕事の割に賃金が低いこと」や各種の労働条件の悪さ（慢性的な多忙、有給休暇の取りにくさ、社会的地位の低さなど）なのである。

「依存」は例外ではない

ただし、ケアワーカーのこうした状況の背景には、もともと、女性たちを長い間苦しめてきた家事労働・パート労働にかかわる問題があった。つまり、近代家族における性別役割分業／ジェンダー秩序の問題（男性は賃金労働、女性は家事労働もしくはパート労働、という強制的な分業体制）である。

日本国内の介護問題は、一九七〇年代以降、ケアを担う家族、とりわけ女性たちの側から提起されてきたものだった（春日キスヨ『介護問題の社会学』岩波書店、二〇〇一年）。一九九〇年代後半に、フリーター階層の存在が社会問題化した場合と同じく、そもそも「男性介護労働者たちの生活苦が目に見えはじめて、ようやく、問題が社会的に共有されるようになる」というパターンそのものが、まさしく、ジェンダー的な不公正を示しているのである。

しかも依然として、ケアワーカーたちの多くは、従来の「男性労働者並みの自立」を理想的なモデルとし、そうした価値観を内面的にインストールしてしまっている。僕らは相変わらず、「ケアの仕事では食べていけない。結婚もできない。子どもを持てない」というネガティヴなストーリーに深く呪縛されてしまっているのだ。

その理想／現実のずれを埋めるために、「目の前に困った人がいるから、つらくても我慢しなければならない」「やりがい・生きがいのある仕事だから、低賃金でも構わない」「ケアは献身的で無償の行為であるほうが望ましい」「もっともっと気遣いできる介護者にならなければ」などの、自己啓発・承認の物語が注入されていく。これは構造的にはいわゆる「やりがいの搾取」であり、ケア業界に蔓延する自己責任論である。そして「やさしい若者たち」は、昔から「たいがいの職員がその動機は語りたがらない」のだ（渡辺鋭氣『依存からの脱出』現代書館、一九七七年）。

こうした社会的／内面的な閉塞状況の中で、多くの介助者たちは、肯定的な人生の展望や、ケアの未来に対する希望的なヴィジョンを持てないままでいる。

しかし、見方を変えれば、男性たちにとって、家族ケアやケア労働、ボランティアや研修などをめぐる経験は、従来の「男らしさ」を超えて、逸脱していくような葛藤・矛盾を強いられ、ジェンダートラブルを味わい続ける機会でもある、とも言えるだろう。

もちろん、少子高齢化や制度上の不備の結果として、現在のケアをめぐる現実は過酷であり、明るい希望を安易な形で語ることはできないし、語るべきでもない。しかし、それでもなお、僕たちがあまりにも悲観的でネガティヴな物語や未来像ばかりを語り続け、それに過度に捉われてしまうならば、それもまたやはり一面的であると言わざるをえない。ケアという営みが胚胎する豊かさや面白さ、あるいはそのユニークな倫理性をも振るい落としてしまいかねない。

日本の男性たちがこれほどまでにケアにかかわり、介護・介助の仕事を生業にすることは、おそらく、歴史上これまでになかったことだ。ケアの世紀の中で、僕ら男性たちもまた、家事や育児を含む様々なケアの経験を通して、新しい男性性を探し求めていくべきではないか。

もちろんそれは、従来の「男並み自立」に執着し続けることではないだろう。

アメリカの政治学者ナンシー・フレイザーは、性役割分業を前提とした「男性稼ぎ手モデル」から脱却するために、以下の三つのモデルを区別している。(1)女性を男性並みの稼ぎ手にすることを目指す「総稼ぎ手モデル」、(2)女性の無償の再生産労働（家事・育児・介護）に対して、政府が特別な手当を給付する「ケア提供者対等モデル」、(3)男性と女性が対等にケアの担い手になることを目指す「総ケア提供者モデル」。そして(3)の「総ケア提供者モデル」こそが、「男性の変化」を通じて、性別分業というシステム全体を変革させていくための鍵である、とフレイザーは主張している（ナンシー・フレイザー『中断された正義』。田村哲樹『政治理論とフェミニズムの間』昭和堂、二〇〇九年)。

そもそも、誰かに頼ったり依存したりするということは、本当にそれほどまでにかたくなに批判されねばならないことなのか。

重度知的・身体障害者の娘をもつエヴァ・フェダー・キテイは、対等な人間像を前提とする従来の平等概念を批判しながらも、依存という存在状態の可能性を再吟味し、新たな可能性を押し開こうとしている。「平等な個人の集合として社会を構想することは、乳幼児や子ども期、高齢期や病気のとき、障碍を抱えるときなどの依存を覆い隠してしまう」「したがって、依存は例外的な状況にすぎないのではない。依存を例外とみる考え方は、人間相互のつながりが、生存のためだけでなく、文化の発展それ自体のためにも重要であるということを忘れている」(『愛の労働あるいは依存とケアの正義論』岡野八代・牟田和恵監訳、現代書館、二〇一〇年〈原著一九九九年〉)。

これは障害者や病者に限らない。たとえばシングルマザーや家族介護者のように、子どもや障害者、高齢者に対するケア責任を背負わされたケアラーたちが、就業機会や自由時間を剥奪され、他者や公的支援に頼らねば生きていけず、別の意味での社会的な依存者になってしまう。しかも「無償の介護」「愛の献身」などの美談によって、そうした厳しい状況を正当化され、放置されてしまう。そうした「二次的依存者」を強いられていくジェンダー的に不公正な構造があるのだ。

さらにキテイは、ケア労働者たちを「依存労働者」とも呼んでいる。つまり、他者への依存を必要とする人々をケアする労働者たちは、彼ら自身が、誰かのケアへ依存しがちになる、と。

それでは、他者への根源的な依存という状態を、むやみに否定・否認したり、マイナスのレッテルを押しつけるのではなく、むしろ「依存の理論」のポテンシャルを見出していくとは、どういうことか。

もちろん、ケアの中にある種の道徳性（ケアの倫理）があると積極的に語っていくことについては、フェミニストから強く警戒され、批判されることが多かった。なぜなら、介護や育児を倫理として肯定することは、ケアを讃美し、「女性らしい役割」として褒め称えることによって、女性たちを永続的に家庭内に閉じこめ、ケア負担を押しつけることを正当化するロジックになりかねないからだ。さらに、共感や愛情を尊重するケアの倫理は、目の前の「近い他者」に対しては機能するけれども、「遠い他者」を無視することになりはしないか、とも批判されてきた。

しかし近年は、完璧に自立した人間像を出発点にするのではなく、様々な非対称で不均衡なケア関係をまず起点として、そこから、ケアという相互依存的な営みが持ちうる豊かな可能性や、新しいケアシステムへの変革を構想していく、というタイプの議論が様々な形で展開されている（フレイザー、キテイ、ヤング、ファインマン、岡野八代など）。つまり、身体的で情緒的なケアの倫理を、その危うさを十分に警戒しながら——ケアを美談化したり、特定の人々にケア負担を押しつけたりするという危うさを慎重に回避しながら——、近親者や家族内の問題に閉じるのではなく、むしろ公的領域へと押し開いて、社会保障制度や国家の安全保障の現実へとグローバルに開いていくのである。[*1]

では、あらためて、ケアをめぐるこれらの問いを、自分たち（男たち、父親たち）の足元へと切り返していくならば、どうなるか。

繰り返すが、ケアの経験を日々生きること、生きさせられてしまうことは、男性たちにとって、「男であること」の別のスタイルや複数的な可能性――たとえば「男らしくない男たち」の可能性――を見つめ直し、取り返していくための、貴重なチャンスになりうるかもしれないのだ。そこから自らの身体や欲望、生活のあり方を変えていくことができるはずなのである。

子育ての不思議さ

僕にとって、子どもを育てることは、これまでの人生の中で積み上げてきたささやかな「大人」や「男」としてのプライドや自信を、叩きのめされ、粉々に壊されていくことだった。僕の中の様々な思いこみなんて、積み木の家やレゴブロックの町のように、あっさりと踏みつぶされてしまった。

それは確かにある面ではつらいこと、大変なことだった。けれども、多くの人がきっと子育てを通して味わうように、自分の思いこみを壊されていくことにはさわやかな喜びがあり、新鮮な爽快さもまたあったのである。

たとえば、僕たちが暮らす小さなアパートの一室でさえも、子どもの目線からみれば、無数の玩具やモノたちが渦巻く、小宇宙であるかのようだった。

普通僕たちは、目の前のモノを、社会的な役割や用途の決まった「道具」として、あるいは市場経済の中を流通する「商品」として把握しようとする。しかし、子どもの五感は、そうした大人の眼差しをあっさりと斜め上に超えていく。

掃除機や洗濯バサミも、臨機応変に、遊び道具や楽器にしてしまう。タタミのけばだちやハンドタオルのタグを、何十分も指で弄ったり、ひっぱったり、口に含んだりして、ちっとも飽きないでいる。モノを利用するのではなく活用する、まさしく、目の前にあるモノを新しく「活」かす、という感じなのだ。

実家のおばあちゃんの布団たたきを使って、部屋中の隅っこを掃除しながら、おじいちゃんのゴルフボールを転がしていく、という、ゴルフと掃除とホッケーが交ざったような、ルールのよくわからない謎の遊び、ゲームをいつのまにか開発したりしていた。

宮崎駿のアニメーション『となりのトトロ』の四歳の女の子、メイちゃんが、新しく引っ越してきた家の庭で一人、遊んでいると、次々と新しいものに関心や欲求が移っていく、というシーンがある。目が回るような速度で。そして、目の前の自然や対象とのその新しい関係が(予測不能に、偶然に)繋がりあっていくその先で、メイちゃんは、他の誰にも見つけられなかった小さなトトロを発見し、新しい出会いを迎え入れるのである。

そうした子どもの目線に重ねあわせていくようにして、僕たち大人の目線もまた、少しずつ、変わっていくように思えた。この世界の見え方が、自ずと複雑になり、多層的なものになっていった。

毎日毎日、同じような育児やケアを繰り返していくうちに、生きるためのありふれた営み(食べること、歩くこと、眠ること、おしっこやうんこをすること）すら、どこか奇妙な、不思議なものに感じられていった。そもそも、生物としての人間の身体は、どうして、こんな形で、こんな機能があって、バラバラの臓器や部品が組みあわさって、有機的に成り立っているんだろう。そのことすら、ちょっとした奇跡に思えた。

今日というこの一日にも、ちゃんとおしっこが出ることの喜び。そんなことは、今まで、あまり考えたことがなかった。

「一緒に頑張ろう」

もちろん、そこには、幸せや喜びばかりがあったわけではない。子育てには、面倒や苦労や疲れも、山ほどあるのだから。

僕たちの子どもは、一〇八二ｇの超未熟児（極低出生体重児）として産まれてきたこともあり、病弱なところがあった。一歳半を過ぎたあたりから、頻繁に高熱を出した。重い熱性痙攣で救急病院に搬送され、半日、意識が戻らなかったこともあった。どんなに気を配っても、何度も高熱が出た。全卵のアレルギーがあり、喘息があり、アトピー性皮膚炎の疑いもあり、体も大きくならなかった（その後、成長ホルモンによる治療が必要になり、毎晩、寝る前に注射を打っている）。

小児科、耳鼻科、アレルギー科、眼科、内分泌科と、ずいぶんいろんな病院に通った。そして通院と看護の日々が続くうちに、僕はだんだん消耗し、夜は眠れず、パニックや神経衰弱を起こし、すっかり育児ノイローゼになってしまった。いつ子どもの体調が悪くなるか、心配で、子どものそばから離れられなくなってしまった。僕は連れ合いや父母から、それまでよりずっと多くの手助けや支援を受けることになった。

決して有能な人間ではないし、精神的に強い人間でもない。そう自覚していたつもりだった。けれども、自分はこんなにも弱っちい人間だったのか。それは予想以上であり、驚きだった。しかも、そんなに弱ってどん底にあったときですら、僕はなお、自分の弱さに向きあうことができなかった。怖かった。吐き気がした。ここで負けたら、介護者としての経歴も、子育ての楽しさも、今までの人生で何とかコツコツと積み上げてきたものが、全部壊れてしまう。砕け散ってしまう。かたくなに、そう思いこんでいた。

ある日、高熱を出した子どもが、添い寝している僕の頭を、ふと撫でてくれたことがあった。涙が流れた。

思ってみれば——父親らしく頑張らねば。弱音を吐いちゃダメだ。そう決意してきた。でも、そもそも頑張っているのは、誰よりも君だった。そのことに気づいた。周りの人間は、君の自然な回復や成長の力を、ほんの少し、支えているだけだった。これが感傷だとは思わない。ケアを経験した人なら、誰もがなんとなく、そういうことを感じたことがあるのではないか。

そうしたどん底の精神状態の中で、むしろ、僕たちの側こそが、この子の存在によって生かされ、支援され、ケアされてしまっている、そんな感謝の念が、自ずと湧き上がってきたのである。

たとえば、子どもが熱性痙攣で入院中、「頑張れ」と声をかけているときは、逆に、僕の中の不安はどんどん膨らんでいくようだった。しかし、「一緒に頑張ろう」と呼びかけると、自然と、僕自身も励まされるような勇気が湧いてくるのだった。それは不思議なことに思えた。

すると、そもそも、強さと弱さとは何だろうか。ケアする（能動）とケアされる（受動）って、なんだろう。次第によくわからなくなっていった。

いつのまにか、誰かをケアしているつもりが、誰かからケアされてしまっていた。生かしているつもりが、生かされてしまっていた。そうか、と思った。君たちが弱く無能であるのではなかった。「弱さ」や「障害」なんてものは、社会的な関係や構造によって勝手に作られたレッテルにすぎない、というばかりではない。この僕こそが、小さく弱きものであり、自分一人では自分を支えられず、周りの人々の配慮や善意なしには何もできない人間だったのだ。

そこから、世界の見え方が、ゆっくりと回転していった。

繰り返すが、それが特殊な、特別な経験だとは思わない。皆さんも、人生をふりかえれば、そんな奇妙な弱さのどん底を味わった、という経験に思いあたるところがあるのではないか。

そもそも、他人を支援したりケアするとは、どういうことだろう。

忘れられない人々がいる。

僕は約八年の間、ALS（筋萎縮性側索硬化症）の青年の介助に、週二回、通っていた。

ALSとは、簡単に言えば、全身の神経が破壊されていって、体が動かなくなっていく、という神経の病気である。病気が進むと、手足の指先や眼球も動かなくなり、普通の意味でのコミュニケーションができなくなる。またベンチレーター（人工呼吸器）が必要になり、三六五日二四時間の完全介護が必要になっていく。

この病気については、今も次のようなイメージが一般的にあるだろう。ALSというのは、大変恐ろしい病気だ。少しずつ筋肉が動かなくなっていき、次第に寝たきりになり、最後には呼吸もできなくなる。眼球さえも自力では動かせなくなる。しかし、意識は、最後までしっかり保たれる。それは恐ろしいことではないか。自分だったら正気ではいられまい。しかも、たとえ錯乱状態におちいっても、それを他者に伝える術もないのだ。まさに地獄ではないだろうか、と。

そうした極端なイメージを僕は簡単には批判できない。なぜなら、僕もまた、似たようなイメージをずっと抱いていたからだ。事実、その青年の介助に入りながらも、「これはこの世で最も残酷な病気かもしれない」「自分だったら耐えられないだろう」と感じることがよくあった。たとえば、僕が一番怖かったのは、身体の痒みだった。僕は幼い頃から、アトピー性皮膚炎に悩まされてきたので、全身に痒みが広がって、掻くこともそれを他人に伝えることもできないとしたら、まさしくそれは「地獄」だろう、と思っていたのである。

外界からの情報や知覚のインプットはほぼ正常でありながら、自分の言葉や意志をまったくアウトプットできなくなった（と想定される）超重度のコミュニケーション障害状態のことを、専門用語ではTLS（Totally Locked-in State　完全なる閉じこめられの状態）と呼ぶ。

このTLSという言葉は、ALSという神経難病の怖さ、過酷さのシンボルのようなものとして用いられてきた。それはもはや、光さえ脱出できないブラックホールのようなものだ、と。

こうした人生は、無意味ではないのか？

極論すれば、できるだけ早く死んだほうがマシなのではないか？

人間が生きるとは、生産能力があること、新しく何かを創造すること、社会のために役立つ能力があることであり、他人に迷惑をかけないことではなかったのか？

ケアを通して、僕もまた、自分の中のそうした能力主義や男性的な生産至上主義の根深さを思い知らされていった。

しかし、患者さんたちの現実的な暮らしは、そんなにわかりやすいもの、単純なものではなかった。生きるということは、もっとずっと奇妙で、不思議なものだった。

その青年も、すでに自発的な呼吸ができなくなり、ベンチレーターを装着していた。微妙な体温調整のため、布団をかけたり、はいだりする。背中に手を入れて、ゆっくりとさする。必要なら体位ドレナージ（肺からの分泌物を吐き出しやすくするため、体を傾けたり背中や胸を軽くさすったりすること）を行う。たんを吸引する。照明は薄暗く、室温もほどよく調整され、静まった部屋の中を、人工呼吸器の音が一定のリズムをつくる。胃ろうから経管栄養がゆっくり、たん、たん、たん、と入る。まるで催眠術のようだ。うとうとしてくる（眠さとの闘いもまた介助の一つだ）。いつもの時間とは微妙に違う、別の時間の流れ。アクシデントもたまにはあるけれど、僕は基本的にただそばにいるだけだ。毎週毎週、これが繰り返される。かぎりなく何もしないことの中にすら、ケアという営みはあるのだった。

そんな日々を続ける中で、次第に、次のように感じるようになった。

僕たちは、超重度の障害者・難病者たちの生を、一方的に「不幸」「地獄」「かわいそう」と、マイナスのイメージに閉じこめてしまいがちだ。しかし、本当にそうなのか。たとえば「寝たきり」の暮らしを余儀なくされた人の多くが「寝かせきり」であるように、逆なのかもしれない。本人が自殺や安楽死を望んだ場合ですら、支援や社会資源が足りないために、死を「選ばされてしまった」だけなのかもしれない。

そのALSの青年の暮らしは、家族・医療・福祉・保健・技術者・ボランティア……等々、専門家も素人も、老若男女も、多くの人々を巻きこんでいった。様々なテクノロジーや新しい呼吸ケアやリハビリの技も試された。また、言葉や透明文字盤が使えなくなっても、コミュニケーションはそこで終わりではなかった。たとえば、その人の部屋に入った瞬間「体調があまりよくないな」「なんだか気分がよさそうだな」などと、直観的に「わかる」ことがある。僕たちはそれをテレパシーとひそかに呼んでいた。あれも試しこれも試して、後退や前進や回り道や迷走をたくさん積み重ねながら、その人の周りには、あたかも腐葉土のような豊かな土壌＝ネットワークが育てられ、耕されていったのである。

そして、その人を取り巻くそうした日常生活の片隅に、ごちゃごちゃと巻きこまれていく中で、僕がそれまで抱いていた病気に関する思いこみやイメージもまた、一つ一つ、剥がされていった。

ケアが社会化されていく

考えてみれば、奇妙なことである。

国や市場や共同体から排除（あるいは包摂）されてしまった人々。

そんな人々がこの世界に存在することによって、僕たちの世界のあり方は、より複雑に、より豊かに、よりわけのわからないものになってきた。まるで草の根からの恩寵のようにして。

たとえば、世のお母さんお父さんたちがベビーカーを押して、駅のスロープやエレベーターを何気なく使うことができるのは、あるいは電車やバスに自由に乗ることができるのは、かつて、車椅子に乗った障害者たちが、行政や民間企業と地道に交渉を続け、要求運動を続けてきたからである。

地域や社会で生きるために、彼らが、そうした環境を作り出し、押し広げてきたのである。

ほんの数十年前までは、ベビーカーや車椅子は公共の場には入れなかったりした。車椅子の脳性マヒ者の乗車をバスの運転手が拒否したことから、一九七〇年代には、障害者団体「全国青い芝の会」（脳性マヒ者の当事者団体）による有名な「バス占拠」が起こったこともあった。杖を持った老人が「他のお客さんが危険だから」という奇妙な理由で美術館に入れなかった時代すらあったのだ。

僕たちもまた、知らず知らずのうちに、彼らからの恩恵を受けている。受けてしまっているのだ。

そういうことが、実は、僕たちの日常のいろいろな場面にあるのだ。

あるいはガイドヘルパーという制度がある（あった）。これは国や各地方自治体ごとに制度上の違いがあるのだが、簡単に言えば、知的障害のある人や自閉症の人と一緒に外出する、という仕事である。

外出時にトラブルになりやすい場所の一つに、電車の中がある。不特定多数の人々が狭い空間に長時間、押しこめられているためだろうか、電車内の空気には独特の殺伐さがある。路線によって、車内の空気の違いもある（僕の場合、JR南武線から小田急線に乗り換えると、空気が和らいで、安心したりした）。障害の当事者たちは、普通の人と違う動きをしたり、独り言を言ったり、突然奇声をあげたりするので、周りの乗客から白い眼で見られやすい。

そういう仕事を続けながら、僕が感じてきたのは、世の中の「差別」は、いざというときの、「身体的な反応」に出る、ということだった。それが本人たちを嫌な気持ちにさせて、生きる力を殺いでいくと思えた。たとえば、自閉症の青年と駅でエレベーターに乗ろうとしたら、小さな子どもを連れたお母さんが、反射的に、黙ってすっとエレベーターから降りる。そういうことはよくある。もっと露骨な、嫌な経験もいろいろあった。電車の駅員から「そんな人が旅行のチラシを持っていっても、どうせ無駄なんだから、持っていかないで下さいよ」と言われたりもした。

これもまた、他人事として言っているのではない。なぜなら、そういう気持ちは、支援する側の僕たちにも、根深くあるからだ。たとえば本人の行動を、公共的な場でのトラブルが起きないように、事前に先回りして防ぐようになる。いわば緩衝材のような役割になる。先回りや予見がうまくできるようになると、確かにトラブルは減るし、優秀で有能なヘルパーに見えるかもしれない。自分でも、そんな満足感を覚えたりもする。

しかし、本当はどうなのだろう。外出時にトラブルや摩擦が起きるのは、彼らの行動や身体が、一般市民の無意識の本音や感情の部分と、ぶつかるからでもある。それを「差別だ」とただたんに言葉によって批判するだけでは、もしかしたら、十分ではないのかもしれない。

精神障害者たちの中には、自分たちはコンフリクト（摩擦）を起こす自由が奪われている、と主張する人々もいる。つまり、世の中で苦労する権利や、新しいことにチャレンジして失敗する権利が我々からは奪われているのだ、と。

僕たちが実感するような社会的な自由とは、きっと、こうした摩擦と共感、引力と斥力の鬩ぎ合いの中にあるものなのだろう。実際、知的障害のある青年や子どもたちも、敏感にそういうことを察して、支援者や介助者がどこまで許すか、というその人ごとの許容範囲を、ぎりぎりまで試してきたりすることもある。

言い換えれば、彼らがそうした外出の経験を積み重ねていくことによって、自然に、社会の中の物理的・意識的なバリア（障壁）が壊れたり、公共的に許されることの範囲はどこかという境界線が書き換えられたり、新しい自由の可能性が解き放たれていく、ということがあるのではないか。

奇跡的に思えるのは、知的障害のある青年や自閉症の子どもたちが支援者を引き連れてバスや電車に乗ってお出かけするということが、そのまま、ある種の社会的な行為になっている、ということだ。

皆さんも、知的障害者や自閉症の当事者と、街中や電車の中で遭遇する機会が増えたのではないか。もちろん、今もまだ、そこには様々な軋轢やトラブルもあるだろう。最初はびっくりしたり、警戒したり、恐怖を感じたりすることもあるかもしれない。しかし、そうした何気ない日常の経験を日々積み重ねることによって、誰もが彼らの存在に少しずつ、意識の面でも身体の面でも、「馴れていく」はずだ。そのことに大切な意味がある。つまり、彼らが外出し、趣味のために遊ぶことが、そのまま、僕らの社会の厚みや懐の深さ、公共的な豊かさを増していくことなのである。

日常的な風景を「見る」ということ

そうやって、介助や支援をする「私」たちの側の意識がいやおうなく変わっていく。「私」たちの感覚や感情もまた、社会に対して新しく、多元的に開かれていくのだ。

たとえば、自閉症の子どもと一緒に街を歩いているときに感じるのは、自閉症児よりも一般の子どものほうがうるさいし、社会のルールを守らない、ということである。自閉症児のほうが横断歩道の前でちゃんと止まるし、電車の乗り方もルールを守る。自閉症の子と一緒に電車に乗ってお出かけしたりするだけで、風景や世界の見え方がずいぶんと違ったものとして感じられてくる。

僕はアジアの俳優のようなイケメンの自閉症の青年と、男同士で、手を繋いで、横浜のアンパンマンこどもミュージアム&モールへ何度か行ったことがある。周りは親子連れやカップルばかりで、やっぱり周りの視線が微妙に気になったし、最初は恥ずかしいと思ったけれども、だんだん奇妙な快感というか、楽しさを覚えるようになった。それは得がたい経験に思えた。

あるいは中性的な顔立ちの、重度の重複障害の青年の車椅子を川崎駅で押しているときに、通行人のおばさんから、「素敵ですね、奥さんですか?」と声をかけられたときにも、最初は笑ってしまったけれど、何かえも言われぬ気持ちになったりした。

あずまきよひこの『よつばと!』(アスキー・メディアワークス、二〇〇三年〜)というマンガがある。五歳の女の子のよつばは、国籍不明で、両親もいないらしく、せわしなく動き回る、ちょっと発達障害(AD/HD)っぽいところのある女の子である。その何気ない日常を、ていねいに、淡々と描いている。

このマンガの英語版タイトルは、『YOTSUBA&!』であり、「と」は「&」である。よつばの周囲の大人たちは、よつばというちょっと変わった女の子の隣り(&)に一緒にいることで、初めて、いつも目の前にあったありふれた日常の風景を、今までに一度も見たことがなかった風景として、新鮮に真新しく「見る」ことができていくのだ。

逆に言えば、僕たちは、目の前の日常的な風景すらをも、たった一人の視力では「見る」ことができないのかもしれない。

内なる弱さに向きあう、という怖さ

ここでもまた、きれいごとばかりではすまされない。

北海道浦河にある有名な精神障害者たちのコミュニティ「浦河べてるの家」を取材した新聞記者の斉藤道雄は、次のように書いている。

> 自分は病気の人に会いに来たのではなかったか、だのに病者はいったいだれなのか。(中略) これが「べてるにいくと病気が出る」という、有名なキャッチフレーズの本来の意味なのだ。当事者であれ、訪問者であれ、人はそこで自らが病人であることを悟る。その病気とは、精神医学によって分類される病気ではない。それよりもっとずっと深く広い意味で、人間がかかえている苦悩やひずみ、不十分さ、あるいはそうしたことを回避したときにあらわれる病理をさしている。(『悩む力―べてるの家の人びと』みすず書房、二〇〇二年)

男の弱さとは、自分の中の弱さに向きあえないという弱さである、とこれまで述べてきた。しかし、そもそも、なぜ、自分と向きあうことは、怖いのだろうか。

それはある意味で、自分の中の最大の弱さ(狂気、無能、障害)に、真っ直ぐ向きあうことだからではないか。しかも「精神医学によって分類される病気ではな」く「それよりもっとずっと深く広い意味」での、まだ名前をもたない、自分だけの診断名をもった狂気や無能さや障害に。

もちろん、自分の中にある弱さ、障害、病に向きあうこと、認めることは、すごく怖いことだろう。なぜなら、僕たちは幼い頃から、「健常者」「健全者」であらねばならない、「男らしく」あらねばならない、という強い社会的な規範の中で育てられてきたからだ。それらの価値観は、僕らの意識のみならず、身体の深いところに食いこんでいる。考え方や意識を切り替えたり、ギアチェンジしようとしても、簡単に変えられるものではない。

むしろ、他者たちの弱さや無能さに向きあおうとするとき、僕たちは、かえって、自らの無能さに直面し、内なる欲望を問い直すことを強いられていく。この僕の中の、いまだ診断名も名前ももたないユニークな弱さや無能さに、気づかされ、覚醒させられていくことになるのだ。

ここでもおそらく、自分の中の弱さに向きあうことは、自分一人の力ではできないことなのだろう。他者に寄り添い、寄り添われながら、他者の存在・生命の側から照らし出されることによって、ようやく学べるのかもしれない。自分の力だけでは、自分を変えることはできないのだろう。

歪んだ支配欲を見つめる

ただし、さらに踏みこまねばならない。

僕たちが誰かをケアしたり支援したりすることの中には、複雑にねじれた怖さがある。愛や善意の名のもとの暴力がありうるからだ。つまり、目の前の子どもや病者や障害者に対し、身勝手な善意を押しつけたり、彼らの自立心や自尊心をひそかに奪ってしまったりするのである。

「社会的弱者」と呼ばれる人々にかかわることには、どこか、危うい精神的な満足感がある。自分は何かいいことをしているんだ、と。そうした歪んだ支配欲が紛れこみやすいのだ。

僕はそうした矛盾した暴力を「弱者暴力」と呼んできた。

たとえば青い芝の会の人々は、「愛と正義のもつエゴイズムを鋭く告発」する、と何度も主張してきた。すなわち親の愛を、子を思うゆえに子を呪縛してしまう親の愛を告発してきたのだ。その告発の言葉は、もちろん、支援者や介助者たちの「ケアとは愛である」という暴力へも差し向けられてきた。

ケアが怖いのは、自分の命よりも大切に思える他者を愛するときにすら、その人から何かを奪い、その魂を殺してしまうかもしれないからだ。極端に言えば、ケアとは無償の愛＝贈与であり、贈与とは、何かを他者から奪うことでもありうる。なぜなら、誰かから無償の、自己犠牲的な贈与を受けた者は、永遠に完済も返済もできない、恩や負債を強いられてしまうからだ。そこに僕たちの生の奇妙な悲しみがあり、恐ろしさがある。

しかし、おそらく、それだけではないはずだ。

僕たちの中にある歪んだ所有欲望（弱者暴力）は、ケアという化学反応を通して、少しずつ変化し、回転していく。この僕の中の暴力は、僕自身の力によっては、決して変えられない。けれども、具体的なケアの関係を積み重ねていく中で、介助しケアする側の人々こそが、自分の言葉や欲望のあり方を変えられ、内なる無能さのポテンシャルを引き出されていくのである。

そして当事者たち（障害者・病者・子ども・高齢者）の言葉や欲望は、支援者たちの存在をも巻きこみながら、少しずつ社会化され、この国や世界の制度を変え、法を変え、市場を変えてきた。これからも変え続けていくだろう。

そうであるならば、支援者たちの使命（天命、ミッション）とは、当事者たちの声なき声を翻訳し、形なき欲望の形を塑像し、社会化していくこと、つまり無私に徹することなのかもしれない。その場合ももちろん、支援者や介助者たちの中の弱さや所有の意味をも、刻々と変えながら。僕たちの社会は、こうした不思議な自然の力によって、言葉や欲望や労働のあり方を底上げされ、高められてきたのである。

子どもの看病の経験から——弱いのはどちらか

たとえば——。

先にも述べたが、僕たちの子どもは、一度発熱するとすぐに三九℃を超え、その後は一週間から一〇日くらい、熱が下がったり上がったりした。それを何度も何度も繰り返した。主夫である僕は、日々の看病や通院にかかりっきりで、その間、ヘルパーの仕事も休み、書き物もできず、社会的な活動がほぼ停止してしまった。

そのときのつらさを、どうやって言葉にしていいのか、わからなかった。「疲れた」「もうダメだ」と誰にも言えない。誰にも通じないことがわかっているから。かといって、黙って耐えられもしなかった。失語。きっと誰もが、人生の中で、そうした失語を味わうのだろう。涙を流せないまま、泣き続ける日々があるのだろう。専業主婦だった僕の母や、母のさらに母たち、無数の母親たちの歴史的な苦難や怨念を、僕は生々しく想った。

焦りや鬱屈がつのった。きっと世間の人々は、今このときも、頑張って働いて、着実に成果を出しているのだろう。もともと自分はダメな人間だ。ただでさえ、他の人以上に努力しなきゃならないのに。畜生。壁や机を手で叩く。ふとした瞬間に、弱りきって横たわる子どもの寝顔すら、憎々しく思えてくる。お前さえいなかったら。この世界に生まれてこなければよかったのに。はっと我に返る。そんな気持ちを一瞬でも抱いたことが、心底嫌になる。ごめん。二度とそんなふうに思わない。二度と。いたたまれず、涙が出てくる。でも、また……。

弱っている子どもに寄り添い、看病すること。命を守り、育むこと。それ以上に大切な仕事がこの世にあるだろうか。あまりあるとは思えない。頭ではそのこともよくわかっている。しかし、どうにもならなかった。そんな悪循環こそが、僕にとっての自力（私的所有、能力主義）という病の症状なのかもしれなかった。

そんなある日のこと、看病中に、ふと、不思議な気持ちが降りおちてきた。何もできない。仕事もできない。その苦しみが、苦しみとしてありながら、ふっと、何か別のものへと変わっていったのだ。時が自然に熟するかのように。僕の中の宿命的な病がゆっくりと熟成し、腐熟していくかのように。

思えば、僕は、君に何を与えていたのだろうか。特に何もしていない。僕はべつに医者でも看護師でもないのだから。僕は君に、ただ、「時」の猶予を与えているだけだ。僕が所有している手持ちの人生の時間を、君に、いくらか分け与えている。君が君自身の自然な力によって、快復し、成長するのを待って。時を与えること。君に時を与えるとは、そのまま、君から新しい時を与えられることなのかもしれない。ありえたかもしれない他の時間、いわば天国的な時間を贈与されてしまうこと。いつのまにか。このとき、真の意味で快復しているのは、どちらなんだろう。

何かができないということ。

有限で、無力で、受動的な存在であること。

僕はそのことを思い知った。そしてそこには、不思議なことに、無限で永遠的な自然からの光が差しこんできたのだった。

その奇妙な味わいを、何と言えばいいのだろう。

労働・生産でもなく、消費・売買でもなく、家事や再生産労働でもなく——ケアという交換の中に、何か、永遠的なもの（自然的なもの）の手触りが受胎されているように感じられた。僕たちを無限に苦しめながら、何度でも甦らせ、産み直していく〈弱さ〉の手触りのようなもの。

そこにいる誰か（他者）の眼差しに見つめられながら、もしも、我々人間もまた被造物であり、受動的な生き物であり、永遠的な自然の一部である、という事実に気づき直せるならば。永遠なものとして今日の小さな労苦も喜びもあり、今日というありふれた一日がある、ということを。

そのとき、僕らは自分のそれまでの想像とは違う意味で強くなり、無尽蔵の富を所有してしまっているのかもしれない。

もちろん、誰かに寄り添うといっても、たんなるきれいごとや理想論では片づけられない。当然、仕事でかかわる障害当事者やその家族が理不尽な要求をしてきて、心底疲弊させられてしまうこともあるし、子育てにおいても、自分の中の苛立ちや暴力性、「虐待の芽」などとの延々と続く葛藤であらざるをえない、という面がある。ただ、そのときも、「他者から生かされてしまっている」「なぜか逆にケアされ、育てられ、支援されてしまっている」という感謝の感覚と共に、目の前の、日々の疲れや労苦や索漠たる心持ちに向きあっていくことは、できるのではないか。

その、ほんのちょっとの違いが、案外大事なのではないか。

他者に寄り添いながら、寄り添われながら、延々と悩んで躓きながら、日々の自問自答を繰り返しながら、寄り添うことの意味を息長く考え続けていくということ。最近、この年になって、やっと、そういうことがほんの少しは、腑に落ちたような気がしたのだった。

ある自閉症の青年とそのお母さん

僕たちの子どもは、二歳半から、近隣の認可保育園に通いはじめた。全国の政令指定都市の中でも待機児童数が一、二を争う、という川崎市の中で、認可保育園に入園できたのは、かなり幸運なことだったと思う。

当時の自分が、家事や育児だけに忙殺されることなく、ヘルパーや物書きの仕事を続けられたのは、この「たまたま保育園に入ることができた」という制度上のラッキーによるところが大きかった。

他の子どもたちとくるくる走り回る我が子の笑顔に重ねながら、障害者支援の仕事をはじめたばかりの頃、僕が担当したある自閉症（強度行動障害）のK青年のことを、時々、思い出していた。

K青年とそのご両親が住むマンションの五階の部屋は、ベランダの向こうが屹立した崖になっていた。初めてご自宅にうかがったとき、――ここから突き落とせば、ぜんぶ終わるのにね。遠くを見ながら、疲れ切って無表情になったお母さんは、消え入るようにそう漏らした。

K青年は、一ヶ月の間に数日、なぜか、ひどく暴れるのだった。体の中にエネルギーが溜まりに溜まって、それを発散しなければどうにもならない、というように。

あるいは、だだっ広い草原や森の中ならば、トラブルもなかったのだろうか。しかし、現代文明の中では、昼夜を問わず走り回れば、当然、階下や近隣の住人から、苦情が来る。ご両親は我が子を必死に押さえこむ。ますます暴れる。まさにマイナスの悪循環だった。お母さんは肋骨を折られたこともあるという。

経験の浅いその頃の僕が、そのとき感じたのは、自分のすぐ近隣にこんな生活があったのか、という驚きだった。

彼らは、僕の隣人だったのだ。

K青年は、暴れるときに、自由に過ごせるスペースさえあれば、何とか落ち着くことができた。あれこれと検討を重ね、対応策を探った。公的な制度や他の民間事業所、公園やカラオケボックスからラブホテルまで、彼が楽に過ごせる居場所を探して歩いた。結局、僕たちの事務所の二階のスペースを、開放することにした（他の利用者たちを締め出す形になるから、躊躇していたのだけれど）。職員二人がほぼ寝ずの番をした。床を走り回る騒音で、近隣から苦情が来た。市販の分厚い緩衝材を床に敷いて、対応した。蹴られた人もいた。眼鏡を割られた人もいた。

そんな紆余曲折を重ねつつ、支援態勢を整えていった。

すると、やがて、マイナスのスパイラルが、プラスのスパイラルへと逆回転しはじめた。緊急時の避難場所があると、ご両親も安心し、そのことで本人も安心し、自ずと暴れ方も穏やかなものになっていった。

ゆっくりと、着実に、日常生活が安定していった。

その後、お母さんが実はおしゃべりが大好きで、我が子の幼い頃の話をいくらでも聞かせてくれることも知った。可笑しかった。

なんだか、不思議な気持ちがした。
こんなに小さなきっかけで、こんなにも変わっていくものなのか――。

障害者支援の歴史から学んだこと

これまでの障害者支援の仕事から、僕は次のようなことを学んだ。

(1)まず、人間はすごい、と思った。どんなに想像を絶する過酷な状況や環境の中でも、人間は何とか生き延び、それに慣れ、ごく普通の顔で生きていくことができる。ケアとか支援という言葉を、僕たちが安易に使うことが恥ずかしくなるような、図太さも、賢さも、叡智も、命の力も彼らは持っていた。本当にすごいと思った。

(2)しかし、ちょっとした制度（社会的支援）があれば、その人たちが立ち上がることが、ずいぶんと簡単になる。制度の存在を通して、様々な関係者が自然と繋がることもできる。

(3)そしてそうした制度を設計し、運営し、改善していくのもまた、僕たち人間であり、そこに僕たちの社会的な責任が宿っていくのだ。

考えてみよう。

僕たちは、「個人」として生きていると同時に「制度的」な存在でもある。もちろん、それは、児童や病者や障害者だけの問題ではない。僕たちの生活や暮らしは、大小様々の、無数の制度に支えられながら、成り立っている。これは当たり前のことだけれど、何気なく生活しているときには、気づかないし、忘れられがちなことだ。

たとえば障害者自立支援法の中には、「重度訪問介護」という区分がある。

そこにもまた、複雑な歴史があった。

一九七四年に東京の脳性マヒ者たちの働きかけで、東京都重度脳性麻痺者介護人派遣事業がはじまり、一九八七年には対象者を脳性マヒ以外の全身性障害者に広げた東京都重度脳性麻痺者等介護人派遣事業が実現。次第に、全国の市町村で、全身性障害者介護人派遣事業が実施されるようになった。二〇〇〇年代には、これが国のホームヘルプサービス事業の中に位置づけられ、二〇〇三年には日常生活支援（支援費制度）、二〇〇六年には重度訪問介護（障害者自立支援法）となった。これらはＡＬＳ患者などの難病者にも役立ってきた。そして二〇一四年度からは、重度の肢体不自由者のみならず、重度の知的・精神障害者たちにも適用が拡大された。

これらの歴史の経過は、とても複雑で、煩雑で、ややこしいものである。こうして書いてみても、一部の専門家以外には、なんのことやら、さっぱりわからないだろう。正直、僕もよくわかっていないところがある。

ただし、重要なのは、その歴史のはじまりには、障害当事者たちのとても単純で素朴な思いがあった、ということだ。入所施設の中でずっと生きるなんて、嫌だ。そんな人生は嫌だ。親もとで一生暮らすのも嫌だ。地域の中で、自分で生きたい。普通に自立して生きたい。そんな当たり前の欲求(ニーズ)が、まず、そこにはあった。そのためには、どうしても、長時間の介助が必要だった。そのために、激しい行政交渉やハンガーストライキなども行われてきた。まさに命がけの闘いがあった。

そうやって、様々な歴史の蓄積があり、変遷や改悪や裏切りもあり、それらすべてを含めて、豊かな制度や社会資源という土壌が耕され、腐葉土のように腐熟し、この国に少しずつ息づいてきたのである。

それらの制度が今、現に「在る」ことに、敬意を払い、感謝したい、と僕は思っている。たとえそれがどんなに物足りず、様々な欠陥があり、地域格差や障害種別ごとの格差があり、今まさに改悪されつつあるとしても。なぜなら、それらの制度の心臓には、当事者たちの歴史的な思いや願い(生の必要)が脈打っているはずだから。

誤解はないと思うけれど、「そのままでいい」「現にあるものが最善である」と言っているのではない。ある一つの制度を制定し、維持し、改善していく。そこにつねに新鮮な命を宿していく。そこに僕たちの歴史的な責任があり、その重みがあると思うのだ。

生きること、遊ぶこと、働くこと

あるいはまた、自閉症や知的障害の子どもたちのための、放課後支援の場でのこと。

自閉症のA君は、新聞チラシの切り抜きや丸めた粘土の粒など、小さなものをコレクションし、整然と並べ直すのが好きだった。一人で飽きずに、いつまでもそれを繰り返していた。

その頃のA君にとっては、家電用品の量販店が、特にお気に入りの遊び場だった。エアコンや洗濯機のチラシを採ってくるための、狩場か漁場のようなものらしい。A君のお母さんはそう言って、微苦笑していた。

そのA君が、ある時、子ども文化センターの周りの公園や雑木林で、どんぐりやイチョウの葉っぱを、なぜか、猛然と集め出した。A君につられて、他の子どもたちも手伝ってあちこちを回った。

A君がどうしてそんなに熱心なのか、僕は首をかしげていた。

それが数日後、僕のところに、どんぐりや葉っぱと家電店のチラシを大量に箱に入れ、持ってきて、ドーゾドーゾ、という。

そこへA君のお兄さん的な役割の少年がトコトコとやってきて、妙に自慢げな顔で、A君の意志をいわば「翻訳」して、僕に教えてくれたところによると——A君にとって、どうやら、どんぐりや葉っぱは、お金と同じ価値があるらしい。少し前に、僕が、新しい冷蔵庫がほしいなあ、と何気なく言ったのを、A君は聞いていた。ボクカエル、とA君は約束した。僕は、お願いねー、と笑った。

A君は僕に箱を渡すと、さっさと自分の持ち場に戻ってしまった。何ごともなかったかのように。そうだったのか。些細なことだけれど、僕はちょっと、感動してしまっていた。君にとっては、物を買うためのお金とは、公園や雑木林から拾うもの、自然から恵まれるものだったのか。公園や雑木林と、家電のお店は、等価なものだったのか。僕はA君の行動をただの遊びと思っていた。子どもたち自身の楽しみのためだと。長時間つきあうのは正直ちょっと面倒だなとも思っていた。君にとっては、この僕との何気ない約束が、わりあいと大切であり、楽しみや喜びとも矛盾しないようなミッションだったのか。僕は感心してしまった。

子どもたちに囲まれながら、ほんの一瞬、そんなことを思った。

そうか。

君たちにとっては、生きることと遊ぶことと働くことが、そのまま、雑ざり合っているのかもしれない。

もちろん、子どもたちにとってはそんなことは一時の気まぐれだし、彼らにとってはもはやそんなことはどうでもよくって、目の前の新しい遊びに無我夢中なのだけれども。

僕の感動や感銘なんて、大げさな感傷でしかないのだけれども。

でも、素朴に、やはり、僕にはありがたかったのだ。

この子らにとっては、生きることは生かされることであり、それがそのまま、周囲の人々や物を自然と活かしていくことなのだ。全力で遊び、ぶつかり、天衣無縫でありながら、不気味なほど残酷でもある子どもたち。そんな子どもたちに囲まれながら、僕は自然と勇気を与えられたり、畏怖の念を感じたりした。

君たちのように重層的な生（自然）を生きることは、頭も体も固くなってしまった「大人」の僕たちには、もう、できないことなのだろうか。

必ずしもそうではないはずだ。たとえば、近年の新しい働き方（協同組合、ＮＰＯ法人、社会的企業など）では、そうした重層的な生き方――生活と遊戯と労働が雑ざり合っていくような生の次元――が探し求められているように思える。世界中で。ごくありふれたものとして。

こんなことを言った人がいたっけ……大人は二度と子どもになることはできない。できるとすれば、子どもじみた姿になることだけだ。とはいえ、子どもの天真爛漫は、大人を喜ばせないだろうか。そして大人が、今度は自分たち自身の手で、より高次な段階において子どもたちのもつ素直さを再生産するよう、努力することは、許されてはいないだろうか……と。

それならば。

ケアするとはむしろケアされること、糧を食べさせてもらうことだ、と言った。しかし、それだけではなかった。

僕たちの中の弱さや無能さすらもが、社会化され、新しい価値や富がこの世に産み直されていくのだった。それもまた、この僕だけの自力によっては、不可能なのだった。むしろ、様々な社会的不利益を被った人たちによって、生かされながら。さらには、いまだ生まれぬ子どもたちにも生かされながら。ご先祖様や水子たちを、供養するようにして。そこに、永遠的な悲しみと喜びに根ざした生業があり、ケアという交換の自然的な形があるのかもしれない。潜在的な無能力が交換され、ケアしたりケアされたりしながら、僕たちのこの世界を無限に巡り巡っていく。それはもはや、市場でも再分配でも互酬でもない。

そうやってこの社会の潜在的な富が、無尽蔵なものとして高められていく。

そういうことがあるのかもしれない。

ただの〈男親〉になるということ

育児や介護は、日々の雑事であり、面倒事であり、負担である。避けられるならば、それに越したことはない。そしてそれらのケアの負担は、社会構造的に特定の人々（母や妻、娘など、主として女性）に——「ケアは美しい無償の愛だ」「女性的な美徳だ」等々と正当化されつつ——押しつけられてきた。

そのことは、あらためて、何度でも強調しておこう。

しかし、ケアをマイナス面や負担の面「だけ」で考えてしまえば、あたかもまさに肝心の赤ん坊を産湯ごと流してしまうようなものではないか。むしろ、ケアというありふれた営みの中に潜在するもの、そこにある重層的なポテンシャルを、もう一度、見つめ直すことができないか。

別の男らしさ、別の父親らしさを求めていくということ——。

子どもたちや、職場で出会った様々な障害者たちの隣りにいることによって、僕の中の「強さ」や「能力」や「男らしさ」を中心とした世界観がゆっくりと変わっていった。お互いにケアしたりケアされたりしながら、新しい「男らしさ」「父親らしさ」をいつの間にか生きさせられてしまっていた。社会が流動化・不透明化し、従来の「男らしさ」や「強い父親」の実現・維持が難しくなっているからこそ、なおさら男性たちは「男らしさ」や「強い父親」という規範を追い求め、それに過剰適応したがるのではないか。

弁護士の中野麻美は、男女雇用機会均等法をめぐる議論に際して、青天井の労働時間はむしろ男性差別である、と主張した（『労働ダンピング』岩波新書、二〇〇六年）。

日本の父親たちは、育児時間が少なく、具体的に育児にかかわれないために、「父親としての自信」が弱いぶん、過度に「稼ぎ手役割」に拘泥して「父アイデンティティ」を保とうとしているのではないか、という調査報告もある（矢澤澄子・国広陽子・天童睦子「若い父親の『父アイデンティティ』」矢澤・国広・天童『都市環境と子育て』勁草書房、二〇〇三年）。子育てにもっとかかわりたいのに仕事が忙しくてかかわれない、という男性の子育てノイローゼについても、近年は注目されるようになった。

たとえば「子育ては母親がするのが自然」という考え方は、事実に反する。もちろん妊娠・出産・授乳などは、男性の肉体では行うことができない。しかし、男親が中心になって子育てを行った場合、その男親の行動パターンは、女親が中心になって子育てをした場合と非常によく似てくる、と知られている。つまり、「女性には母性愛がある」「子育ては母親がするのが自然」という考え方は「母性神話」に過ぎず、女親も子育てが本能的にもともと上手いわけではなく、育児の責任を担って実際に子どもと生活する中で、子どもとの関係を徐々に学んでいくのだ。だから「母性」や「父性」というよりも、それは親性（ペアレンツフッド）と呼ばれるべきものである（柏木惠子『子どもが育つ条件』岩波新書、二〇〇八年）。

ちなみに、母親よりも父親のほうが「子どもは自分の分身」と思いこみがちな傾向があり、しかも育児をしない父親ほど、その気持ちが強いのだという（柏木惠子・若松素子「『親となる』ことによる人格発達」『発達心理学研究』第五巻第一号、一九九四年六月）。

具体的な日々の世話や家事にかかわればかかわるほど、手前勝手な神話や物語は削ぎ落とされ、僕たちはいわば散文的なただの「親」になっていく。身体がそのように生成変化していくのだ。「男らしさ」や「父親らしさ」という神話を捨て去って、ただの〈男親〉に「なる」しかないのである。

そのためにも、固定観念としての「男らしさ」に耽溺し、いわばアディクトしてしまっている自分の欲望に気づき、それを変形し、ある種の遊びやゆるみを作り出していくことが大切なのではないか。

第二章で述べたように、モテたいという欲望や承認欲求もまた、実は、「男らしさ」への過剰適応であり、複雑な意味でのアディクションなのかもしれない。

そもそも、恋愛や性愛をあまりにも特別視しすぎるのも、厄介な呪縛の一つなのだろう。

僕のある知人男性は、次のようなことを言っていた。知り合いの女性の子どもを預かる、というボランティアを続けているうちに、男女の恋愛とは別の形の情愛（性愛とは異なる、子どもたちとの友愛のようなもの）が自分の中で目覚めてきて、恋愛に対する欲求が少しずつ薄まってきた、と。彼はそれまで、特に子どもが好きというわけでもなかったけれど、子どもが好きだった自分を新しく発見した、という感じだったらしい。そしてそのことを通して、自分自身の性愛や対人関係に対する考え方も、微妙に変わっていったのだという。

もしも、性愛とは異なる領域でも自分の中の「穴」がある程度満たされうるなら、あの非モテの苦しみもまた、いつしか、自然と弱まっていくのかもしれない。

そもそも、マジョリティ男性（シスヘテロ）たちの身体の中でも、本当は、ミクロなレベルで、様々な揺らぎや変動が生じ、ジェンダートラブルが生じているはずだ。葛藤やトラブルに見舞われるのは、女性や性的マイノリティの人々だけではない。しかし、男性優位な制度や慣習の中では、それらのバグや矛盾はなかったことにされていく。男性たちの痛みは解離し、無痛化していく。それは一面では男性たちの特権であるとも言えるが、同時に、ひどくもったいないことでもありはしないか。

すると——。

自分の欲望を学び直す——脳と神経

昔はよく、「二〇歳を過ぎたら、脳細胞は死滅し、人間の脳は衰えていく」という言い方がされていた。

しかし、実は、人間の脳の神経回路は、大人になってからも、経験や周囲の環境変化に応じて、ダイナミックに変化し、自らを作り変えていくのだという。一九六〇年代以降の様々な科学的な実験・検証によって、そうした認識が神経科学の分野ではスタンダードになってきた。

人間の脳は、自らを再構成し続けていく能力を持っている。つまり「可塑性」を持っている。こうした脳の可塑性が近年注目され、脳科学やその隣接科学、哲学や精神分析などにもディープインパクトを与えている。

哲学者のカトリーヌ・マラブーは、我々はこの五〇年のニューロサイエンス（中枢神経組織の解剖学・生理学・機能を研究対象とする諸学問の総体）の革命的な諸成果を、いまだ十分に自分たちのものにできていない、と言っている（『わたしたちの脳をどうするか』桑田光平・増田文一朗訳、春秋社、二〇〇五年〈原著二〇〇四年〉）。

脳や神経回路の可塑性に孕まれている革命的なポテンシャルとは、どういうものか。

たとえばアルツハイマー病の初期段階の健忘症では、ある領野（海馬）の不活性化が、別の領野（前頭野）の代謝の活性化によって補完されていくという。一つの神経回路が何らかのダメージを負ったとしても、情報処理の戦略が修正されて、別の神経回路が生み出されていく。もちろん、すべての機能が元通りに修復されるわけではないにせよ、傷ついた脳の再組織化が不断に生じているというのだ。

オートポイエーシスを研究する河本英夫は、認知神経リハビリテーションという考え方を紹介している。それによると、人の「病気」や「障害」とは、その人の存在の欠損や不足ではなく、「神経の最善の努力の結果」である、と考えられるのだという。

人が怪我や障害を負ったとき、その人の神経の再組織化は、必ずしも本人に都合よく進むわけではない。破損した神経は、接続可能な他の部分へとがむしゃらに接続し、新しいネットワークを作ってしまう。そうすると、本人の意識からすれば、体の自由がきかない、不自由になった、ということになる。こうして、神経の生存戦略と、患者自身の思惑のギャップが「病気」と呼ばれることになる。しかし、認知神経リハビリテーションの考え方によれば、病気や障害は人生のいろいろな経験の結果、今、そこに到達した「固有の形」「生き方」そのものであり、「何も欠けてないというかたちで維持されている積極的な状態」なのである（『飽きる力』生活人新書、NHK出版、二〇一〇年。『臨床するオートポイエーシス』青土社、二〇一〇年）。

これは物の考え方の驚くべきコペルニクス的な転回ではないだろうか。

また自閉症者や認知症者とかかわってきた医師の小澤勲は、次のように述べている（『痴呆を生きるということ』岩波新書、二〇〇三年。『認知症とは何か』岩波新書、二〇〇五年）。医者の立場からすれば、もちろん、痴呆（認知症）は病であり、脳障害による中核症状＋周辺症状に由来する様々な不自由がある、という考え方を捨てることはできない。楽観的に痴呆について語ることもできない。しかし、長い間患者さんにかかわっていくと、もはや「生き方としての痴呆」と呼ぶほかない境地が確かにあると感じられるようになる。

たとえば認知症の人にしばしばみられる、物の収集・作話・幻覚・妄想などは、自分の病への一つの適応反応、対処戦略（コーピング）なのかもしれない。つまり、病・老いが進む中でますます混迷していく周囲の状況や世界を、何とかその人なりに解釈し、状況を改善するための生存の技法であり、また家族や関係者に向きあうための共生の作法なのではないか。そのように言うのである。

僕もまた二〇代半ばから、障害者サポートNPOの仕事で生活の糧を得てきたこともあって、こうした頭部外傷、脳血管障害、脳炎、パーキンソン病、アルツハイマー病のような脳機能を妨害する障害・損傷・病が生じた後にも、脳や神経組織は実は様々な可塑性を示していくのだ――という考え方を知ったときは、本当に革命的な理論であるように思えた。

しかも重要なのは、こうした認識は、僕ら健全者やマジョリティ男性の身体や欲望の側へも切り返されてくる、ということである。

医師であり、脳性マヒ当事者である熊谷晋一郎は、中学生時代に同級生たちとポルノを視聴したときの経験を語っている（『リハビリの夜』医学書院、二〇〇九年）。そこには、欲望の潜在的な分岐があったのではないか、と。

子どもたちは、ポルノ映像を見て、ポルノ男優の肉体を目にすることで、大人の男女のセックス時の健常者の動きを、一つの規範として、自分の身体に取りこみ、自らの自由意志や欲望をそれに同期・同調させようとしていく。

しかし、脳性マヒという障害をもつ熊谷の身体は、そうした男優の規範的身体や運動からはズレて、逸脱せざるをえない。しかし、そこには、たんなる逸脱やマイナス以上の何かがある。重要なのは、熊谷がその脳性マヒ者としての逸脱の中に、身体の別の運動性を見出し、その逸脱の中に別の官能の形を発見していることだ。もしかしたらそこには、熊谷のみならず他の子どもたちにとっても、健常者の身体性や「男らしさ」に基づくポルノ男優のそれとは異なる、別の欲望・官能の形が潜在的にありえていたのかもしれない。

ここにもまた、僕らの眼をハッと啓かせてくれるような物の考え方がある。

とすれば、通常の意味でのリハビリや療育で言われる発達のみならず、こうした多元的で可塑的なプロセスもまた「発達」なのではないか。健常者である僕たちの身体や脳、神経回路こそが、今の「形」よりも、もっともっと「発達」していかなければならないのだとしたら。というよりも、本人の意識では自覚できていないとしても、僕たちの肉体の運動・欲望・官能の形式（パターン、リズム）は、潜在的には複数ありうるはずの「発達」の諸段階の中途にあって、もしかしたら、無限に発達し損ねてしまっているのかもしれないのだ。

正直に言えば、僕はこれまでずっと、「自分はよくも悪くも完全にヘテロ男性だ」と信じていた。意識の力で自分の欲望やセクシュアリティを変えるのは、ほぼ不可能なことだと思ってきた。というか、そんな必要性も特に感じていなかった。

けれど、中年の身体になってきて、何かが微妙に変わってきた。たとえば「同性愛者を差別するのはよくない、しかし、僕の中には同性愛的な欲望はないけれど」というタイプの言い方こそが、実は、蔑視や差別の温床なのかもしれない。現実的には僕には関係がない、と言っているようなものなのだから。

僕は二〇代半ばから非モテ（性的承認の不在）に苦しみながら、少しずつ、この苦しさは恋愛そのものによっては解決しないのかもしれない、と気づいてきた。繰り返すけれども、非モテとは微弱なセックスアディクション――異性愛的な「男らしさ」への過剰適応――の一つであり、そこには、男である自分への身体嫌悪（ミサンドリー）が絡みあっているからだ。

素朴に考えても、この僕の性愛や欲望のあり方には、スペクトラム的な強弱や濃淡があったはずである。しかし、成長・発達の過程で、ヘテロ男性という「形」（パターン、リズム）へと分岐し、固定され、それが強迫反復的な慣習として現在まで保持され続けてきたのだろう。

とすれば、大切なのは、自分にとって必要な場所で、必要なやり方で、自分の欲望や官能の別のあり方、別の使用法を学び直すことではないか。本当は、マジョリティとしてのこの僕の身体や生命にも、別の官能や喜びがあり、欲望の分岐点や可塑性があるのだ、と。たとえそれには「かなり多くの工夫が必要」であり、「異なる努力のモード」（河本英夫）が必要なのだとしても。

たとえばトランスセクシュアリティとは、必ずしも「ヘテロであることを捨てて、同性愛者やバイセクシュアルになること」ではないのかもしれない。たとえばこの僕の性もまたグラデーションやスペクトラムの中にあるということ、同性愛者や性的マイノリティ、障害者たちの――もしかしたら動物や植物たちの？――欲望・官能・必要と似たようなものを持っているのかもしれない、と気づいていくことができたなら、僕は今までと同じく一人の異性愛者でありながらも、トランスセクシュアルな身体になっていくのかもしれない。もしも、ワンパターンに固着してしまった欲望の形（リズム）を変容させ、変態し続けることができるならば。

トランスセクシュアルになっていくことを僕自身の肉体・欲望によって実際に生きるとは、難しいといえばとてつもなく難しいことであるけれども、簡単といえば誰にでもできること、単純で素朴なことでもあるかもしれないのだ。

寄り添われて眠るという経験

よく、泊まり介助の仕事をしていた頃のこと。

B君という、最重度の知的・身体的な障害のある青年がいた。

B君は、見た目がかなり女の子っぽくて、実際によく女の子と間違われていた。中性的というか、男女の区別にあてはまらない雰囲気がある。皮膚が白っぽく、全身が長細くて、つるりとしている。年齢も実年齢よりもかなり若く感じられた。その頃はすでに二五歳前後だったが、まだ一四歳くらいにも見えた。

僕らのNPOの小さな事務所は、路地の奥まったところにあり、建物のすぐ裏がドブ川の上にブロックを敷きつめた形になっていて、近隣の住宅の間を縫う狭い通路になっていた。そのために、通行人の足音や声が反響しやすかった。事務所の建物の二階は、日中の時間帯は、障害児や訪問者が使うための広いスペースになっていたが、一階の宿泊ケア用の和室にいると、まるで二階に誰かがいるような、誰かが歩き回って喋っているような、こつこつという足音やひそひそ話の声が響くのだった。たとえば一階の事務所で夜、一人で残業して事務作業などをしていると、本当に怖くて、声や音が、日常的な空間認知や距離感を突き破って身体にじかに染みこんでくるような、奇妙な生々しさがあった。

B君は、親元から離れて宿泊サービスを使う経験がその頃はまだ乏しかった。夜、知らない場所で介助者と一緒に眠るのが苦手だった。朝まで一睡もせず、両手を伸ばして介助者を眠らせないこともあった。B君のお母さんに尋ねたら、同じ布団で添い寝をすると眠るかもしれませんよ、とのこと。

その夜は、B君と同じ布団にもぐりこんで、背中をポンポン叩くなどして、添い寝をしてみた。お母さんのアドバイス通り、B君はたちまちすやすやと眠りはじめた。やっぱり安心するのかと思った。これで僕も眠れる、と。

しかしふと思えば、僕は同性の青年と同じ布団の中で体を密着させて眠るのは、それがおそらく人生の初体験であり、何となく居心地が悪いというか、身体にむずむずとした落ち着かなさを感じてもいた。逆に、僕のほうがうまく眠れなくなってしまい、豆電球だけが灯る薄暗い部屋の中、寝息もたてずに安らかに眠るB君の、人類としては異形の進化を遂げたような、テナガザルのように長いその両手や、側彎で大きく湾曲した腰や背中の気配を感じながら、天井の模様をぼんやりと眺めたり、窓の外のかすかな光を見つめたりしていた。

さらにふと不思議に思ったのは、その夜もあの、生々しく耳元や背中に、夜の歩行者たちがブロックを踏んでがたがたいう足音や、近隣の誰かのひそひそ話の声などが聴こえていたのだが、一人で夜の事務所にいるとそれがたまらなく恐ろしく感じられていたのに、B君の隣りで添い寝をしているその夜は、それらが少しも怖くなく、むしろ、ある種のノスタルジックな慰めのようにすら感じられたのだった。

なぜだろう。

考えてみれば、不思議なことだった。たとえば今、和室のドアを開けて目の前に幽霊があらわれたり、事務所の中に強盗や殺人鬼が飛びこんできた、としよう。その場合は、間違いなく、重度の知的・身体的障害をもつB君は、目の前の脅威に対して完全に無力であるはずだ。僕を守ってくれるわけでもないし、一緒に立ち向かえるわけでもない。けれども、そのようなB君とただ一緒にいるということ、隣りで一緒に眠っているということは、不思議なほど僕を安心させてくれた。もしかしたら、一人暮らしで子犬や子猫と共に暮らす女性の気持ちもこんな感じなのだろうか。一見小さく弱いものの中に、途方もない安心感を覚えているのだろうか。

身体的にも知的にも最重度の障害があって、世間からみればきっと無用の存在ともされてしまっているこの青年が隣りにいるというだけで、どうしてこんなに安心するのだろうか。どうして夜が怖くないのだろうか。ヘテロの異性愛者として、同じ布団にくるまりながら、相変わらず身体的なぎこちない居心地の悪さ、収まりの悪さを感じつつも、B君の異形の身体の隣りに寄り添って横たわりながら、僕はそのことがすごく奇妙なことのように思えた。

その夜の不思議な安心感について、僕がもう一度思い出したのは、その何年かあとに、子どもが未熟児で産まれて、大学病院のＮＩＣＵ（新生児集中治療室）に入院していたときのことだった。

僕たちの子どもは、しばらくの間、体に点滴の管や血中酸素を計る器具を接続され、保育器の中で過ごしていたので、親であっても我が子の身体に直接触れる機会はあまりなかった。感染症や呼吸不全などのリスクがあったからだ。

その病院のＮＩＣＵには、カンガルーケアというものがあった。ごく短い時間だけ、赤ちゃんを保育器の中から出して、両親の洋服の下にもぐりこませるようにして胸元に抱っこし、親子が直接、皮膚接触をするのである。赤ちゃんの健全な発達を促すための効果があり、また親の側が「子どもを産んだ」という実感を得るためのものでもあるという。低体重児や、障害児・病児の場合、親がネグレクトする確率も高まるそうなので、なるべく早期に親としての実感を得られたほうがいい、という事情もあるようだった。

ヘルパーの仕事の合間をぬって、毎日のようにＮＩＣＵへと原付バイクで我が子と面会しに行っていた僕も、何度か、カンガルーケアを試したことがあった。その中で、一つ、記憶に残っていることがある。

ある日、我が子が、母親と間違えたのか、たんなる本能なのか、僕の乳首をちゅっちゅと吸ったのである。おっぱいを吸われた僕は、むずがゆいような嬉しいような——何というのか、同性愛と小児性愛とマゾヒズムと近親相姦とが雑ざり合ってしまったような——いや、たぶんそれらの言葉によっても説明のつかない、不思議な官能を味わうことになった。しかもその不思議な未知の官能は、それでいながらごくありふれたものでもあるように思えた。

それは異性愛男性としてのセクシュアリティの輪郭がほんの少し揺らぎ、拡張された瞬間だったのかもしれない。もちろんそれはほんの一瞬のもの、ほんの小さなものだったけれども、その後も、治り切らない傷口の甘いうずきのようなものとして、僕の身体に残り続けることになった。

我が子も二ヶ月半ほどで無事にNICUを退院し、自宅で過ごすようになった。そんな幼子と添い寝をするたびに、あるいはもう少し大きくなった頃、三歳を過ぎた我が子が僕の背中やお腹にぴたりと張りついてそのまま眠るときに、やはり何か僕の男性としてのセクシュアリティやジェンダーの輪郭にほんの少しばかり、かすかなさざ波が立つのを感じたりすることがあった。

そうやって子どもに添い寝をしているときに、さらにふと、イメージが積み重なるように、思い出した一つの記憶があった。

僕には生まれつきのアトピー性皮膚炎があった。特に子どもの頃は全身の痒みにひどく苦しめられた。そんな痒みで寝つけない長い夜などに、父親がよく隣りで添い寝をしてくれて、僕の背中をゆっくりさすってくれた。幼年期の頃のそんな記憶を思い出したのである。それが途方もなく安心して、幼心にもうっとりととろけてしまうほどに心地のいいものだった。たぶん今の僕と同い年ぐらいの父親の掌の感触を通して、何か、大いなるものに包まれるような感覚があったのではないか。

それは同時に、僕がその後、成人して、恋愛をして、女性と肉体関係を結んで、性行為が終わって、同じ寝床の中で眠っているときなどに、その女の人に背中を触ってもらったり、撫でてもらうことが本当に気持ちよくって、涙が出る程安心してしまったという記憶をも、僕の中から揺り起こしたのだった。

あれはきっと、それだけではないにしても、子どもの頃に僕が父親の愛撫によって性的な官能を開発されたというか、身体の気持ちよさを教えてもらっていたからなんだな、と気づいて、うつ伏せの僕の背中にぴたりと張りついて眠っている我が子の気持ちいい重さや熱さと、寝息の小ささを感じて、何だかとめどもなく泣いてしまった。そんな夜があったことを僕は時おり思い出す。

今も時々、妻や我が子の横で、一人寝つけない夜などに、天井をぼんやり見つめ、遠くの電車や救急車の音に耳をすましていると、背中のアトピーの痒みをさすってもらう手の安心と、胸元の超未熟児に乳房を吸われる少しマゾヒスティックな母性のようなものと、初めて体を重ねた女性の体液のねばねばした優しさと、B君の屈曲した手足や腰の異形のぬくもりと、自分の「男」としての輪郭が静かに溶けあって、雑ざっていき、家の外の夜の空気が僕の身体の中に染みこんで、天井や、小動物が走るような風の音や、夜の闇や、僕の身体が溶けて雑ざりあっていく、そんな感じに身を委ねようとするときに、ほんの少しだけ、この世界という大いなるもの、根源なる自然のようなものに寄り添われている気がして、そのまま、いつしか、安らかな眠りについているのだった。

産む行為の重層性

ある七二歳の老人が、僕の勤めるNPOに、ボランティアに来ていたことがあった。何年か前に、大腿骨頸部を折って、寝たきりになる寸前だったという。介護用ベッドの上で、天井の模様を一心に見つめながら、もはや自分は形骸で、生きる価値のない命だ、と悟った。涙が出た。

でもね、と老人は目を細めた。

――この子たちとこうして遊ばせてもらって、やっぱり自分は傲慢だった、という気がした。いやいや、障害児たちはかわいそうだ、という話ではないですよ。世の中にはいろいろな愉しみがあるって、私は知らなかったんだなあ。いろんな喜びとか、味わい方があるんだねえ。もっと学ばなきゃならんねえ。

少し淋しそうに、そう笑った。

僕は、ちょっと感動してしまった。あちこちに病や怪我を抱えているという、この七二歳の体でも、人間は、人生の新しい喜びを学べるのか。できるかどうかわからないことを、初心に返ってやってみようとするのか。自分が七二歳になったとき、この人と同じような勇気を持てるだろうか。どうだろう。

本当はきっと、誰にでも、そんな幼子のようなみずみずしい勇気が天賦されているに違いない。実際に、無限にあまねく広がるこの天＝自然からみれば、誰もが、赤ん坊であり、乳飲み子のようなものだろう。人間の子どもも成人も中年も老人も、ひとしく、この宇宙の子どもたちであるだろう。

僕の母親は、離婚した前夫との子ども（僕の父親違いの兄）を抱え、シングルマザーの身で、極貧で、東北で凍死寸前まで追いつめられていたという。その後、川崎で、今の夫（僕の父親）と出会い、再婚し、僕が生まれ、僕の弟が生まれた。その後も、舅との関係や、世間からの冷たい眼差しに、数十年、逃げ場のない「専業主婦」として、我慢し続けることになった。そうして、三人の子育てを全うした。

僕の父親は、零細の塗装工場を切り盛りしながら、当時の男性にしては珍しく、お袋の子育てをよく手伝ってくれたという。夜中におむつ替えをしたり、アトピーで痒がる僕の背中を、夜通しさすってくれたりした。

そんな親父は、それまでの仕事から引退した後も、僕の仕事先のＮＰＯを手伝ってくれている。最初は送迎の運転手として雇われたのだが、今では、多くの自閉症や知的障害者の介助を行っている。親父に、障害児介助のセンスや才能があると知って、僕は驚いた。

両親の、そうした日々がなければ、今の僕は、この地球上に存在しなかった。この世界に生まれることは、よく言われるように、奇跡だろう。けれども、様々な社会的困難の中で、この僕が生かされ続けてきたこともまた、やっぱり、奇跡なのだ。

そして、自分を産んでくれた両親もまた、かつては誰かの子どもだった。

そんなことを今はよく考える。

産むとは、産んだものによって、こちら側が新しく産み直されてしまうことであり、産む（能動）と生まれる（受動）が雑ざり合っていく、重層的な出来事なのだろう、と。あたかも、自分たちが産んだはずの子どもたちのお腹の中に僕たちがいて、逆に、その僕たちの胎内に年老いた我が子たちが孕まれているような。そんな永遠的で自然的な眼差しによって、この世界を、もう一度、見つめ直してみたいと思った。

「植物人間」とは誰のことか?

前述のALSの青年をケアしながら、こんなことを感じたことがあった。

――「植物人間」という言い方は、逆説的に正しいのかもしれない。

なぜなら、今、僕の目の前に横たわっている神経難病の青年の身体とは、まさに、「普通」の意味での「人間」ではなく、あたかも植物と動物と人間とが分離しがたいような存在に映り、そのままで、ありふれた命そのものだったから。

他方で、植物のイメージをさらに重ねてみると、重度の障害者や難病者をケアしたり支援することは「枯木に水をやるようなものだ」、だから意味のない無駄なことだ、という心ない批判は、今でも根強く世間にはあるだろう。

しかし、どうなのだろう。

福祉や支援の仕事を、畑仕事にたとえた人がいた。そこでは、あらゆる経験が、僕らの社会という土壌の上に降り積もり、堆積して、やがては豊かな腐葉土になっていく。この世界を刻々と豊かにしていく。成功も失敗も間違いも過ちも、強さも弱さも労働も無為も多産も不妊も、すべてはこの社会の堆積層として、堆肥的(composted)に雑ざり合っていくのだ。

そもそも、生きるとは、有用なこと、生産的なことばかりではないだろう。この世に生まれ、食べ、眠り、うんこやおしっこを垂れ、病や老いを得て、土や風に還ることを含むものだろう。とすれば、僕らのこの肉体が、愛する人々の身体が、やがて排泄物や廃棄物や無用のごみくずと等しくなっていくこともまた、命のサイクルの大切な一部であるだろう。目の前でもくもくとご飯を食べている障害児たちや、我が子の様子を見つめながら、そんなことを時おり思うようになった。

目の前の命を新しく産み直すようにして、動物の命を屠り、植物の命を収穫し食べるようにして、誰かをケアしていくということ。他者の命を殺して食べることが、他者を血とし肉とすることとなり、互いにこの自然の中へ産み直されるということ。自然の眼差しからケアを考えるとは、そういうことなのだと思った。

非人間的な天＝自然の眼差しからみれば、枯れていく植物にせっせと水をやっていくことは、至極当たり前のことなのではないか。健常に育つものも、朽ちて枯れていくものも、等しく慈しまれてしまっている。万物は平等であり、命は等しく天や土から与えられ、恵まれている。他者をケアし支援しながら、他者からケアされ支援されながら、無力な一人の人間として、そう信じぬくこと。生きることがそのまま祈りになっていくとは、そういうことではないのか。

僕たちは、そのようにして働くこと、ケアを生業としていくことを、許されているのではないか。

あらゆる命の欲望（ニーズ）が——それがどんなに小さく、無意味で、無能なものに思えたとしても——この世の商品や糧として、この社会を巡り巡って、甦っていく。それは僕には、やはり、驚くべきことに思えた。たとえそれらの命の欲望が、痩せて、枯れて、小さいまま、育たずに朽ちていくとしても。というか、まさにその、永遠に潜在したままの生の欲望（未生の子や、水子や、あるいは重症児たちの）

こそが、ありのままに、この世界の循環の中に新しい価値として産み直されていくのであり、そのことによって、僕たちの命もまた、新しい光の中に産み直されてしまっているのだ。

註

＊1　たとえばフェミニスト法学者のマーサ＝A・ファインマンは、従来特別視されてきた「性の絆」(結婚制度が代表)ではなく、「ケアの絆」という視座から既存の家族・市場・国家の再編を構想しようとしている(『ケアの絆』穐田信子・速水葉子訳、岩波書店、二〇〇九年〈原著二〇〇四年〉)。また岡野八代は、いわゆる「母性愛の神話」や「愛ゆえの暴力や支配」などに陥っていく危うさを回避しながら、ケア倫理や家族(ホーム)の哲学を再考し、たまたま「そこにいるだけ」の他者たちの存在を喜びの中で——疲労困憊や葛藤、試行錯誤の軌跡をも消すことなく——迎え入れ、歓待せんとする「母的思考」(サラ・ルディク)の可能性をあらためて追究し、フェミニズム理論の蓄積を用いてさらに「新しい社会」を構想することを目指している(『フェミニズムの政治学』みすず書房、二〇一二年)。

補論②
弱く、小さき者から

体が小さいことを障害や病気と言ってもいいのだろうか。難病やホルモン異常で体が成長しない子どもたちもいるが、僕らの息子の場合は、そうではない。超未熟児（超低出生体重児）に近い一〇八二gで生まれ、その後、平均的な身長・体重に追いつかないので、五歳になる少し前から毎晩、お尻に、成長ホルモンの注射を打つようになった。医学的にはSGA性低身長症という診断名がついている。

子どもは、時々、保育園で他の子から「小さいね」「なんで小さいの」と言われたと、帰ってから泣いた。僕も何度かそういう場面を目にした。送り迎えの短い時間ですらそうなのだから、日常的に言われるのだろう。悪意や悪気はなく言う子もいれば、明らかな優越感や意地悪でそういうことを言う子もいた。それをいじめや差別の萌芽と言えるのかどうかは、よくわからない。ただ、悲しい。こんな悲しさを、僕は今まで知らなかった。

子どもには「君は何にも悪くないよ」「生まれついてみんないろいろなんだよ」「意地悪を言う子のほうが悪いよね」「何かあったらお父さんに言って」等々と言う。どうか負けないでほしい。でもきっと、この子はずっと、他の子たちから、そういうことを言われ続けるのだろう。悲しい。

三歳くらいまでは、ただただ、日々の成長や健康がありがたかった。病弱な面もあったから。けれども、四歳を過ぎたあたりから、他の子どもたちとの体格や運動能力の差が、嫌でも目につくようになった。もちろん、他の子たちと比較なんかしたくない。でも単純に体格が違うのだ。二学年くらい上のクラスに放りこまれて、学校生活を送ることを想像してみてほしい。怖いと思う。

製薬会社のファイザーのHPによると、「SGA性低身長症のお子さんは、成長期を通じて、また成人になっても、背が低いことが考えられます。このことから他の低身長症と同様に、自分に自信がもてない、ひきこもりになる、学校でいじめにあいやすいなどの問題が起こりうると、専門家たちの間で考えられています」とある。

たとえばこれには様々な批判もあるだろうが、僕らの子どもが女の子だったら、成長ホルモンは打っていなかっただろう。男の子の場合、背の低さ、体の小ささが大きなデメリットになるはずだ、そういう功利計算が親である僕らには働いたのだ。でも、どうなのだろう。男は背が高いほうがいい。体が小さいと幸福にはなれない。そういう価値観は、本当に、ジェンダー差別や障害者差別、優生思想などと無関係であると言えるのだろうか。しかも、障害者介助を生業にしてきた僕ら夫婦が、わが子に対してそういう価値観を押しつけていないと言えるのかどうか。そんな迷いや躊躇もあって、注射の開始が一年ほど遅れた（もちろんそればかりではなく、副作用として発癌や糖尿病のリスクが若干あがるという話もあったし、一番大きかったのは単純に「痛いことはかわいそうだ」というものだった）。

この国の学校制度は、そういう子どもたちに対して厳しく、残酷なのだろうか。くわしい国際比較は、今の僕にはよくわからない。けれども、たぶん、年齢でひとくくりにされてしまうということの残酷な面はあるだろう。学校教育法第一八条に定められた就学義務猶予（小学校入学を一年遅らせるなどの対応をすること）についても調べてみたが、そのメリット・デメリットもはっきりしなかった。父親として、日々くよくよ考えたり、悩んだりしている。今後も悩み続けるだろう。

もちろん、もっと過酷な病気や障害を抱えた子どもたちは、この世界にはたくさんいる。その子たちや親御さんの苦労や悲しみは、僕には計り知れない。ただ、体の小ささや微妙な成長の遅さというものは、はっきりした「問題」としてくることがそもそもできない。それは曖昧でグレーなハンディのようなものだから。それゆえの難しさもやはりあるとは思ってきた。問題そのものが小さく、見えにくいからであり、それについてうまく言葉にして語ったり、説明したりすることがずいぶん難しいのだ。

よく未熟児の親に対して、「小さく産んで大きく育てればいいのよ」と励ましてくれる人がいる。善意からの、素直な励ましの言葉なのだとは思う。ありがたいとも感じる。でもそれは同時に、結構、残酷な言葉でもある。大きくなる子もいれば、ならない子もいる。それで通院したり、日々の食事に神経を削ったりしている。そこに「小さく産んで大きく育てればいいのよ」とあっさりと言われると、少しつらい。どう返事をしていいのか、戸惑う。その人たちに悪気がないのもわかるから、よけいに。

僕はたぶん、悲観的になりすぎているとは思う。それは僕自身が、世の中に対して悲観的で、若い頃から、この世界は残酷でひどいところだ、と感じてきたためでもあるだろう。つまり、僕自身の弱さや小ささの問題でもある。やはり、子どもを育てるとは子どもによって育てられること、いわば「親育ち」であり、この僕の悲観も、僕一人の力では決して乗り越えられないのかもしれない。

悲しんでいけないとは思わない。悲しむのはいい。でも、決して悲観はしないように。君は理不尽な生の悲しみを幼心にも知っているから、他人の弱さや痛みについて、きっと優しくなれるだろう。誰よりもきっと。幸いにも、この国には、小さきもの、未成熟なものの生をありのままに祝福する文化の伝統もあるような気がする。理不尽や残酷を超えて、どうか、楽しさや喜びの中で君が成長していけますように。お父さんのつまらない心配性を笑い飛ばすようにして。

そんなせつない祈りの中で、何気ない毎日が過ぎていく。

集英社新書版・あとがき

男の中の自己嫌悪（ミサンドリー）にどうやって向き合えばいいのか。なぜ、自分の存在を消したい、という気持ちがずっとなくなってくれないのか。そもそも男にとって弱さとは何か。男の弱さとは、自分の弱さにどうしても向き合えない、という〈弱さ〉なのではないか。そんなことを考えてみたい。それが出発点でした。

本書（特に第二章まで）は、本当なら、二〇代を終える前に書いておくべきだったような気もします。けれども、二〇代半ばの混乱した気持ちを言葉にする力が、当時の自分にはまだ満ちていなかった。まごまごしているうちに、すっかり中年男性になっていました。第三章で書いたような介助や子育ての経験も経て、ようやく、恋愛や性愛、非モテの問題に少しは向き合うことができた、ということかもしれません。

こんな年齢になったのに今さら恋愛や非モテのことを書いて、それを人様の目にさらすのは、かなり情けないこと、恥ずかしいことではないか。そのようにも感じます。ただ、そのような「情けない」「恥ずかしい」という思いがどうしても消えてくれないからこそ、男性たちは、自分の恋愛や性愛について、あるいは弱さについて、もっと内省したり考え続けたり、他者と語り合ったりしたほうがいいのだ、とも感じます。いつかもっとナチュラルに、当たり前に、それらを語り得るようになる日までは。

男性学や男性性研究の本はすでに色々とありますが、僕にとって道標になってきたのは、田中美津『いのちの女たちへ』、上野千鶴子『家父長制と資本制』、森岡正博『無痛文明論』『決定版　感じない男』などの名著たちでした。それらの思索が切りひらいた理論的な地平を踏まえながら、自分なりに男の性を問い直してみたい、一歩でも先を目指したい、そう考えてきました。

本書には、かつて発表した以下の文章がモザイク状に組み込まれています。「『男性弱者』と内なるモテ幻想」（拙著『無能力批評』所収）、「性暴力についてのノート」（『フリーターズフリー』vol.02）、「性と障害をトランスするためのノート」（『現代思想』二〇一一年八月号）、「男性弱者は存在するか？」（『女も男も』二〇一二年秋・冬号）、「弱さという生業」（『支援』vol.4）、「寄り添われて眠るためのパンセ」（同人誌『SOINEX』）、「体が小さいことを障害や病気と言ってもいいのだろうか」（『文學界』二〇一五年七月号）。なお、『SOINEX』を刊行してまもなく亡くなられた喜多本祐一氏のご冥福をこの場でお祈りします。

この本は、僕にとって五冊目の本になります。たぶん続編があります。本書の第二章と第三章の間に、本当は、男の性暴力の話を書くはずでした。が、それは本書の構成にうまくおさまりませんでした。そのうち書くと思います。また、既刊の『宮崎駿論』『長渕剛論』なども、私なりの男性論の試みでもあるので、関心のある方は手に取って頂けると幸いです。

感謝を捧げたい人はたくさんいますが、特に市原純さんに。市原さんと「男らしくない男たちの当事者研究」の計画を立てたり、一緒に浦河べてるの家を見学したりしながら、本書の構想が練り上がりました。そして編集担当の渡辺千弘さんに。草稿をていねいに読み込みながら、あとはこちらを信頼して温かく見守ってくれる、というスタンスのおかげで、本書はかなりスムースに形になりました。ありがとうございました。

二〇一六年九月一一日

杉田俊介

第四章

弱者男性たちは自分を愛せるか――インセル論のために

わたしは「文春オンライン」のネット記事として、弱者男性論についての一つのエッセイを書いた（二〇二一年四月二七日公開）。その後、別の出版社の編集者から依頼があって、その弱者男性についてのエッセイを土台にして、一冊の小さな新書を書くことになった。それが『男がつらい！――資本主義社会の「弱者男性」論』（ワニブックスPLUS新書、二〇二二年一〇月）である。

その新書のゲラ作業が終わる直前に、山上徹也による安倍晋三元首相の暗殺事件が発生したのである。山上の存在は、一部では、この国の弱者男性／インセル的なものの象徴としても受け止められた――もちろん、カルト宗教の二世信者の問題、あるいは就職氷河期世代＝ロスジェネの問題、山上の個人史の問題などが複合的に絡み合っているために、弱者男性／インセルという文脈だけでは山上とその事件を理解することはできないにせよ、である。

そして山上が、わたしの弱者男性についてのエッセイを読んでいて、ツイッター上で「だがオレは拒否する」と書いていた、という事実を知った。正確には、こうである。「だがオレは拒否する。「誰かを恨むでも攻撃するでもなく」それが正しいのは誰も悪くない場合だ。明確な意思（99％悪意と見なしてよい）をもって私を弱者に追いやり、その上前で今もふんぞり返る奴がいる。私が神の前に立つなら、尚の事そいつを生かしてはおけない」（二〇二一年四月二八日）。それは驚きをわたしにもたらした。

もちろん山上にとっては、わたしの弱者男性論のウェブ記事は、数あるネット記事の中の一つにすぎなかっただろう。わたしの名前を記憶しているとも思えない。しかし、事件によって何かが問われている、呼びかけられている、と感じた。わたしが考えてみなければならなかったのは、山上の「だがオレは拒否する」という「だが」の重さを受け止めた上で、もう一度その先で、いかなる弱者男性論を再展開できるのか、山上の暴力に対してさらに「だが」と応答しうるのか、それはどこまで行けるのか、ということだった。

まずは、文春オンラインの弱者男性論を以下にそのまま再掲したい。

「真の弱者は男性」「女性をあてがえ」…ネットで盛り上がる「弱者男性」論は差別的か？

大ざっぱにいえば、二〇一〇年代の反差別論が「ネトウヨや歴史修正主義者は差別者」というものだったとすれば、二〇二〇年前後の反差別論は「差別構造に無自覚に加担するマジョリティも同じように差別者である」という方向へと段階が進んできた。ごく一部の極端な差別者のみならず、マジョリティであることそのものの日常的（everyday）な差別性が問題視されるようになってきた。

その一つが「男性特権」であり、不公平で不平等な性差別的構造に対するマジョリティ男性たちの無自覚な加担の問題である。実際に、国籍の特権や健常者の特権などとも連関しつつ、マジョリティ男性たちの無自覚な特権性の大きさ、変わらなさを痛感させるような出来事が毎日のように起っている。しかし、マジョリティとしての多数派男性の特権性の問題を自分事として引き受けることに、まだまだ戸惑いや違和感を覚える男性たちも多いように思われる。

そうした状況の中で、あらためて、「男性弱者」論がネットを中心に注目されている。

とはいえ、そこで言われる「弱者」の基準は、今もまだはっきりしない。それは労働の非正規性や収入の話なのだろうか。「キモイ」と言われるような容姿の問題なのか。「コミュ障」とも自嘲されるコミュニケーション能力の問題なのか。あるいは実際に恋人や結婚相手などのパートナーがいるかどうか、という話なのか。「キモくて金のないおっさん（KKO）」と言われるように、それらの連立方程式のような話なのだろうか。

そうしたことがはっきりしないので、議論がうまくかみあわない。論争や敵対が増していく。そういうこともやはりあるようだ。

すでに多くの指摘があるように、弱者男性論はアンチフェミニズムやアンチリベラリズムとセットになるケースが多い。

たとえば環（@fuyu77）は次のように指摘する。「弱者男性論の本質」は「個別の弱者的状況よりもフェミニズムとのコンフリクトにある」——あるいは《フェミニズムは「男性」という属性についてまとめて「強者（マジョリティ）」として批判するけれど、男性が皆強者ではなく、弱者の男性もいると認めて欲しいというのがそのコア》である、と（「一連の「弱者男性論」言及から見えて来た「弱者男性」概念のコアとその将来への提言」）。

「コンフリクト」の中から「カウンター」としての弱者性の意識が強化され、それが明確な「アンチ」の立場になっていく。

女性や性的少数者よりもマジョリティの男性（の中の弱者）の方がいっそう不幸であり、真の被害者は男性弱者であり、国家や社会からの制度的支援が何もない——というように、弱者男性論は個々人の実存の話から制度の話になっていく。

さらには「制度設計によって弱者男性に女性をあてがえ」論（いわゆる「あてがえ」論）のようなものも出てくる。そこまで極端ではなくても、勝ち組の強者女性は負け組の弱者男性を積極的にケアすべきだ、という要求なども見られる。

とはいえ、ここでいわれる「弱者男性」とは、必ずしも社会的弱者やマイノリティとイコールではないだろう。後述するように、もう少し繊細な語り方によってしか取り出しえない実存／制度・構造のはざまの領域がある。

救いがなく、惨めで、ひたすらつらく、光の当たらない人生がある、ということ。そのことをせめてわかってほしい。「多数派の男性はすべて等しく強者」という乱暴な言葉で塗り潰さないでほしい。誰々よりマシ、誰々に比べれば優遇されている、という優越や比較で語らないでほしい。不幸なものは不幸であり、つらいものはつらい。そうしたささやかな願いが根本にはあるのだろう。

あらかじめいえば、私は、そうした根本の声は絶対的に肯定されるべきである、と考える（ただし、後述するように、それを「異性にわかってほしい」という承認論によって解決しようとするべきではない、とも考える）。

「強者」とされるからそれに対抗して「弱者」という言葉が選択されるが、そもそも本質はそこにはないのではないか。誰かとの比較や優越によって強い／弱いということではなく、生存そのものとして、惨めで、尊厳を剥奪され、どうしようもない人生があるということ。その事実すらも否定されたら、あとはもう――。本当は「男性」という属性すらどうでもいいのかもしれないが、男性というマジョリティ性から脱け出すこともできないのである。

これもしばしば指摘されるように、「弱者男性」と言っても、発達障害や精神疾患の傾向のある人や、「軽度」の知的ハンディのある人や、虐待やイジメの被害者など、様々な問題が絡みあっているし、グレーゾーンの人もたくさんいるだろう。

それに対して、「ちゃんとした理由があるからあなたはマイノリティ男性、それ以外は男性特権に居直った無自覚な男性たち」とわかりやすく線引きすることができるだろうか。たとえば障害者介護の経験から私が学んだのは、個人や実存のレベルで考えるかぎり、比較や優越はもとより、そもそも安易に他者を線引きするべきではない、ということだ。曖昧な領域にはっきりと線を引くこと自体が暴力であり、支配になりうるから。

本当にもうダメだと思って、惨めで、むなしく、悲しく、生まれてこなければよかったとしか感じられなくなったときに、藁をもつかもうとして手を伸ばすと、異性愛の恋愛によって救われたいとか、有名人になって一発逆転しなきゃとか、ネトウヨやインセルやアンチフェミニズムの闘士に闇落ちするとか、それらの貧しい選択肢しかない、と感じられてしまうこと。

そのことがやはりあらためて、それそのものとして問われていいのではないか。そうした「弱者男性」たちの暗黒領域に光を差し込ませる言葉（思想）が必要であり、多様な実践が必要なのではないか。

他方で、こうも考える。ここには、どうしても、いったん、「弱者男性」とは異なる概念が必要なのではないだろうか。「弱者」という言葉が、すでに、アンチフェミニズムやアンチリベラルを強く含意してしまうからである。

アンチフェミニズムやアンチリベラルへと向かう欲望を切断して（「あっちが批判してきたから言い返しているだけだ」という被害者意識を断ち切って）、「弱者男性」の問題を再定義できないだろうか。

もちろん「弱者男性」たちが主にネット上で集団的な攻撃性を発揮してきた、という文脈や歴史はすでに消し去ることができないとしても、そうした攻撃性から身を引き剥がそうとする当事者性を帯びた「弱者男性」の概念が再構築されてもいいだろう。

すなわち、ミソジニストやヘイターやインセルにならないような、反差別的で脱暴力的な「弱者男性」の概念とは、どういったものだろうか。日々のつらさや戸惑いや取り乱し、あるいは足元の問い直しとともにある「弱者男性」たち——これがたんなる抽象論だとは思わない。私のまわりの同年代の男性たちや、非常勤講師の授業であった学生さんたちの中にも、そういうタイプの男性たちがたくさんいると感じるから。

色々な幸運に恵まれてかろうじて生きてこれた私のような人間からすると、色々と過酷で厳しい状況にあっても、なんとか闇落ちせずに必死に「踏みとどまっている」男性たちの日々の努力は——比較や優越を付けることなく——もっと肯定され、尊重されていいことに思える。非暴力的で反差別的であろうと努力していること、それは立派でまっとうなことなんだ、と。

ただし、ここで「肯定され、尊重されるべき」と言うのは、異性や社会からの承認を求めることであるよりも前に、「自分（たち）」の力によって行うべきことである、と私は（現時点では）考える。

男性学は女性学やフェミニズムを受けての学問であり、メンズリブはウーマンリブを受けての生活改善運動であるという面が強かったが、男性弱者論もまたリアクションとして語られてきた面がある。しかし、「弱者男性論」もまたたんなるリアクションではなく、積極的なアクションとして再設定すべきではないか。

つまり「異性からの承認待ち」ではなく、「自分たちで自分たちを肯定する」という自己肯定の力がもっとあっていいのではないか。そのためには、SNS上での「アンチ」の作業にアディクトしたり、ゲーム感覚で他者を叩くことから、自分たちの日常を解放する必要がある。

ここまで「弱者男性」という言葉を使ってきたが、この言葉はどうしても女性や性的マイノリティとのコンフリクトを前提としてしまう（そして女性に対する憎悪や嫌悪を増幅してしまう）から、異なる概念がいるのではないか、と述べてきた。それをここでは、「非正規的なマジョリティ男性」と呼んでおく。

すなわち、正規の雇用、正規の家族像、正規の人生、あるいは正規とされる「男らしさ」、覇権的な男性性、等々から脱落し逸脱した多数派の男性たちのことだ。

たとえばこれを社会的に強いか弱いか（特権性があるかないか）ではなく、運不運や幸不幸の問題である、と言ってしまうと、それはあくまでも個人の問題、自己責任の問題になってしまう。金持ちのイケメンでも不幸な奴はいるし、幸福な貧者もいるだろう、という話になってしまう。しかし、特権集団としての多数派の男性たちの中にも、幾つかのレイヤーがあり、様々な形で正規性から脱落した男性たち――男性学では従属的な男性とか、周縁的な立場の男性たちと呼ばれてきた――は存在する。社会的に見えにくい、あいまいな、グレーな領域の存在であっても。

それは半ばまでは制度や社会の問題であると言えるし、半ばまではその人本人に固有の問題、実存の問題であるかもしれない。

男性の「つらさ」ということがいわれる。

では、多数派男性の「つらさ」とは何だろうか。どのような言い方をすれば「つらさ」を語りうるのか。これもまた極めて語りづらい、繊細な領域の事柄であるだろう。

たとえば「男もつらい」「男だってつらいんだ」と言ってしまえば、これは女性や性的マイノリティとの比較において「女性や性的マイノリティもつらいだろうが、男性もつらいんだ」という優越を競うようなニュアンスになってしまう。

他方で「男はつらい」という言い方をすると、それは「男性一般はつらい」という被害者性を強調した意味になって、主語（私たち＝男たち）があまりにも大きくなりすぎてしまう。

これらに対して、「男がつらい」という言い方にすれば、「（この私にとって）男がつらい」という意味になるのではないか。すなわち、他者との比較や優越の話ではなく、「この私」にとって「男らしさ」という正規とされる規範性それ自体がつらいし、抑圧的なのだ、というニュアンスになるのではないか。

男がつらい。多数派の男性たちであっても、ひとまず、そう言っていい。声に出していい。いずれにしても「男がつらい」のその「つらさ」には、さまざまな複雑な要因が絡まりあっているはずだろう。重要なのはそれを男性たちが内側から――もちろんマイノリティたちの実践から学ぶこと、他者たちの声に耳をすませながらそうするのは望ましいことだ――解きほぐしていくことである。自分の「つらさ」の原因を作り出す「敵」がどこかにいる、という話にしてしまえば、それは「陰謀論としてのアンチフェミニズム」に行き着いてしまうだろう。

たとえば私は二〇一六年に『非モテの品格――男にとって「弱さ」とは何か』（集英社新書）という本を出したが、この本の議論はネトウヨやミソジニストと紙一重ではないか、という感想をいくつかもらったことがある。

一読してもらえればわかるが、確かに、私の中には女性憎悪と紙一重の女性恐怖のようなものがある。そのことは否定しえない。しかし、非モテからインセルへと闇落ちしかねない人間の中にすらなお残っている尊厳を、何らかの形で、脱暴力的かつ反差別的なものとして積極的に言葉にしてみたい、という気持ちが私にはあった。

たとえば私は『非モテの品格』の中で、依存症研究などを参照し、男の弱さとは自分の弱さを認められない弱さではないか、と論じた。自分の弱さ（無知や無力）を受容し、そんな自分を肯定し、自己尊重していくこと。

その点では、地位も権力もあって己の特権に無自覚でいられる男性たちよりも、弱者男性たちのほうがまだ「救い」（解放）に近いのではないか。このような言い方をすれば、やはり、抽象的な理想論に聞こえるかもしれない。しかし、問いはすでに、たんなる個人的で実存的な問題の閾を越えて、「非正規的な男性たち」や「弱者男性たち」が自分たちにとっての新しい生の思想をどうつかむか、という次元にある。私はそう考えている。

他者からの承認を期待することは、それが満たされないと、被害者意識や攻撃性に転じてしまう。それならば、他者からの承認を期待するのではなく、当事者としての自覚を持つこと。自分たちをマイノリティや社会的弱者と呼べるとは思わないが、それでも、非正規男性（脆弱な男性）としての当事者性を自覚していくこと。承認から自覚へ。そして責任へ。そうした意識覚醒が必要ではないか。

非正規的で「弱さ」を抱えた男性たちには、もしかしたら、男性特権に守られた覇権的な「男らしさ」とは別の価値観――たとえば成果主義や能力主義や優生思想や家父長制などとは別の価値観、オルタナティヴでラディカルな価値観――を見出すというチャンス＝機縁が与えられているかもしれないのだ（もちろんそうした著作や思想はすでに様々にあるが、それらを具体的に点検していくことは、別の場で行おうと思う）。

もはや、そういうことを信じていいのではないか。いや、そう信じよう。

誰からも愛されず、承認されず、金もなく、無知で無能な、そうした周縁的／非正規的な男性たちが、もしもそれでも幸福に正しく――誰かを恨んだり攻撃したりしようとする衝動に打ち克って――生きられるなら、それはそのままに革命的な実践そのものになりうるだろう。後続する男性たちの光となり、勇気となりうるだろう。（「文春オンライン」、二〇二一年四月二七日）

……以上、文春オンラインの弱者男性論を再掲してみた。

一人の人間によって「拒否」されたからと言って、自分の論考や著作の中で書いたことの全体が間違っている、ということになるわけではない。拒否した側の人間の中にも何らかの間違いや拒絶があり、他者のテクストをそもそも誤読している、という可能性もある。価値観の違いもある。しかし、そうした一般論的な理解を超えて、その後のわたしは、やはり自分の弱者男性論の中には何かが足りなかったのではないか、肝腎な一歩を踏み出せていなかったのではないか、と感じるようになった。それならば、このエッセイ（そしてそれをもとにして書いた一冊の弱者男性論）には何が足りなかったのか。

その何かがあったならば山上徹也を説得できたとか、こちらの言葉が十分に心に響いただろうとか、そういうことを言いたいわけではもちろんない。そんなはずはない。自分の言葉は魂的に彼に届かなかったのだ、と後悔するほどナイーブでもない。それでも、自分の批評文の強度の不十分さを想わざるをえなかった。ここから問い直さねばならないことが山ほどある、と感じた。

たとえば、女性への集団的な攻撃性と被害者意識に陥りやすい弱者男性ではなく、非正規男性という言葉を使うようにするべきではないか、というわたしの提案に対し、ある匿名の誰かがネット上で、次のようなことを呟いていた——自分たちから弱さという言葉すらも奪うのか、弱者男性もまた差別されているとか排除されているとは言わない、しかし何も言えずに絶望に身悶えし、蚰蜒のようにのたくって泥の中で耐えている、望んでもいないのにこの世に命を贈られてしまった不運をただ我慢している、それを実存的な「弱さ」と口にすることすらも許されないのか、と。ハッとさせられた。言葉による一撃の弾丸のようだった。

そんなことは考えていなかった、ということではない。むしろ自分もまた、弱さや無能さというエレメントこそが人間のリブ（解放、自由）の根源にある、と考えてきたにもかかわらず、そのことを忘却して、リベラルな意味での優等生的な発言をしてしまった、という意味である。そのことが何重にも無自覚な暴力だったと気づいた、あるいはそのことを思い出したのだ。自分もまたそのように、この社会の中でなかったことにされ、この世界に産まれたという事実すらも掻き消されていく実存的な痛みのことをずっと考え続けてきたはずなのに。弱さという言葉すら奪うのか。あの声は、わたし自身の中の水子的あるいはヒルコ的なものの無名の呻き声のようだった。

山上徹也は一九八〇年生まれであり、世代としてはロスジェネ（就職氷河期世代）と言える。ロスジェネとはおそらく、世代問題というよりも階級問題であり、新自由主義的な価値観を深く内面化＝インストールし、自己責任論に骨の髄まで呪縛されてしまった人々のことである（とわたしは考えている）。一九七〇年代の障害者解放運動が「内なる優生思想」の呪縛からの解放を目指し、ウーマンリブが「内なる女らしさ幻想」とは別の欲望を発明しようとしたように、二〇〇〇年代後半のロスジェネ運動／反貧困運動も、そうした「自己自身の排除」（湯浅誠）というべき自縄自縛からいかに解放されうるか、という欲望論的な問いを重要視していた。

しかし山上徹也にはそれができなかった。いや、そうするわけにはいかなかったのだろう。ツイッターを読む限り、ネトウヨだろうがロスジェネだろうが、自分の不幸や絶望を社会問題として処理すること、あるいは集団的なアイデンティティに自分を委ねることをどうしても許せなかった。社会責任ではなく自己責任をむしろ徹底していく鋼鉄のような意志、それが彼にとっての人間的尊厳の最後の砦だったのだろうか。

近年のわたしは次のようなことを書いていた。「弱者男性」と呼ばれる或る部分の人たちが、反フェミニズム・反リベラルとして攻撃的な階級形成をしてしまっている。それに対する解毒剤が必要である。そのためにも自分の弱さを受け止めて、そこから自分たちの男性性を見つめ直そう、と。そして「闇落ち」しないような、対抗的で非暴力的な弱者男性たちの集団性を形成できないか。そう提案したのだった。たとえそれが毒を以て毒を制すような、あるいは毒の中から薬を精製するような、または有毒的な自家中毒の状態が他者への有害な行為に転落することを踏みとどまるような、いわばパルマコン（毒と薬を同時に意味するギリシャ語）的な試みであらざるをえないとしても。

とはいえそのような姿勢そのものを山上徹也は「だが」と拒否したのだろう。ただし、その「だが」は、単純なアンチでもなかった。リベラル保守派の政治学者、中島岳志は、そのことをめぐって、新聞記事の中で次のように書いていた。

評者が気になるのは、「だがオレは拒否する」と言ったときの「だが」という一言である。これは逆接の接続詞であり、杉田の主張を受け入れたことを意味する。しかし、彼は強い恨みによってそれを「拒否する」のだ。

山上容疑者の深い部分に届いた言葉があった。批評があった。ここに暴力を超える言葉の力を求めたいが、元首相の狙撃が実行されたのも事実である。論壇がもつ可能性と限界を目前にし、茫然と立ち尽くす自分がいる。（「東京新聞」二〇二二年七月二六日）

山上徹也の「だが」は「逆接」であり、わたしの弱者男性論のロジックを一度受け止めて、でもそれでは足りない、といういわば肯定的否定の言葉だった。つまりある種の対話性を残した「だが」だった。たんなる全否定（アンチ）ではない。限定的に受け入れつつの、部分的に肯定しつつの否定だったのである。山上徹也の杉田に対する限定的否定とは――中島岳志が読み取ったことに従えば――そのような「逆接」的かつ弁証法的な「だが」を意味したのだった。

とすれば、事件のあとのわたし（たち）に必要なのは、山上徹也の暗殺という直接暴力に対して、その行為の重さをぎりぎりまで受け止めた上で、別様の「だが」、新たな「だが」（肯定的否定）を突き付けることでなければならない。だが、そこには別の可能性は本当にありえなかったのか、と。そう感じた。そしてわたしもまた「茫然と立ち尽く」している。民主主義的な社会では暴力は絶対に許されない、という優等生的な暴力の全否定では足りない。無数の「だが」「だが」……という自他への懐疑を反復的に付きつけ続けねばならない。そのようにも感じた。

山上徹也がわたしの弱者男性論に「だが」を突き付けた、あるいは安倍晋三に「だが」の銃弾を撃ち込んだ。彼のそうした滅私的な暗殺に「だが」と応答するとすれば、それはどういう行為でありうるのか。そこには弁証法的（歴史的）な思考と行動が必要だろう。では、再応答としての「だが」とは、具体的に何を意味するのか。

インセルのグローバルな氾濫／叛乱？

とはいえ、言うまでもなく、一つの事件を過剰に意味付けて社会全体を理解することはできない。またそうするべきでもない。『男がつらい！』の内容と重複するが、以下ではまず、近年のいくつかの事柄を確認しておきたい。

二〇二一年一〇月三一日午後八時頃、住所不定無職の二四歳の男が、走行中の京王線の中で七〇代男性の胸をナイフで刺し、ライターオイルを車内に撒いて火をつけた。その男は「バットマン」シリーズのジョーカーのコスプレをしていた。

その日はハロウィンであり、犯行前に渋谷の群衆の中を歩く男の姿が監視カメラに記録されている。犯行後男は、自分の姿を衆人に見せつけるように、車内のイスに座って、右手にナイフを持ちながら、震える手でタバコを吸っていた。

容疑者の男によれば、京王線の事件は、同年の八月六日に、小田急線内で発生した刺傷事件に触発されて起こしたものだという。小田急線の事件では、三六歳の男が小田急線内で乗客を切りつけ、男女一〇人が重軽傷を負った。

小田急線の事件の犯人の男が「幸せそうな女性を見ると殺したくなった」と供述したことから、事件は女性に対するヘイトクライム（差別意識に基づく犯罪行為）、あるいは「フェミサイド」（女性虐殺）に当たるものとしてメディア報道された。犯行当日、男は新宿区の食料品店で女性店員に万引き行為を通報され、その腹いせとして女性店員の殺傷を計画していたという。

京王線の事件が起こった日は、ハロウィンの日であるのみならず、第四九回衆議院議員総選挙の当日だった。犯行が行われたのはその選挙速報と特番が流れていた時間帯である。テレビでは、ポピュリズム（世界を「エリート・特権階級」と「大衆」に二分し、真の大衆の権利を守るという名目のもと、エリートや知識人が象徴する既存の秩序や体制に批判的・破壊的であろうとする政治的立場のこと）的な手法を戦略的に用いる日本維新の会の躍進が告げられていた。

さらに二〇二二年の日本は、インセルや弱者男性たちの氾濫・叛乱の幕開けのような一年となったように感じられる。ＳＮＳと社会的現実の狭間で、男性たちのミソジニー的な情動を通した集団形成が行われたのだった。

日本には長らく「在日特権」や生活保護不正受給のようなエビデンスを無視した陰謀論が根強く存在したが、近年は女性に対する攻撃が目立ち、女性たちによる若年女性の支援活動が陰謀論のターゲットになった。「日本会議」系の極右政治やバックラッシュ現象などはすでに数十年前から存在したが、二〇一〇年代の #MeToo 運動やフェミニズムに対する反動として、家父長制的でミソジニー的な陰謀論と福祉ショービニズムが融合していったのである。そこには、強者的な中高年男性（おじさん）の男性特権と、脆弱性を抱えたインセル的な男性たちの鬱屈が複雑に絡み合っていたように思われる。

すでに述べてきたように、山上徹也による安倍晋三元首相の暗殺事件もあった。もちろんカルト宗教や二世信者の問題がそこには横たわっているのだが、山上容疑者はロスジェネ世代で、右派寄りの青年であり、現代日本の弱者男性を象徴するような側面が確かにあった（ちなみに犠牲となった安倍元首相もまた、庵野秀明監督の『シン・エヴァンゲリオン』のゲンドウのような意味で、権威を持ちながらも精神的には弱者性を抱えた政治家だった）。また年末のM－1グランプリでは、近年の第七世代の非暴力的な優しい笑いに対して、ウエストランドがインセル的な笑いによって優勝したことなども、何事かを象徴するのかもしれない。

これらの現象は、多様性や交差性へ進んでいく世界史的な変化と進歩に対応できない人たちの、末期的な、いわば「痙攣的」（フランコ・ベラルディ）な反応でしかないのだろうか。しかしそれらの現象を、単純なバックラッシュや男性特権の根深さとして片づけてしまえば、大事な観点を見失うようにも思われる。グローバルな交差的多様性の時代の中で、むしろ弱者男性問題やインセル問題はたんなる古びたものの残滓ではなく、「最先端」の政治的文化的なアポリアであるのではないか。

近年、非モテ（incel）の存在が国際的に注目されるようになった。インセルたちの反逆や暴力という現象がグローバルな社会問題になってきたからである。前述したような国内の動向も、そうした国際的な潮流の中にあると言えるだろう。

インセル（incel）とは、Involuntary Celibate という英語の略語である。直訳すれば、望まない禁欲者、非自発的な独身者、というほどの意味になる。もともとはカナダの女性がウェブ上で用いた言葉で、そもそもは女性憎悪やフェミニズム批判などの意味合いは含まれていなかった。

しかしやがて、非モテや弱者であることを自覚する男性当事者たちが、匿名掲示板などでこの言葉を積極的に用いるようになる。彼らの言動は女性憎悪、人種差別、暴力肯定などと深く結びついてきた。そして現実に巻き起こっているインセルによる暴力犯罪、大量殺戮などが国際的な社会問題となっている。日本の文脈では、インセルは「非モテ」や「弱者男性」などの言葉と重なる面が大きい。

わたしが『非モテの品格——男にとって「弱さ」とは何か』を刊行したのは、二〇一六年のことである。当時のわたしは、男性の弱さ／脆弱性の問題について論じながらも、インセルという言葉をまだ知らなかった。

とはいえ、今思えば、『非モテの品格』というメインタイトルは、まさに、弱者男性（incel）たちにとって尊厳（dignity）とは何か？——という主題を社会問題化しようとするものであり、無意識であれ、グローバルな弱者男性論／インセル論の潮流の只中での試行錯誤の（個人的な、孤独な）記録として書かれたものだった。振り返れば、そのようにも言える。

覚醒するインセルたち？

わたしは七年後の現在から振り返ってみて、かつての自著の意味を、そうした国際的なインセル論の観点から見つめ直し、再論してみたい、と感じるようになった。自分たちの視野を国際的かつ臨界的（critical）な場所へと拡張し、普遍化していかねばならない、と。

インセルというものの暴力性を極限的に象徴しているのは、エリオット・ロジャーという男である。二〇一四年五月二三日、米国カリフォルニア州アイラビスタで起きた銃乱射事件の犯人である。

事件の動機は、まさに異性から承認されず、モテないことだった。ロジャーはYouTubeに犯行予告動画を投稿し、犯行声明文（自伝）を家族や知人に送信したあと、六人を殺害、一三人を負傷させ、直後に自殺した。享年二二歳。ロジャーは声明文の中で、白人のブロンド女性と交際したいが自分は相手にされない、女性たちがヒスパニックや黒人の男性と付き合っているのが許せない、などと主張していた。

さらにアレク・ミナシアン（犯行当時二五歳）という男が、二〇一八年四月二三日、カナダのトロントで車を暴走させ次々と歩行者をはね、一〇人を殺害、一五人を負傷させた。ミナシアンは、犯行直前のフェイスブックへの投稿で、ロジャーの行動を英雄的なものとして称賛していた。そして自分たちインセルによる反逆・叛乱はすでにはじまっている、と高らかに宣言した――「インセルの謀反はすでにはじまっている！　すべてのチャド【モテる男性のこと】とステイシー【モテる女性のこと】を倒してやる！　最高の紳士エリオット・ロジャー万歳！」「インセルの反逆はもうはじまった。チャドとステイシーの支配を打倒せよ！　偉大なるエリオット・ロジャー万歳！」。

インセルたちの仲間内の特殊用語（ジャーゴン）に、ブラックピル（黒い錠剤）を飲む、というものがある。自らのインセル性に覚醒する、という意味である。これはウォシャウスキー姉妹の映画『マトリックス』（一九九九年）に関係する。

映画『マトリックス』の主人公トーマス＝ネオ（キアヌ・リーヴス）は、都会のソフトウェア会社でプログラマーとして働きながら平凡な日々を過ごしているが、今自分が生きている世界は夢なのではないか、という懐疑に悩まされている。トーマスは、ある日、「目覚めよ（wake up）、ネオ」という謎のメッセージを受け取り、トリニティ（キャリー＝アン・モス）という謎の女性に導かれ、反乱軍のリーダーであるモーフィアス（ローレンス・フィッシュバーン）のもとへたどり着き、青いピルと赤いピルのどちらを飲むか、という選択を迫られる。青いピルを飲めば、もとの冴えない日常に戻るという。他方で赤いピルを飲めば、この世界は機械と人工知能によって支配された仮想の世界にすぎない、という「真実」に覚醒することになる。

つまりインセルたちは、男女平等という理想はフェイクであり、男性たちが強いられた非モテという過酷な現実こそがこの世界の「真実」である、ブラックピルを飲んでその「真実」に覚醒すべきだ、と主張したのである。

こうした国際的な動向の背景には、何があるのか。

著名なアクティヴィストであるフランコ・ベラルディは、『大量殺人の〝ダークヒーロー〟――なぜ若者たちは、銃乱射や自爆テロに走るのか?』（杉村昌昭訳、作品社、二〇一七年〈原著二〇一五年〉）の中で、パリの同時多発テロ、コロンバイン高校の銃乱射事件、ヴァージニア工科大学のチョ・スンヒによる銃乱射事件などについて分析し、彼ら殺人者たちの行動は「スペクタクル的【見世物的、劇場的――引用者注】な殺戮をともなった自殺」のようなものである、と論じた。それらの「ダークヒーロー」たちの暴力は、現代的な「絶対資本主義」（金融資本主義）がもたらす絶望への痙攣的な反応なのだ、と。

古典的なタイプの大量殺人者たちは、他者の苦痛を求めて快楽を得るサディスト的な特性を持っていた。しかし、現代の大量殺人者たちにとって、殺人とは「自分を世間に知らしめたいという精神病理的な欲求」の「表現」であり、自殺は「日常の地獄から脱出を図る方法」である。

ベラルディは、ギー・ドゥボール/ボードリヤールらの思想を参照しながら、現代社会は「ニヒリズムとスペクタクルの愚かさの時代」である、と論じている。スペクタクル社会（ギー・ドゥボール）の新たな段階としての絶対資本主義（金融資本主義）において、人々はいっそう現実から疎外されるようになった。まさしく『マトリックス』や映画『ジョーカー』（トッド・フィリップス監督）のように、である。現代社会においては、映画と観客、虚構と現実の境界線すらも消滅して、何もかもがうんざりするような愚かしいスペクタクルの中に溶かし込まれてしまう。そこには出口がない。

現代社会の「ダークヒーロー」たちは、大量殺戮という自滅的な自己表現行為によって、疎外から脱して、何らかのリアリティ（現実性）を回復しようとしているのだ。つまり彼らにとって大量殺人とは、ほとんど現代アートのようなものなのだ。

ベラルディは、現代の金融資本主義的が強いるどうしようもない疎外の中で再生産される大量殺人者たちの「自己表現」に対して、何らかの政治的処方箋を示して解決することは不可能だ、と論じている。インセルやダークヒーローたちの暴力に対して、この社会は政治的に何もできない。かろうじて為しうるとすれば、それは「アイロニー」(皮肉)の戦略だろう、と。つまり、滑稽で悲惨な現実に対してアイロニーを貫くことによって、精神の自立をぎりぎり維持する。もうそれくらいしかできないだろう、というのだ。

インセルにとって自己愛とは何か

重要なのは、インセルたちの女性憎悪的で性差別的な暴力が「われわれの時代の傾向を、極端な形で体現」(ベラルディ)したものであるかもしれない、ということだろう。

もちろん、一部の人間の過激な暴力や犯罪を、あまりにも一般化すべきではない。ここはあらかじめ強く注意しておくべき点である。それらの暴力・犯罪などの側面をあまりにも強調して拡大することは、現代の弱者男性たちに対する粗雑な誤解やレッテルを不用意に拡げてしまいかねない。とはいえ、それらの過剰で過激な犯罪的暴力が、男性たちを取り巻く困難な限界状況(アポリア)を凝縮して示している、とまでは言えるように思われる。

精神科医の斎藤環は、その著書『「自傷的自己愛」の精神分析』（角川新書、二〇二二年）で、二〇二一年八月六日の小田急線の事件をインセル犯罪の典型として挙げつつ、次のように注意を促す。「女性への憎悪は彼らの感じている憎悪のごく一部であり、背景には社会への憎悪、さらには自分自身への憎悪（ないしは排除）があると考えられる（略）」。

斎藤によれば、問題の根にあるのは、一部の過激な暴力性であるよりも、むしろ、広範に認められる「自傷的自己愛」と呼ぶべき心性である。ここでは自己肯定と自己愛が区別されている。「自分のことが嫌いだ」と主張する自傷的自己愛の持ち主たちは、確かにはっきりと自己肯定はできないし、自己嫌悪や自己否定の傾向を強く抱えているのだが、じつは、非常に自己愛は強い。つまり、自傷的なまでに自己嫌悪を強調するにもかかわらず、かえって自己愛を強めていくような人々。それは一部の犯罪者や暴力的な男性たちに限られない。斎藤によれば、重要なのはそうした自己愛を破壊的なものから「健康的な自己愛」へと育てていくことである。

斎藤は著書の中で、そのためにはたとえば、尊厳を傷つけられず安心できる環境のもとで、他者との対話を繰り返すということを推奨している。実践的な試みの是非については、個別の検証が必要なのだろう。しかし重要なのは次の点である。単純な自己肯定と自己愛とは微妙に異なるのだった。とすれば、「自分が好き」「自分が嫌い」「自分がわからない」などの否定的感情を複雑に内包した自己愛は、まさにそれゆえに、つまりはその弁証法的な性格ゆえに、ラディカルな欲望の解放（リブ）に向けた潜勢力を秘めてもいるかもしれない。

それならば、男性たちにとって自己愛とは何か、男性たちが男としての自分を愛するとはどういうことか。あらためて問い直してみなければならない。

「非モテ論」や「弱者男性論」などは、日本版のインセル論である、と述べてきた。

これらの言葉に付きまとう「軽さ」「情けなさ」「自業自得」「恥ずかしさ」のイメージによって、現代のインセル的存在たちが凝縮して示しているはずの社会問題を矮小化したり、嘲笑してやり過ごしたり、粗雑に軽く扱ったりするべきではない。後述するように、インセル／弱者男性をめぐる現実は、現代のアイデンティティ闘争をめぐる、あるいは再分配的な正義をめぐる社会問題――そしてそれらの「文化的なアイデンティティの承認を求めるか、経済的なものの再分配を求めるか」という二元論的な対立を根底的に規定している現代的資本主義の問題――のインターナショナルな最前線の一つである、とおそらく考えられるからである。

メディア研究を専門とする伊藤昌亮は、日本国内におけるオタク男性／非モテ／弱者男性などをめぐる言説の変遷を分析している（「「弱者男性論」の形成と変容　「2ちゃんねる」での動きを中心に」、「現代思想」二〇二二年十二月号）。伊藤によれば、日本の「弱者男性運動」は、一九九〇年代初頭のメンズリブ運動などをも一つの源流としながら、オタク文化の広範な拡がり、ネットの匿名掲示板2ちゃんねるの登場、ブログ文化圏の「非モテ論壇」の形成……等々の動きとして時代的な変化を遂げてきた。

オタク文化やネット論壇は、もともと、弱者男性たちにとってのセルフヘルプグループ（自助団体）としての社会的／象徴的な機能をある程度までは持ちえていた。しかしそれらの流れは、大局的にみれば、二〇一〇年代になるとレイシズムや排外主義の流れと合流してしまい、さらには新自由主義的な自己責任論をも取り込んでいく形で、近年は女性憎悪やアンチフェミニズム的な価値観に基づく（疑似的で反動的な）「階級闘争」としての側面を強めてしまった。伊藤はそのように分析している。

ここでひとまず重要なのは、これもしばしば指摘されるように、弱者男性／インセルたちは必ずしも経済的な貧困層に属しているわけではないし、あるいは政治的なマイノリティ層であるとも限らない、ということである。ポイントは、弱者男性／インセル的な男性たちの中にある置き去りにされていくという孤独感であり、人間的尊厳の剥奪感や自己破壊的な否定性のあり方である。

フェミニズムや多文化主義の観点からみれば、弱者男性たちは性差別的な構造や家父長制度に対する自覚が足りないのであり、無自覚なまま男性特権にしがみついている、ということになる。あるいはまた、非正規雇用や家族介護などで苦しんでいる男性がいたとしても、ジェンダー／人種／障害の不公正に比べればそれは二の次である、という優劣論の話になってしまう。もしも同じ立場に置かれたならば女性やマイノリティはもっと経済的に厳しく苦しいはずだ、と。

すなわち、被差別的な属性や政治的アイデンティティなどを持ちえない弱者男性たちの存在は、現在の社会的文脈においては、加害者・差別者・抑圧者のサイドの人間としてしか——たとえ構造的に何らかの傷つきやすさ（ヴァルネラビリティ）、脆弱性（プレカリティ）、無感覚（アパシー）などを強いられているとしても――自己認識できないのであり、複合的な差別をめぐる問題圏から排斥されてしまうのである。すると結論はこうなる。弱者男性などこの社会には存在しない、と。

残余／残りものとしての弱者男性たち

こうした意味において、弱者男性たちの存在は、近年のポリティカル・コレクトネスや多様性を求める流れの中でも置き去りにされ、いわばその「残余」（スラヴォイ・ジジェク）あるいは「残りのもの」（ジョルジョ・アガンベン）にされてしまっているのである。（ある面ではそれは、二〇〇〇年代のロスジェネ／フリーター的な運動が積極的にプレカリアートとして階級形成できず、その階級形成の失敗ゆえに、女性嫌悪によって反動的なインセル集団を形成してしまった、ということでもあるのかもしれない。）

弱者性／無能性を抱えて置き去りにされた男性たちは、自分たちの根源的な人間的尊厳の剥奪（＝無化）について言語化し、それを社会問題化していくことが困難になってしまう。あるいは、男性同士の連帯や共闘の根拠を見出しえなくなってしまう。ひと口に「弱者男性」と言っても、発達障害や鬱病、依存症の男性や、家族の虐待や学校でのイジメの被害者男性など、見えにくいグレーゾーンに置かれた男性たちが多種多様な形で含まれているにもかかわらず、である――そして後述するように、彼らの存在こそが、むしろ、「交差的な階級政治の可能性」（マーク・フィッシャー）のための重要な種籾になるかもしれないのに、である。

中東バーレーンで生まれてロンドン、ニューヨーク、シンガポール、台湾で育ったという非白人フェミニストであるアミア・スリニヴァサンは、国際的に翻訳されている『セックスする権利』(山田文訳、勁草書房、二〇二三年〈原著二〇二一年〉)において、ジェンダー・障害・民族の問題などを切り離さずに考えようとするインターセクショナル(交差的)なフェミニストの立場から、インセル男性たちの暴力性の問題に正面から対峙している(三つ目に収録されたエッセイ「セックスする権利」と、またそれに対する反応や批判を受けて断章形式で書かれた四つ目のエッセイ「コーダ——欲望の政治」を参照)。これは現段階では貴重な試みであり、状況の最前線の仕事であると言える。

スリニヴァサンは次のように論じる。もちろん、己の性的な不満や孤独を理由として、他者への暴力や攻撃を正当化することはできない。望まない他者と無理矢理「セックスする権利」(日本でいえば「あてがえ」論)なんてものはありえないし、性の(フーリエ主義的な)再分配は必ず権威主義的な人権侵害に陥るだろう。だから当然、インセル男性たちの主張の多くは完全に許容しがたいものである。

しかし、個人の好み=欲望もまたつねに政治的なものであり、ある種の男性たちが欲望の対象になりえないことにも何らかの政治的問題がある。おそらくはそのように読み取りうる政治的な欲望論を、スリニヴァサンは(かなり繊細な形で)述べている。それは「ファッカビリティ」の問題であるとされる。ファッカビリティとは、性をめぐる政治によって構築された性的魅力のことである。たとえばブロンドの白人女性や東アジア人女性はファッカビリティがきわめて高く、黒人女性やアジア人男性は相対的に低い。その限りで、ある人間が他者とセックスしやすいかそうでないかもまた、重要な政治的問題の一部を構成するのだ。とすればある種の男性たちが性愛の面で孤独を抱えていくことにも、欲望をめぐる政治的問題がふくまれるはずである。

引用する。「セックスする権利はない（あると考えるのは、実際、レイピストのように考えることだ）。けれども、わたしたちの社会の現実の最も醜いところ――レイシズム、階級主義、健常主義、異性愛規範――によって、わたしたちがだれを求めたり求めなかったり、愛したり愛さなかったりするのか、だれがわたしたちを求めたり求めなかったり、愛したり愛さなかったりするのかが決まっているという考えは、「このうえなくありきたり」だろうか？」。「実際、性についての男性の権利意識は――男にはセックスする権利があり、その権利は強制的に行使できるという誤った考えは――、政治がいかに性的欲望を形成しているのかを示すひとつのパラダイムでなければ、いったい何だろう？」。

その上でスリニヴァサンは次のように述べる。「したがって、ほんとうの問いは次のようになる。性の権利意識をめぐるミソジニー的なロジック（「セックスする権利」）や、解放ではなく規律へと向かう道徳的権威主義に陥ることなく、セックスを政治的に批判するにはどうすればいいのだろう？」。

たとえばスリニヴァサンが受けとったという、スリランカ出身で白人の両親の養子になったシドニー在住の男性からのメールの引用は、静かにわたしたちの胸に迫るものがある。非白人である彼にとって、デートの相手を見つけるのはひどく難しかったという。

「安心してください。僕はあの混血の青年のようなサイコパスじゃありません。あなたの主張の根拠になっている青年、人種のせいで拒まれたといって気の毒な人たちを残虐に殺害したあの青年とはちがいます。僕は道理をわきまえていて、自分の運命を受け入れ、短い命をせいいっぱい生きようとしています」……多くの「白人男性とエスニックの女性の関係は愛にもとづいているんでしょう」……しかし「植民地的な征服と救出の再現」もその中にはあるのかもしれない……「仮にそうだとしたら?」……「まあ、それもその人たちの権利です。同意にもとづいているんですから。僕らエスニックの男は、ただぐちぐち言わずにいるしかない。それに、僕らがそれに見あう存在だったら、女性たちもいっしょにいてくれたんでしょう。愛は詮索から守られています。その愛が政治的であっても」……「セックスの権利があるとはもちろん思いませんし、愛の権利があるとも思いません。だからといって、つらくないわけじゃない」……「おそらく僕には、つらいと感じる権利はあるんだと思います」。

ある。「つらいと感じる権利」はある。それらすべてが自己責任であるとか、運命であるとは考えなくてもよい。彼は耐えている。彼(ら)はつらさに耐えている。女性やフェミニスト、マイノリティに対する憎悪をつのらせたりもしていない。それだけで十分に立派であり、複合的な差別や階級を組み込みながら価値観をごちゃまぜにしていくグローバルな資本主義を生きていく人間としては、倫理的である。それはもっと賞賛されていい。尊敬されていい。

しかし、彼（ら）にはもう一歩、欲望の政治をめぐる権利もまたある。葛藤しながら、身悶えながら「ぐちぐち」言う権利もある。引用された手紙の彼に限らない。黙って耐え続ける弱者男性たちに許されている行為とは、自分たちが相応に尊重される権利を求めながら、既存の性的魅力や欲望をめぐる政治的な価値基準を変革していく、ということなのではないか。置き去りにされて「残余＝残りのもの（レムナンツ）」にされていく弱者男性たちの問いと、インターセクショナルなフェミニズムの問い。それらがcritical（批評的＝臨界的）な接触面で交差しうる可能性がそこにはある。

その場合、トランス男性、黒人女性、肥満者、障害者らの歴史を念頭に置きつつ、「ラディカル・セルフ・ラブ運動」が参照枠になるのではないか、とスリニヴァサンは提案している。他者の身体を勝手に使用する権利（「あてがえ」論）などではなく、自分たちの身体が尊重される権利を求め、或いは自分たちをそのようにエンパワメントしつつ、美や欲望の政治的基準を変えていくのである。

さらに引用する——「トランス女性や障害者女性、アジア系男性に向かって、「あなたとセックスする義務はだれにもありませんよ」と言うだけでは、きわめて重要な問題を避けて通ることになってしまう」。「たとえば、障害者の権利を主張する活動家は、学校でより包摂的（インクルーシブ）な性教育をおこなうようにずっと前から求めてきたし、広告やメディアで多様性を確保する規制を歓迎する人も多いだろう。とはいえ、そうした措置だけで性的欲望を変化させ、差別のパターンから完全に解放できると考えるのは単純すぎる。(略)よくも悪くも、セックスをそれ自体として扱う方法を見つけなければならない」。

男性たちもまた、男性特権という法的・制度的な構造問題に自覚的でありつつ、自分たちの中の脆弱性/無能性を社会問題として問い返し、自分たちの欲望を変革していくことができるはずだ。それを通して、男としての自分の身体やセクシュアリティを愛し直すこともできるはずである。

もちろんそれを個人的な性的欲望やセクシュアリティの問題のみに還元し、自己救済の問題として自己責任化するべきではない。美的なものの基準、性的欲望の基準、セックスに関するファッカビリティの基準を公共的に書き換えていくこと、変革していくことを求めてもいいのである。美的なものや性的なものは生物学的な本能によって決定されている、という運命論的な必然性にすべてを還元することはできないはずだ(それもまたジェンダー論やフェミニズム、障害学や障害者の解放運動の歴史が教えてくれるところである)。

弱者男性たちは、不遇感や尊厳の傷つきを解消するために女性やマイノリティを憎悪し、さらに自分たちの生存を憎悪していく、というニヒリズムの悪循環を超えていかねばならない。自分の身体を愛するために。自分の性的な生存そのものを尊重し祝福するために。そこに「残り物」としての(批判的な)男性学と交差的フェミニズムが「交差」していく可能性を発明していくべきである。

たとえばわたしには最近、トランスジェンダー当事者の人とある仕事の打ち合わせをしているときに、一つの自己発見があった。発見してみれば、ごくたわいのない事柄である。当たり前のようなことでもある。にもかかわらず、わたしは次のことをこの年齢まで、きちんと自覚できていなかったのだった――わたし個人にとっての男性学／メンズリブの一つの最終的な目標とは、自分のこの体を愛したい、年老いて病み衰えて死んでいくまでの中で、むしろそれらの老い衰えとともに、なんとか愛したい、子どもの頃からの醜形恐怖症を克服して、鏡で真っすぐに自分の顔や身体を見つめてみたい、そのような意味でのありふれたセルフラブ（自己愛）がほしい、そうしたものだったのだ……。

旧版『非モテの品格』でも述べたように、わたしはアトピー性皮膚炎に生まれついたこともあり、子どもの頃から、自分の肌や容姿や外見が嫌いだった。思春期になると醜貌恐怖症と言える状態になり、特に鏡で自分の顔を見ることができなくなっていた。いまだにできないままでいる。その後、醜形（醜貌）恐怖症は、世の中のルッキズムに曝されやすい女性たちのみならず、男性たちにも多い恐怖症であることを知った。

とはいえ性別的に男性である自分の身体を愛したいということは、必ずしも、理想的な男性像によって性規範的に統治された身体、あるいは健常者主義的な理想にそった身体を愛することではないだろう。ところどころ醜かったり、歪んでいたり、老い衰えていたり、部分的に欠損したり、取り返しのつかない破壊的な可塑性（カトリーヌ・マラブー）を帯びてしまっているような、つまりはヘテロ男性的でありつつどこかクィア（変態的）でクリップ（かたわ的）でありえてしまっているような、そうした自分の身体を愛することでなければならない。これまでの間、わたしが異性愛的な「男」であり続けるために捨て去り、削り取り、水子のように押し流してしまったものたち、否定的な要素たちを肯定的に受け取り直すことでなければならない。

これらの事柄がわたし個人の病的・恐怖症的な問題に限られるとも思わない。欲望の問題やファッカビリティの問題が構造的問題を含むように、男性たちが自分の身体や存在をありのままに愛しえないことにも、たんに心理的で個人的な側面だけではなく、構造的で社会的な次元の強制力の問題が介在しているはずである。

これまでもわたしは著述の中で何度か引用してきたが、脳性まひ当事者の横塚晃一は、かつて次のように述べていた。「脳性マヒ者としての真の自覚とは、鏡の前に立ち止まって（それがどんなに辛くても）自分の姿をはっきりとみつめることであり、次の瞬間再び自分の立場に帰って、社会の偏見・差別と闘うことではないでしょうか。そこにおける我々の主張は単なる自分だけの利益獲得におわることはないでしょう。それは人類が過去何千年かにわたって取り組んで来た人間とは何か？ 人間社会のあり方はどうあるべきか？ ということに我々自身の立場からかかわることであり、これが真の社会参加ということだと思います」（『母よ！殺すな』生活書院、二〇〇七年）。

自分の身体を美的に醜く感じてうまく愛せないということ。そのことを個人の美的感覚や趣味的欲望の次元と、歴史的な制度・慣習や構造的な規範性の次元との間を往還し、ジグザグに行ったり来たりしながら、問い直していくということ。そこに政治的欲望の次元の問いがある。男性学／メンズリブにとっても、こうした美学的あるいは欲望論的な政治学の問題は重要なのである。そしてそのときも、人間のアイデンティティとは、そもそも、性規範的にも健常者主義的にも様々な「トラブル」を抱えているのであり、いわば自己免疫不全的なものであり、アレルギー的なものなのではないか……（ちなみに、アレルギーの語源である「アトポス」とは「ウア・トポス」、すなわちユートピアであり、未来から到来すべき失われたものとしてのユートピアとは異物や侵入者に対するアレルギー反応なしにはありえないものなのだとすれば、それは不思議なことに思われる……）。

ＰＣ的多様性や交差性のグローバルな拡がり。あるいはそれらすらも取り込んで形態変化していく現代的な資本主義の圧倒的な力。そうした流れから置き去りにされ、忘れられ、残余＝残りのものにされてしまうという孤独感。自己愛の欠落。自己尊重感の剥奪。新たなる名前のない問題たち。もちろんそれらは、日本でいえばロスジェネ／就職氷河期世代ばかりに限られた問題ではないだろう。

たとえば伊藤昌亮は「ひろゆき論」（『世界』二〇二三年三月号）において、ひろゆき的なチートとは、「プログラミング思考」によって、リベラル派の救済リストから置き去りにされる「ダメな人たち」を救済するような「優しい」ネオリベの論理である、と論じている。問題の根にはやはりある種の優先順位論があり、そこから零れ落ちる人々の無力感や脆弱性の問題があるのだ。「高齢者、障害者、失業者、女性、ＬＧＢＴＱ、在日外国人、戦争被害者などが、いわばリベラル派の「弱者リスト」の構成員となっていると言えるだろうが、一方で彼が問題にしているような「ダメな人」は、そこにはほとんど含まれていない。「コミュ障」「ひきこもり」「うつ病の人」などだ。そうした人々は、リベラル派のプログラムでは救済されることがないと考えてしまいがちだ」。

ひろゆきの「論破」は、まさにある種の（疑似的な）階級闘争の言語としても一般の人々に拡がり、感染してもきた。つまり若者や文化資本のない人たちが、文化人や年配のエスタブリッシュメントから批判された時に、通常の論争や対話の回路では反撃できない。しかし「論破」という一つの「芸」（文法上のテクニック）の基本部分さえマスターしてしまえば、相手がたとえリベラルエリートや上層階級であっても、「何者でもない自分」が言説上は勝利しうるのである。ただしそこでは、ひろゆき的な影響力をもつ「王」たちと「ダメな人たち」の間の経済的／象徴的な階級差は致命的に隠蔽されてしまうのだが。

お笑いの世界の「王」としての松本人志の近年の言動にも、そうした機能があると言える。別の場所で論じたように（拙著『人志とたけし』参照）、松本的な言説の中に見られるのは、師匠に弟子入りして修行してコツコツと実力をつけて上昇を目指すという伝統的回路の非効率性を批判して、すべてをフラットなニヒリズムの平面に引きずりおろす、という冷笑的な笑いのロジックである。松本人志の中ではしばしば冷笑的なヘイトの論理と疑似的な階級闘争の論理が混然一体となるのは、そのためである。

精神科医の熊代亨によれば、「何者かになりたい」「何者にもなれない」と深く悩んだ人々が、新しい生き方や稼ぎ方を体現するかにみえるインフルエンサー（影響力の大きい人）のオンラインサロンにハマっていくという（「「何者かになりたい人々」が、ビジネスと政治の「食い物」にされまくっている悲しい現実」、『現代ビジネス』二〇二一年六月一三日、https://gendai.ismedia.jp/articles/-/84045）。しかしそこで本当に実用的な技能やコネを得られる人間は、あくまでもごく少数で、多くの人々は「有名な○○の身内である自分」という一時的な高揚感を得られるだけである。逆にいえば、それだけ「何者にもなれない」というアイデンティティの空洞――それはマイノリティや社会的弱者にもなれない、というねじれを伴う――は深いのである。繰り返すが重要なのは、そこでは、経済的な階級問題と政治的な承認の問題が絡み合い、交差しているということだ。

レジー（ライター、音楽ブロガー）は『ファスト教養』（集英社新書、二〇二二年）で、ひろゆき、中田敦彦、ホリエモンなどのインフルエンサーを追い求める人々の欲望を分析している。手っ取り早く教養を得ようとし、コスパやワンチャンを重視する「ファスト教養」なるものは、現代社会の中では、地道な努力よりも偶然や運に左右されがちな現代社会――ビジネス界隈で「ＶＵＣＡ（変動性、不確実性、複雑性、曖昧性）の時代」と呼ばれる――におけるサバイバルツールとして機能している。すなわち、地道に努力するだけではなく、最小限の力で最大限の成果を上げていかなければ、そもそも現代社会の中では生き残れないのであり、成長し続けねば競争から脱落してしまうのである。これは楽をしたいという話では片付かない。そこではもはや資本主義自体があたかも（機会平等と対等な競争に基づきwin-winをもたらす市場経済ではなく）気候変動や環境破壊のように感じられている。ゆえに、リベラル民主主義的で公正なルールに従わず、その裏をかくチート的な姿勢こそが「合理的」なのである。

その点でいえば、稲田豊史のベストセラー『映画を早送りで観る人たち』（光文社新書、二〇二二年）の議論も、現代のある種の階級論的な苦闘と切り離せないのだろう。稲田の調査によれば、若い世代ほど映画を早送りで観る。結末やあらすじを事前に調べる。なぜそれほど効率＝コスパを重視するのか。端的に時間がなく、お金がなく、心の余裕がないからである。情報過多で流動的なファスト社会の中で、自分だけの個性や拠り所を、効率的に求めざるをえないのである。そこには、いわば「生まれながらに奪われている」という感覚があるのだろう。縁故的なレント資本主義によって負債と借金を背負わされ、まじめな賃金労働の価値は下落し、生活全体を覆うネオリベラリズムと現代的官僚制の中で慢性疲労と鬱状態と依存症を強いられているのだとすれば——。そうした社会の中では、コスパとはやはり「合理的」な生存戦略なのだ。

「巨大なブルシット」としてのニヒリズム

重要なのは、ファスト教養的なインフルエンサーたちは、ネオリベ的価値観を内面化した二〇〇〇年代のロスジェネ／就職氷河期世代的な感性の延長上に出てきた、ということだ。『ファスト教養』によれば、小泉純一郎内閣以降に燃え上がった自己責任論＋公共嫌悪（福祉国家嫌悪）こそが、現代のファスト教養的なものの源流である。たとえば二〇〇四年は自己責任という言葉が新語流行語大賞のトップテンに選出された年であり、ライブドアのホリエモンが時代の寵児になった年でもあった。

少なくとも当時のホリエモンに熱狂的な人気があったのは、小泉首相が「抵抗勢力」を明確な「敵」として名指したように、既得権としての旧来の社会システムを変革しなければという意識——すなわち若い人々の感性によって戦後日本社会の停滞を根本から変えるという変革的な意識があったからだ。それは当時の民主党政権誕生を後押ししたフリーター運動／ロスジェネ運動の「保守的な戦後社会を変えられるかもしれない」という大衆運動的な変革意識とも危うく共鳴していたのである（のちに宇宙産業に乗り出すホリエモンが、ガイナックスの長編アニメーション『オネアミスの翼』のファンだったことは重要に思われる）。現代のひろゆき的な存在が象徴するような価値観は、当時の民主党政権誕生を後押ししたロスジェネ運動的なものの敗北と同時に、小泉純一郎／ホリエモン的なものの敗北からも来ているのかもしれない。

現代のひろゆきや橋下徹のような存在を指し示す言葉とは何か。たんなるインフルエンサーでもなく、知識人でも文化人でもなく、コメンテーターやアジテーターやイデオローグでもない。ポピュリストとも少し違う。ひろゆき的存在とは、現代人に反動的な疑似革命の夢を与えるデマゴーグなのかもしれない。そこには、もはや福祉国家批判とトリクルダウンによって社会全体の生産性が押し上げられるという政策的前提を偽装したネオリベ的な理念すらなく、「単なる剥き出しの資本主義」の中で合理的＝チート的に生き延びよ、というニヒリズムだけがある。

アナーキストのデヴィッド・グレーバーの国際的ベストセラー『ブルシット・ジョブ――クソどうでもいい仕事の理論』（酒井隆史他訳、岩波書店、二〇二〇年〈原著二〇一八年〉）によれば、ブルシット・ジョブとは、本人にすら正当化しえないほど無意味で、本来は不要で、有害で、その割には高給取りの仕事である。他方で、シット・ジョブとは、医療や育児・ケア労働、運送業など、社会が絶対的に必要とするのに、ダーティで低賃金なエッセンシャルワークである。見つめるべきはブルシットワークとシットワークの間の階級対立である。酒井隆史は『ブルシット・ジョブの謎』（講談社現代新書、二〇二一年）で、現代のブルシットワーカーとは、たんなる嘘つきでも詐欺師でもなく、社会の真偽や善悪の区別そのものをなし崩しにしていくニヒリズムに憑かれた人々のことだ、と分析する。だからこそ、社会に必要とされ感謝されもするエッセンシャルワーカーたちへの敵意と嫉妬に満ちている、と言うのだ。

現代的なブルシットワーカーたちが無意識に抱えた自信喪失や無用性、ニヒリズムを癒してくれるブルシットの「王」としてのひろゆき。王たちの言動の影響力とは、ファシズムやポピュリズムのような「大きな物語」への動員というより、「大きなニヒリズム」（巨大なブルシット）という虚無への巻き込みなのかもしれない。

こうしたブルシット的なニヒリズムの中で、男性たちが反動的（疑似的）な集団を形成して階級闘争を行おうとする場合に、「敵」としてターゲット化されるのは、しばしば、女性たちや性的マイノリティたちである。それらの人々が既得権を簒奪し、国家の福祉に寄生して国民の血税を奪っている、あるいは、家父長制的な家族の秩序を破壊している、と――妄想的／陰謀論的に――見なされていくのである。

実際に、反フェミニズム的／反共産党的／反リベラルな人々が、ネットで結集して、いっけん「合法的」な闘争の一点突破の名のもとに、物量作戦で、難癖をつけて重箱の隅をつついて、対象となる団体や人物の社会的信頼性を落としていく、そして段々実力行使になっていく、という現象がみられる。こうした福祉ショーヴィニズムは、近年の陰謀論的なミソジニーの常套手段であり、宗教右派・保守派と新自由主義者・リバタリアンなどの（いっけん相いれない）勢力が合流していく国際的な反ジェンダー運動の流れに棹差すものであると言える。

ジョナサン・ゴッドシャルは『ストーリーが世界を滅ぼす——物語があなたの脳を支配する』（月谷真紀訳、東洋経済新報社、二〇二二年〈原著二〇二一年〉）において、人間は基本的に物語に没入しながら存在する生き物であり、物語＝ストーリテリングこそが「他人の心に影響を与える唯一にして最強の方法」だと述べている。その場合、陰謀論者の典型がライブRPGゲームの没入者に見出されているように、ゴッドシャルが分析する物語的なものの力は、じつは、ゲーム的なものの力にかなり近いように思われる。物語の科学において最も重要な概念は、ナラティブ・トランスポーテーション（物語への没入）であるとゴッドシャルは論じるが、たとえば藤田直哉『ゲームが教える世界の論点』（集英社新書、二〇二三年）においても、ゲームの重要な本質をなすのは強力な没入であるとされ、そこから「ゲーマー」としてのアノン的な陰謀論者たちについて分析がなされている（SNSへの投稿や拡散はそもそもゲーム的な没入とアディクションの力を利用している）。

『ストーリーが世界を滅ぼす』では、有名なマクゴニガルの議論のようにゲーミフィケーションの力を社会改良のために利用するというポジティヴな側面よりも、物語の危険性や狂気の面が強調されている。これはトランプ／アノン的なものの叛乱の時代にふさわしい物語論と言える。人間が真剣に考慮すべきなのは、どうすれば物語によって世界を変えられるかではない。どうすれば物語から世界を救えるかである、とゴッドシャルは論じているのだ。

その点でゴッドシャルは、「陰謀論」という言葉は誤解されやすい、と述べている。なぜなら「陰謀論」という言葉には、誤って信じられた「論」である、という含みがあるからだ。しかし陰謀論は何らかの論理的なセオリーですらない。そこではむしろ理性よりも感情が重視されており、「陰謀論」というよりもむしろ端的に「陰謀物語」と呼ばれるべきである。

とはいえもちろん、これらは宗教右派・保守・極右に限られたことではない。リベラルや左派の側には陰謀論＝陰謀物語的なものに対する免疫がある、とは少しも言えない。たとえば秦正樹『陰謀論』（中公新書、二〇二二年）によれば、特にリベラルな野党が長期的に負け続けてきた日本の政治状況では、リベラル・左派が個別の政策や事象であるよりも「政治の仕組みそのもの」を丸ごと疑うような過激な陰謀論にはまりやすい傾向がある、と分析されている。それは戦後日本の政治の枠組みにおけるリベラル左派の「永続敗戦」（白井聡）的な構造であると言える。日本の政治状況においては、習慣性無力感としてのメランコリーを否認するために、リベラル左派たちこそが陰謀論に陥りやすく、左派ポピュリズムや物語的ユートピアが繁茂しやすいのかもしれないのだ。

インセルライト／インセルレフト／インセルラディカル

重要なのは、上記のようなインセル／弱者男性たちの言説・文化・運動にも、様々な方向性がありうるし、複数の可能性が入り乱れながら混在して来た、という事実だろう。

「弱者男性＝インセル＝アンチフェミニスト＝犯罪者＝大量虐殺者」というようなイメージに問題を切

り詰めるべきではない、と述べてきた。それらのあまりにも「雑」「粗雑」なイメージだけによっては、弱者男性たちの存在や欲望を適切にとらえることはできないからだ。弱者男性たちの未来にもまた、依然として、複数的な分岐のルートがありうるはずである。本人たちがたとえ「弱者男性＝ミソジニスト＝アンチフェミニスト」という自己イメージに強く呪縛され、自縄自縛になってしまっているとしても、である。

弱者男性／インセルについての国内の実証的な分析は、まだまだ十分とは言えないのだが、たとえばここでは、ひとまずそれを、インセルライト（インセル右派）、インセルレフト（インセル左派）、インセルラディカルという三つのあり方へと要素分解してみよう。

インセルライトとは、自分たちの「男」としての鬱屈を攻撃性や憎悪に変換し、それを女性や社会的弱者へと差し向けるタイプの人々であり、「アンチフェミニズム」「アンチリベラル」などへと闇落ちした人々のことである。彼らはネット上で女性や性的少数者に対する集団的な攻撃を仕掛けることもあるし、実際に何らかの暴力的行動に手を染めることもある。

これに対し、わたしがかつて提案したのは、インセルライトに闇落ちするのではなく、インセルレフトを目指すべきだ、ということだった（『男がつらい！』参照）。ここでいうインセルレフトとは、脆弱性や弱者性を抱えて鬱屈し煩悶する男性たちが、それを女性や社会的弱者への憎悪や攻撃にすることなく、社会変革のための怒りに転じようとする姿勢である。目指されるべきなのは、どんな性やセクシュアリティを持った人でも、あるいは性的承認を得られない人でも幸福に生きられるような社会であり、そのための制度や構造である。

さらにもう一つのインセルラディカルとは、自分の中の鬱屈や煩悶を他者への攻撃とすることなく、自らの苦しみを自嘲して相対化してみせたり、非モテ意識を他者とシェアしたり、あるいはユーモアをもって現実に笑い飛ばすなどの行為によって、非暴力的に処理しようとする人々のことである。自分の中の憂鬱や暴力性を何とかして飼い慣らし、昇華するために試行錯誤を続ける人々、と言ってもいい。近年の非モテ男性たちの当事者研究グループ、あるいはオタク男性たちのセルフヘルプグループなども、そのような非暴力性をめざす男性運動の一環であり、自分たちのインセル性とラディカルに対峙する人々である、と言っていいだろう。

いずれにせよ、インセル的な男性たちの実体の研究が必要であり、彼らの当事者的な活動／運動の中の肯定的な側面を取り出し、ポジティヴな未来を展望することが重要になってくるはずだ。

批評家の藤田直哉は、二〇〇〇年代（ゼロ年代）のオタクたちの文化とロスジェネ的な労働問題を交差させようとする論考の中で、広義の弱者男性／インセル的な男性たちの未来像として、次のような可能性を提示している。「正社員じゃなく非正規でも、貧しくても、負け組でも、モテなくても、家族を持てなくても、友人同士で繋がったり連帯したりすることで、楽しく生きていけるようなライフスタイルの創造」を……と（「ゼロ年代　未完のプロジェクト」、「現代思想」二〇二二年十二月号）。

藤田は一九九〇年代から二〇〇〇年代にはありえたもののその後失われた可能性として、ダメさ、ゆるさ、ユーモア、オルタナティヴな生き方の創出などを挙げている（だめ連、素人の乱など）。非正規でも、貧しくても、モテなくても、楽しく生きていくためにはどうすればいいのか。ある時期までは、そうした新しい生き方の創出を欲望するような諸々の実験が存在したのだ。

さらに藤田は、やや挑発的に次のようにも述べている。二〇一〇年代以降のリベラル左派的な人々の致命的な弱点は、見棄てられ忘れられていく人々のラディカルな現世否定＋空想的ユートピア願望の受け皿になれないことにある。そして藤田は敢然と次のように言い切る。忘れられ失われたロスジェネたちの亡霊にとって、「正しい敵」とは資本主義であり、この世界の仕組みそのものだった。ならばロスジェネたちの「復讐」とは、現実を「全く違う資本主義」に変えていくこととして行われるほかにない、と。

現代的なグローバルな資本主義の「残余」あるいは「残りのもの」としての弱者男性たちは、政治的なマイノリティではなく、かといって普通の意味でのマジョリティでもないのだった。文化的承認も得られず、経済的再分配の対象にもなれなかった。それらのいずれにも入り切れないような残り物、残り滓でしかないのだった。

すなわちそこには、多数派の「男」たちの中の内的亀裂としてのみ露呈するような弱さ／無能性がある。重要なのは、経済的貧困や文化的な承認の欠落のみならず、現代のグローバルな資本主義が強いる人間的尊厳そのものの「無」があり、根源的剝奪がある、ということではないか。存在や生存の欲望それ自体の無化があるのである。#MeToo 運動（第四波フェミニズム）以降の社会においては――「女は存在しない」（ラカン）という言葉にならっていえば――「弱者男性は存在しない」とも言える。弱者男性たちとは、資本と国家による社会的統合の秩序の中からどうしても染み出し、漏れ出してしまう、象徴化しえない残余（無未満のもの）なのである。

弱者男性たちの存在は、こうした意味で、女性／性的マイノリティ／障害者／民族的マイノリティなどと同列の並びにいない。ソーシャルな市民的秩序の多様性の中に包摂されえない。何らかの交差的差別の対象として同定されることもない。かといって、構造的・制度的な特権を十全に享受するマジョリティそのものとも言えない。とすれば、弱者男性たちが自分たちの政治的な欲望を——ここでいう政治性とは、文化的承認でも経済的再分配でもない第三の領域を指し示すものなのだが——享楽するとは、どういうことなのか。残りものの「男」たちの社会化＝リベラル化しえない欲望を集合的に結集していくとは、どういうことでありうるか。

政治的なアイデンティティを回復しようとして「反逆＝アンチとしてのインセル」という集団形成を行ってしまうときに、押し流されて流産されていく別の可能性がある。わたしたちは弱者男性的なものの歴史的系譜をサルベージしていくことで、むしろ、弱さや無能さ、非力であることの中に踏みとどまり、否定的なものの中に滞留し続けるような男性性の価値を作り直せないだろうか。

男性内格差の問題

近年、男性内格差の問題（男性内にある階級差の問題）が問われるようになった。

男性と女性・性的少数者の間には様々な法的・制度的・構造的な非対称性があり、不公正がある。しかしそれと同時に、強者男性／弱者男性（正規的男性／非正規的男性）の間にも様々な格差がある。このことを無視するわけにはいかない。英文学者の河野真太郎は、『新しい声を聞くぼくたち』（講談社、二〇二二年）において、余裕をもって反省できる「正しい」男性たちと、「弱者男性」の間に階級的な分断が生じている、と指摘している。だからこそ、「新しい男性性」とは特定の階級の専有物ではなく、あらゆる男性が共有できる集団的な「共通文化（コモン・カルチャー）」であるべきだ、と。

つまり、弱者男性たちの問題は――構造的な相補性において――強者男性の問題でもある。弱者男性たちは全体から見るとやはり少数派であり、圧倒的な社会的影響力をもつのが経済的にも豊かで権威をもって家庭を支える「強者男性（おじさん）」たちであるだろう。多くの男性たちは「強者」であるがゆえに、自分の思考回路や生活習慣を変えたり、オルタナティヴな生き方を模索する必要をそもそも特に感じていない。違和感すら感じていない。職場や家庭における「異性からのケア・承認」を支えとする自分たちのあり方は当たり前と思い込み、違和感すら覚えていない。こうした「多数派の中の多数派」というべき男性たちの圧倒的な無感覚をどうすればいいのか。そのことを問いの両輪として、ここまで述べてきたような弱者男性たちがどうすれば闇落ちしないですむか、という問題を考えていくべきだろう。

マイケル・リンドは、『新しい階級闘争――大都市エリートから民主主義を守る』（施光恒監訳、東洋経済新報社、二〇二二年〈原著二〇二〇年〉）において、現代的なアメリカ社会の文脈について、移民労働者・

マイノリティたちと多くの一般的な白人労働者や非大学出の大衆の間の対立・敵対性は、じつは「病気」そのものではなく「症状」にすぎないのであり、むしろ両者は社会の同じ「アウトサイダー」に属している、と論じている。真の「病気」は、それらのアウトサイダーたちと、社会の真の「インサイダー」としてのネオリベエリートたちの間の対立にある。そこに「新しい階級闘争 New class war」がある、と。

とすれば、ポピュリズムや排外・差別に飲まれる労働者や大衆をいくら批判しても「病気」は消えない。この場合のネオリベエリート＝上流階級（overclass）とは、manager（管理者／経営者）と professional（専門家）から構成されるという。たとえば、大学教員や高学歴の人々もまた、ネオリベエリート（MetropolisElite とも呼ばれる）の側に含まれるだろう。どんなに言説や文化の上ではネオリベ的なものを批判していたとしても、彼らが階級としてはネオリベであり、overclass であるという事実は消えない。

リンドは書く。「一握りの上流階級の管理者（経営者）が、多数派の労働者階級と真の意味で権力を分かち合おうとしないかぎり、いくら再分配によって富を分け与えたり、敬意を示す象徴的なポーズをとったりしたところで、新しい階級闘争を終わらせることはできないだろう」。「欧米民主主義諸国において真の階級平和を実現するには（略）、大学教育を受けていない大多数の人びとに真の意思決定権を取り戻させるとともに、国内労働者と移民労働者を団結させ、両者の地位を高める必要がある」。

とはいえ、テクノクラート新自由主義も煽動的ポピュリズムも、どちらも民主主義的とは言えない。ネオリベ以前の民主的多元主義を取り返さねばならない、とリンドは述べる。そのためには、「上流階級と労働者階級全体（大都市のハブで富裕層のために搾取されながら働く多くの移民労働者を含む）とのあいだの力の不均衡」を解消しなければならない、と。必要なのは、大多数の非エリート的な労働者たちが「拮抗力」を持ち得ることである。「真の民主主義とは、政治・経済・文化における多くの主要な社会集団が、それぞれ実質的な交渉力を持ち、自らの利益と価値観を守る能力を備え、終わりのない制度化された交渉を行うことである」。

こうした弱者男性／強者男性の間の分断的状況を示した作品が、たとえば、マット・リーブス監督による映画『ザ・バットマン』（二〇二二年）である。これは勝ち組オタクリベラル男性vs負け組陰謀論インセル男性の（鏡像的な）対決を描くダークヒーロー的な作品と言える。

『ザ・バットマン』では、バットマンに敵対するヴィランであるリドラーは、『ジョーカー』などよりもずっとシンプルな、負け組男性のポピュリストである。リドラーはこの社会の偽善を嫌い、真実を暴こうとする。そのために殺人やテロを行っていく。リドラーが戦うのは、何よりもまず、警察組織と麻薬組織の癒着と腐敗なのである。リドラーは明確な排外主義者やミソジニストとしては描かれていない。ただし彼にとっては、作中の黒人女性の市長候補に象徴されるような多様性（ダイバーシティ）もまた「偽善」の一部であるようだ。

興味深いのは、リドラーが、PC的な多様性や警察と麻薬組織の癒着にもまして、バットマンこそが最大の偽善の象徴である、と見なしていくことだ。なぜならバットマンは、父親が大金持ちの慈善家で、親の金で正義活動を行っているからである。リドラーはすなわち、バットマンに私怨を込めてはっきりと「階級闘争」を挑んでいる。

バットマンの自警的なヒーロー活動こそが「真実」を覆い隠しているとしたら。今作のブルース・ウェインは、金持ちのボンボンで、暗くて陰キャで、ぶつぶつ独り言を口にして、童貞感が強くて、やたらガタイのいい不気味なオタク＝ギークのような人間である。ある意味では、弱者男性のイメージを体現する男なのだ。しかし彼こそが現代の「欺瞞的なリベラル」のシンボルでもある（少なくともヴィランの目でみれば）、というアイロニーが『ザ・バットマン』にはある。

リドラーのバットマンへの感情は終始両義的なものであり、一方では、彼はバットマンのことを友人というか自らのテロの共犯者であるかのように感じている。実際にリドラーはバットマンのヒーロー活動の手法を模倣してテロを行っていくのである。その点では、リベラルな偽善による正義のための活動も、偽善を暴くポピュリスト的な真理のための活動も、じつは根っこは同じではないのか、と言いたげである。

しかし他方ではリドラーは――まさにその共犯者的な仲間意識ゆえに――バットマンに対して激しい階級差と嫉妬を感じてもいる。確かに彼らは二人とも親がいない。しかし君は高級マンションの上に住んで下々を見下ろし、世間からも同情をもって注目される特権的な存在である。君にはおれのような本当の孤児の状況も苦しみも分からないだろう、と。オタク的で童貞感のある陰キャという点で、実はある種の弱者男性的なダークな性格を共有しながらも、バットマンとリドラーは、親の遺産という経済的階級差によって決定的に隔てられてもいる。

今作ではバットマンはリドラーに対して全く共感も同情もしていない。その葛藤が描かれているとは言えない。ヴィランの弱さゆえの魅力も描かれず、作品としてはそこが物足りないようにも思われる。たとえば今作に登場するキャットウーマンもまた、本来であれば、白人の金持ちの権力者たちが大嫌いなのであり、その点では構造的にバットマンと敵対する側面があり、リドラー＝弱者男性と共鳴する点すらあったはずだ。しかしそうした可能性が描かれることはなく、キャットウーマンとバットマンの間には、非モテ男性に都合のいい妄想のようなロマンスが生じてしまうのである（ブルースのキョドりかたは絶妙であるが）。

それに対してたとえば、親の金で正義の活動をする偽善的でオタク的でコミュ障的なリベラリストのバットマンと、生まれの圧倒的な不幸ゆえに偽善を嫌悪して隠された真実のために戦うポピュリストになった弱者男性のリドラーの間に、何らかのブラザーフッド的な関係性が予感的に見出されていたならば、どうなっていただろうか。

ポスト男性学的なジレンマをめぐって

男性内格差（階級差）の問題だけではない。さらにここには、「ポスト男性学的」と言うべき厄介なジレンマがある。

わたしはかつての『非モテの品格』では、己の弱さを認められないこと（ウィークネスフォビア）が男の弱さである、ということを強調したが、その後、国内でいえばたとえば二〇二一年に公開された『シン・エヴァンゲリオン』や『ドライブ・マイ・カー』などの作品が象徴するように、己の弱さを自覚し受け入れる男性像はすっかりポピュラー化してしまった。むしろそれは、現代の新自由主義的でポスト男性学的な「男」の卓越性を見せつけるための振る舞いにみえるのである。

アンジェラ・マクロビーの『フェミニズムとレジリエンスの政治――ジェンダー、メディア、そして福祉の終焉』（田中東子・河野真太郎訳、青土社、二〇二二年〈原著二〇二〇年〉）によれば、新自由主義的でポストフェミニズム的な女性像とは、完全な女性ではなく欠点も抱えており、しかし回復力（レジリエンス）があることによって、真の現代的な完璧さを獲得しうるような女性像である、とされる。これにならっていえば、「ポスト男性学」的な男性像とは、己の弱さや脆弱性を公開的に語り、セルフケアの必要性を主張し、己の中の加害性や差別性をある程度認めながらも、それを反省し、回復し、自分を改善しうる姿を周りに見せつけることによって、現代的な「男」の完全性を表現するのかもしれない。（『バチェラー・ジャパン』等のリアリティショーでも、「弱さをさらけ出す」「男らしさの鎧をぬぐ」ことがそのまま資本主義&ポストフェミニズム的な「新たな勝ち組男性」の理想像の中に回収されていた）。

すなわち、ポスト男性学的なジレンマとは、「男らしさの鎧を脱ごう」「イクメンや草食系でいこう」「男も弱さを隠さずに語ろう」「男もケアの主体（ケアリング・マスキュリニティ）になろう」……等々のスローガンが「よいもの」として語られながら、リベラルエリート男性たちが非エリート層の男性たちにマウントを取って優位性を確保し、構造的な男性内格差という階級問題が覆い隠され、スルーされてしまうということだ。今や個人の弱さの資源活用こそがネオリベラルなのである。ポスト男性学的な主体とは、自己統治しセルフケアし続けるセルフモニタリング（自己監視）的なマスキュリニティであると言える。

こうしたポスト男性学的な政治もまた、資本主義的な構造によって規定されている側面がある。たとえば近年、「意識が高い（woke）」という言葉が進歩派やリベラル派の自己欺瞞を批判するために用いられることが多くなった。WOKEとは、目覚めている、の意味である。性差別や人種問題などには関心が高いが、それは裕福なエリート層が偽善的なことを言ってみせているだけだ、という侮蔑的な含みがそこにはある。しかしこれはたんなる批判的なレッテルの話にとどまらない。近年の大企業は、実際に、社会正義をスローガン的に利用して荒稼ぎしているからだ。そのことを論じたのが、市民社会における企業の役割を研究するカール・ローズの『WOKE CAPITALISM ――「意識高い」系資本主義が民主主義を滅ぼす』（庭田よう子訳、東洋経済新報社、二〇二三年〈原著二〇二二年〉）である。

ローズの分析によれば、現代の「右」の人々は「意識の高い」企業は真の資本主義の健全さを歪めると批判し、「左」の人々は企業が社会的責任に目覚めることを評価し称揚する、という傾向がある。しかしじつは、両者は相補的に機能してしまう。近年の巨大多国籍企業は、気候危機や人種差別や性差別に反対することが、広告として有効に機能することを学んだのである。しかしその実態としては、労働者の搾取や格差・貧困の構造を手付かずに残している。ローズが特に批判するのは、ウォーク的な企業が、租税回避の抜け道を利用したり、時には社会正義の大義のもとに都合よく法律や制度を変更したりして、民主主義の根幹を破壊してしまうことだ。

そしてローズがさらに強調するのは、WOKEとはもともと冷笑的符牒ではなく、公民権運動やBLMの重要なスローガンだった、ということである。だとすれば、重要なのは、多様性や交差性すらも資本主義の中に都合よく取り込まれていく、という悪循環的な現実に対して、注意深く「目を覚ましている」ということだろう。このことは述べてきたようなポスト男性学的なジレンマについても言える。

たとえば、濱口竜介監督の映画『ドライブ・マイ・カー』（二〇二一年）は、ポスト男性学的なジレンマを典型的に示している。この映画は、村上春樹の短編集『女のいない男たち』（文藝春秋、二〇一四年）所収の「ドライブ・マイ・カー」を原作とし（他にも同短編集の「シェエラザード」「木野」を題材として取り込んでいる）、濱口監督が自由に翻案した作品である。「僕は、正しく傷つくべきだった」。これは主人公である演出家の中年男性・家福が映画のラスト近くに口にする言葉である。現代の男性たちにとってのセルフケアの重要性を示す言葉としても注目された。

男性学的に言えば、『ドライブ・マイ・カー』には、三つの次元の男性性があると言える。まず、依然として多くの多数派の男性たちがとらわれている、家父長的でマッチョな男性性(1)。家福はもともとそのようなタイプの男性ではない。彼は仕事も家事もシェアし、妻に気配りのできる優しくリベラルな男性(2)として生きてきたからだ。とはいえ、そのままでは、彼の男性性には何かが足りなかった。妻の死後に、家福は(2)の段階を踏み越えて、「自分の痛みや傷についても他者とコミュニケーションし、弱さを他者とシェアできる男性」(3)へとさらに自分を変革していかねばならなかった。

重要なのは、家福が(2)から(3)へと変わっていくために、長い時間を必要としたことである。様々な他者の力を借りながら、自分の傷を見つめ、傷ついている自分をケアできるようになること。そのためにはゆっくりと、必要な時間をかけて、少しずつ変わっていかねばならない。家福が言う「正しく傷つく」とは、「PC時代の現在、今や男の方が傷ついている」と主張したり、間違った被害者意識にとらわれたりすることではない。自分の傷と弱さを抑圧せずに受け入れられること、たとえ傷つきやすさや可傷性があっても他人と繋がっていけること、弱さを他者と――いわば無償のカーシェアのように――シェアリングできることが大切なのだ。

しかしこれは、へたをすれば、自分の弱さを正しく認められる男性こそが、保守的男性／弱者男性／リベラル男性たちに対して優位に立ちうる、男性間競争の新たなマウンティングに成功しうる、ということにもなりかねない。実際に、男性たちのセルフケアの必要性をあまりに強調しすぎると、現在のグローバル資本主義が要求する自己管理や自己統御の強化という流れに絡めとられていくだろう。現代社会では、「新しい男性」たちは、日々セルフケアし、心身をメンテナンスし、自身の働き方や生き方を自己管理してコントロールし続けねばならない、そのような男性たちこそがポスト男性学の時代の勝利者たりうる……と。

わたしはすでに別の場所で『ドライブ・マイ・カー』について論じたことがあるが(『男がつらい！』)、そこではこのようなポスト男性学的なジレンマについては十分に論じえていなかった。もちろん、そうした側面があるからと言って、『ドライブ・マイ・カー』という作品を全体として批判したいわけでもない。とはいえ、ポスト男性学的な時代の中で新しい男性性を思考錯誤していくためには、そうした微妙な危うい揺らぎを回避することなく、否定性が肯定性に転じたり、その逆になったり、そして男性性に対する批判精神がさらなる卓説性に絡めとられたりもする、という弁証法的な事態を慎重に見定めていく必要があるのだろう。

あるいは、ジョセフ・コシンスキー監督の『トップガン　マーヴェリック』（二〇二二年）はどうだろうか。これは『トップガン』（一九八六年）の三六年ぶりとなる続編であり、アメリカ海軍の飛行士訓練校に、かつての伝説的なパイロットのマーヴェリック（トム・クルーズ）が教官として帰ってくる。ある「ならずもの国家」がひそかにウラン濃縮プラントを建設しており、それを破壊する特殊作戦のために、十二人の若いパイロットたちを育成し訓練する、という任務を与えられる。しかし最終的には、教官のはずのマーヴェリックがパイロットのリーダーとして特殊作戦に参加することになる。それはあたかも、「おじさんもまだまだ男らしくヒーローをやれる」「若者には負けない」という男性性の復活の物語であるようにも見える。

実際に、『トップガン　マーヴェリック』は、表面的な物語内容だけ取れば、きわめてベタなアメリカ海軍のホモソーシャルな世界の映画であり、ほとんど反動的な「おじさんマッチョヒーロー」の物語であるかのようだ。それは古き良き軍国主義的ナショナリズムを強化する機能を持つだろう。敵国の「ならず者国家」は、人間の「顔」すら描かれず、たとえば近年のクリント・イーストウッド映画ほどの捻りもなく、日本の軍国主義的な愛国男性たちが鼓舞され高揚しそうな、危うい映画であると言える。作中で繰り返される「考えるな、行動しろ」という言葉も、PC的なものや交差的多様性などの余計なことを考えずに、古き良き「男らしいおじさん」として行動せよ、それでいい、という自己肯定と自己啓発にも見える。

しかし不思議なことに、トム・クルーズという役者の存在が大きいのか、この映画は嫌な感じのマッチョなナショナリズム映画にはならない。少し悲しそうな、淋しそうな、少年のような、老成したような、何ともいえない表情や仕草のせいだろうか。実際にトム・クルーズは、作中ではしばしば涙を見せる。それも「男泣き」という感じではなく、さらっとナチュラルに泣くのである。

トム・クルーズが亡き親友の息子であるルースターを援助して、彼の代理父的な存在になるつもりが、作戦の最後にはむしろ逆に、亡き父親（トムの親友）の身代りのように、ルースターのほうがトムを援助してくれる。父親的存在と息子的存在の援助関係が逆転するのだ。しかし、逆転しても、トム・クルーズは老いや世代交代の淋しさ、哀しさをほとんど感じさせない。つまり、他人や若者に助けられたり援助されたりしても、男のプライドが傷つけられた、というような頑なな態度をとることがない。ここには、「マッチョであるのに多孔的な解放性を失わないマスキュリニティ」あるいは「他者のケアをちゃんと受け止められる柔らかなマッチョ」ともいうべき不思議さがある。

とはいえ、そのようなトム・クルーズの稀有な男性像を含めて、やはり『トップガン　マーヴェリック』は、ポスト男性学的なものの時代の複雑な厄介さを示しているのかもしれない。すなわちここでは、保守的で軍国主義的でマッチョなマスキュリニティと、弱さや老いを昇華した柔らかいマスキュリニティとが、ぎりぎりの形で両立してしまうのであり、「新しい男性性」の卓越性を誇ってしまうのであるから。それはポスト男性学的なジレンマの危うさそのものにほかならない。

ラディカルな無能さのリブに向けて

わたしはここまで、ポスト男性学的なジレンマの厄介さについて論じてきた。それは卓越した男性主体たちが弱さや無能さ、フェミニティや脆弱性、ケアされることやレジリエンスなどを積極的に語ることによって、文化資本や能力を蓄積し、経済的な階級格差をさらに強化し固定してしまう、というジレンマである。これは男性の弱さについて語ってきた本書にとっても、躓きの石になりかねないものだ。ただし、旧版の『非モテの品格』という本は、そうしたポスト男性学的なジレンマの圏内にとどまるだけのものでもなかったはずである。現時点の目で、著者本人としてあらためて読み返してみても、そこにはポスト男性学的ジレンマを逸脱し、過剰するものがあったように思える。

すなわちわたしは、男性たちの弱さ／無能性というものを、男性たちが現代的に自らをアップデートしてリベラル化／ソーシャル化するための成熟論の入り口にするだけでは、決定的に物足りない、と感じていた。家父長制や優生思想や健常者主義に抵抗するための、ラディカルな思想的実践としての弱さ

／無能性の革命性を突き詰めてみたかった。無能的男性性のポテンシャルについて考えてみたかった。

あらためて読み返してみれば、『非モテの品格』三章は、男性ケア論／ケアリングマスキュリニティ論であり、ケア実践を通した性と障害の交差の話であり、多数派男性の身体が部分的に queer（変態）で crip（異形、かたわ）に生成変化していく、という話だった。そしてそうした男性的な欲望が、ある種の超越的な自然（脱構築的自然）に基礎づけられていく、という話でもあった。

たとえば第三章では、わたしは、エヴァ・フェーダー・キテイや岡野八代の理論を参照しつつ、ケアする男性性について書いている。その場合も、家父長制や能力主義に根本的に対抗するようなケアとは何かを考えようとしていた。フェミニズムや障害者運動の歴史に学びつつ、男性学／メンズリブの課題としてそれらを継承し変奏していきたかったのである。

あるいは第一章で論じた男性たちの（内なる優生思想ならぬ）「内なるミサンドリー」（男性たちの中にある男性憎悪、男性の肉体に対する嫌悪や性的違和）としての欲望は、いわゆる反出生主義的な欲望（この世に誕生し、存在し続けることは害悪であるため、そもそも産まれてこない方がよかった、という欲望）にも接近していくように思える。実際にわたしの中には、いわば、男性限定の反出生主義のような感覚があった。それは男などこの世に産まれてこない方がよい、というタナトス的な否定性である。これもすでに論じたように、男性の存在／出生そのものに対するそうした否定性は、子どもが生まれた時に、男になんて産まれてかわいそうに、という倒錯した憐みとしてやってきたのだった。

しかしわたしの中には、そうした内なるミサンドリーに対しても微妙な違和感があり続けてきた。つまりわたしにとって、男性たちが反出生主義や誕生否定や内なる男性性嫌悪などに駆り立てられることはある意味ではデフォルトなのであり、だからこそ、何とかしてそれに抵抗し続け、自己愛を探し求め、生き延び続けねばならないのである。そこから男性たちの弱さをめぐる葛藤＝リブがはじまる。そのように考えたのだった。

男たちもまた、自分（たち）の存在や誕生を全肯定することは不可能である。ならば、そうした「生きたい」と「消えたい」のジレンマを消さないまま、受動と能動、肯定性と否定性の間でとり乱し（田中美津）ながら、ジェンダーと健常者主義の「自然さ」に対する複合的な「トラブル」（バトラー）を抱えながら――それはたとえばジェンダートラブルとともにディスアビリティトラブルと呼ぶべきものだろう――自由を求めて試行錯誤し、暗中模索し、ストラグル＝掙扎（そうさつ）（魯迅の言葉、我慢する、耐える、もがくなどの意味）し続けねばならない。それが男性たちにとっての、現在進行形のリブ（解放）となるだろう。自己肯定ならぬ自己愛とは、そうした蚯蚓のようなリブ的＝掙扎的な身悶えをつねに伴うものだろう。

その限りでは、旧版の『非モテの品格』におけるラディカルな弱さ／無能性をめぐる男性論と、反動右派的なインセルの思考回路（マジョリティ男性こそがマイノリティたちに不当なバッシングを受けている被害者である、というような観念的で陰謀論的な倒錯）とは、似て非なるものであるはずだ。たとえ完全に異なるとは言えずとも、そこには微妙な距離があるはずである。

繰り返すが、男性たちの弱さ／脆弱性／不安定性などを語ることは、つねに、ジェンダー階級や異性愛的な構造の次元を隠蔽し、男性たちが犠牲性（victimhood）の名のもとにミソジニー的な集団形成（疑似的で反動的な階級形成）へと至っていく、という危うさを伴う。いつでもダークサイドに堕ちかねないのだ。しかし、それらの危うさを自分事として引き受けた上で、それでも、弱さ／無能性という視点は、男性問題をさらに先へと開くためのクリティカルワードになりうる。フェミニズムやクィア理論やトランスジェンダー理論、あるいは障害者たちの解放運動、発達障害者や依存症者たちの実践的理論などからも学びながら、である。では、男にとってラディカルな無能性とは何を意味するか。それについては第五章で論じたい。

男たちも自分を愛して良い！

わたしは本章を、山上徹也の「だが」という問いに向き合うことからはじめた。その先で、男性たちにもラディカルな意味でのセルフラブ運動が必要なのではないか、と述べた。たんなる自己啓発的な自己肯定ではなく、弱さや醜さを見つめつつ、そこから社会の側を見つめ返していくような、そしてそのようなジグザグな往復運動によって自己愛を内側から高めていくような、そうした意味でのメンズリブ運動が必要であり、それはこれまでのインセルレフト論（『男がつらい！』）を、男性の愛＝欲望の力によって、さらに先へと推し進めていくことをも意味する。

それらのことを確認したうえで、あらためて、次のように男たちに呼びかけていくことにしよう。

――男性たちもまた、生きるのがつらい！と言っていい。
――男たちは、逃げたい！と言っていい。
――男たちは、降りたい！と言っていい。
――男たちは、これ以上戦い続けたくない！と言っていい。
――男たちは、命を粗雑に扱われたくない、使い捨てにされたくない！と言っていい。
――強さや能力によって品定めされたくない！と言っていい。
――今以上に自分を責めたくない！と言っていい。
――自分のことを心から愛したい！と言っていい。

それらの思いは少しも間違ったことではない。恥ずかしいことではない。必要なのは、男性としての「この自分」を根本的に愛し直すための日々の活動であり、あるいは集団的な価値意識の転換である。

そのための男性運動である。

だめでもいいではないか。

つらくてもいいではないか。

無能で無力で無知な男であっても、仕方ないではないか。

不安や鬱屈を晴らすために、他者や敵を憎むことは簡単である。何らかの陰謀論（物語）に感情的に没入することも簡単である。あるいは、自分の中の否定的な部分や醜い部分を見ないことにして、手っ取り早く自己啓発的に自己肯定してみせることも難しくはないだろう。真に難しいのは、弱さや醜さや汚さに葛藤してしまうこの自分を愛することである。汝の敵を愛せと言われる。しかし、敵を愛するよりも難しいのは、じつは、自分を愛することである。他人を説得しようとするよりも前に、誤魔化しなく、自分自身を心から納得させることである。

だから、根本的に問わねばならない。

——男にとって愛とは何か？

——内なるミサンドリー（男性嫌悪）の呪縛を超えて、男が男としての自分を愛するとはどういうことなのか？

すでに触れた横塚晃一の言葉を何度でも引用しよう。「脳性マヒ者としての真の自覚とは、鏡の前に立ち止まって（それがどんなに辛くても）自分の姿をはっきりとみつめることであり、次の瞬間再び自分の立場に帰って、社会の偏見・差別と闘うことではないでしょうか」。

ならば男たちよ、自分の姿をまずは鏡でまっすぐに見つめながら、そのときにどうしようもなく発生する情動的な嫌悪感や存在論的＝性的な違和（dysphoria）を消すことなく、社会の側を見つめ返していこうではないか。自分の身体を愛せない男である自分たちのことをもっと「自覚」していこうではないか。自分の欲望の変化（transform）と社会的な制度や構造の変革（reform）をジグザグに、行きつ戻りつ、反復的に繰り返していこうではないか。男たちの欲望を政治化していこうではないか。そしていつの日か、自分を深く、まっすぐに愛し直そうではないか、自らを産み直そうではないか……。

第五章
男性たちは無能化できるか――水子弁証法のために

前章では、弱者男性／インセルたちの政治的欲望のポテンシャルを考えてみた。あるいは、男性たちのセルフラブ的なリブ運動の可能性について考えてみた。本章では、問いをそこから、もう少し先へと進めたい。あるいは、もう少し深みへと掘り進めたい。そのために、やや抽象的で、理論的な事柄を論じる。

もしも問いを理論的にある深度まで掘り進めていけたなら、わたしたちは、もはや弱者男性／インセルという限定的な主体を前提にすることなく、もっと一般的な主体性をもとにして――その場合も「男(たち)」というポジショナリティを解消して消し去ることはなく――理論と実践を展開していけるはずだ。そのようになるはずだ。

ここではまず、なぜ弱者男性たちが「残りのもの」「残余」になっていくのかという問題について、もう少し理論的に考えてみよう。

マジョリティ男性たちの存在は、たとえ日々の暮らしの中で剥奪感／脆弱性に苦しみ、絶望や不幸や生きづらさを感じて、「死にたい」「消えたい」「生まれてこなければよかった」という思いをどうにもできないとしても、決して、複合的な差別構造の中の被害者性・犠牲者性のポジションを主張することはできない。被害者や犠牲者の立場に立つことは不可能である。それがマジョリティ中のマジョリティである「男」というもののそもそもの定義であるからだ。

たとえばある男性が、派遣労働者としてモノのように粗雑に処理され、命を粗末にされて疎外されている、それが苦しく死にたくなる、あるいは鬱病や精神疾患によって言葉にしがたい曖昧な生きづらさを強いられている、つらい、助けてほしい、と主張したとしよう。しかしそこにはただちに、様々なポジションの人々から、「女性や性的マイノリティに比べれば……」「日本国籍を持たない在日外国人や移民・難民に比べれば……」「本当の障害者たちに比べれば……」等々の比較論的な批判や疑問が殺到してくるだろう。そして当の弱者男性たちも、そうした批判や疑問の言葉を（精神分析的にいえば超自我として）内面化してしまうだろう。一般的に、マイノリティ同士の不幸の比較、弱者競争は厳禁であるにもかかわらず、弱者男性たちには例外規定が設けられているのだ。

そこにはもちろん、理由や根拠が全く存在しないわけではない。たとえば社会学者の堀田義太郎は、交差性という概念が差別論と（経済的・貧困的な）階級論を並置することの危険性を指摘している。「私見では交差性論には、被差別マイノリティの社会的地位を相対化しかねない別の要素があるように思われる。それは、「階級」を差別の基盤に関わる諸カテゴリーに並置する点である。「階級」をどう定義しても、経済的困窮つまり貧困が重要な課題になることは変わらない。そして、マジョリティ例えば日本人男性でも、貧困者は多数存在するからである」(「インターセクショナリティと差別論」、「現代思想(特集：インターセクショナリティ)」二〇二二年五月号)。

カイラ・シュラー『ホワイト・フェミニズムを解体する』(飯野由里子監訳、明石書店、二〇二三年〈原著二〇二一年〉)は、白人中産階級の女性を特権化する「白人性」に基づく「ホワイト・フェミニズム」と、人種・経済・性・障害などの交差的な平等を求める「インターセクショナル・フェミニズム」を区別し、フェミニズムの歴史をそれら二種類のフェミニズムの「対抗史」(counter history)として記述してみせている。これは近年のフェミニズムの基本線でもある。ではそれにならって「交差的男性学」「インターセクショナルなメンズリブ」という立場を直ちに、積極的に主張することができるだろうか。いや、それは無理筋だろう。構造的(法的、制度的)なジェンダー不公正や異性愛主義という非対称性が無視され、抹消されてしまうからである。

承認／再分配／政治

男性学の泰斗であるレイウィン・コンネルが大著『マスキュリニティーズ　男性性の社会学』(伊藤公雄訳、新旺社、二〇二二年〈原著第一版一九九五年、第二版二〇〇五年〉)で状況判断したところによれば、男性運動は決して、他のフェミニズム運動やマイノリティ運動と横並びになるような、積極的な運動の一つにはなりえない。なぜならラディカルな政治運動は、男性性を批判すべきだからであり、それは男性「運動」という積極的な形を取りえないためである。とすれば、異性愛男性たちに必要なのは積極的な「男性運動」ではなく、あるいは男性同士のメンズグループであるよりも前に、「連合のポリティクス」である。つまり、女性、ゲイ、障害者などの他のラディカルな政治的運動と相互作用的に「連合」することによってのみ、男性たちの政治運動もかろうじて有効性を持ちうるかもしれない、と。

とはいえ、これを次のように捉えてはならないだろう。すなわち、弱者男性問題とはマイノリティ問題や差別問題とは根本的に切り離されて区別されるべきものであり、あくまでも労働問題あるいは経済問題に限定されるべきだ、というように。こうした二元論的な切り分けは問題の核心を不可視化する。そもそも交差性という概念には、差別の複合性のみに還元し得ないものがあり、そこには（それ自体が複合的な）階級問題がクロスし、介在してくる、ということがポイントなのだ。

わたしたちは以下のジレンマの中にとどまり続けねばならない。すなわち、弱者男性たちは被差別者としての属性、マイノリティとしての集団的なアイデンティティなどを持ちえない、にもかかわらず、弱者男性たちの抱えている剥奪感や脆弱性を、別枠の労働問題や経済的階級問題「だけ」に還元して解消することもできない、と。

経済的な再分配と文化的な承認の間のジレンマをめぐって、一九九〇年代にナンシー・フレイザーとジュディス・バトラーの間で論争があり、その後フレイザーとアクセル・ホネットの間でも論争があったことは有名である（フレイザーとバトラーの論争文については、雑誌「批評空間」Ⅱ-23号、一九九九年。フレイザー&ホネット『再配分か承認か?――政治・哲学論争』加藤泰史監訳、法政大学出版局、二〇一二年〈原著二〇〇三年〉。また加藤泰史「フレイザーとバトラーの「再分配/承認」論争」(越智博美・河野真太郎編著『ジェンダーにおける「承認」と「再分配」――格差、文化、イスラーム』所収)を併せて参照)。

フレイザーの「アイデンティティ・ポリティクスの時代の社会正義――再分配・承認・参加」(『再分配か承認か?』所収)によれば、現代の社会正義は、後期近代的な資本主義のグローバル化の中で、再分配(redistribution)に対する要求(労働者や貧困者、または第三世界に対して資源・富の平等な分配を求めること)と承認(recognition)に対する要求(マジョリティの支配的価値から排除された民族的・人種的・性的などのマイノリティたちが公正な社会的・文化的承認を求めること)の間で分断され、引き裂かれてしまっている。そして次第に前者の再分配の側面が軽んじられ、後者の承認の要求が優勢になりつつある。「このようにしてわれわれは、再分配か承認か、階級の政治かアイデンティティ・ポリティクスか、多文化主義か社会民主主義かといった二者択一の選択を迫られているのである」。

しかしこれらを排他的に二極化することは根本的に誤りである、とフレイザーは論じる。現代の社会正義は、当然のように、承認と再分配のどちらをも必要としている。それらは「一つの包括的な枠組み」に「統一」されるべきである。現代において承認という概念は、狭義のマイノリティ運動やアイデンティティ・ポリティクスよりも広い概念であり、再分配という概念もまた従来のマルクス主義的な階級闘争のそれよりも適用範囲を広く取られるべきである。

ひとまず確認すべきなのは、承認と再分配(文化と経済)をめぐる論争においては、そもそもどの論者も、承認と再分配を完全に排他的なものと捉えるべきだ、とは言っていないことである（フレイザーもバトラーも、あるいは承認の一元論を唱えるホネットですらも）。そのうえで、重みづけの差異が論者ごとにある。

フレイザーが強調するのは、文化と経済、承認と再分配はつねに相互浸透的であり、相互作用的に絡まりあっている、ということだ。フレイザーは以下のような立場を次々と退けていく。文化主義（文化的な領域の自律性を強調するもの）、経済主義（問題を経済的な階級に還元してしまうもの）、そして「ポスト構造主義的反二元論」（経済／文化の対立を脱構築し、現代社会は一枚岩的なシステムを構成していると捉え、そのため一つの側面からの抵抗的な行為はそのままシステム全体への攪乱となる、とみなすポストモダンな立場）である。フレイザーはさらに、文化領域と経済領域を二つの明確に異なる領域として切り分けるような「実体的二元論」をも退けた上で、承認も再分配のいずれも等根源的であり切り離せないと見なす自らの立場を「パースペクティヴ的二元論」と名付ける。たとえばジェンダーやセクシュアリティ、あるいは人種や階級などももともとより文化と経済の相互浸透的な領域として捉えられるべきであり、「それらは経済構造と社会的地位秩序とに同時に根ざしていて、両方に起因する不正義を含んでいる」。

それでは、（非インセル的な）弱者男性の問題はどこに位置づけられるべきか。フレイザーのように「経済的なものと文化的なものを、分化しているが相互浸透する社会的秩序づけの様式」として捉えるためには、そこで想定とされる主体たちがまず、その「社会的秩序」の中に参加し得ているのでなければならない。あるいは、「社会的秩序」から排除されていることを批判的な「声」を通して積極的に主張しうるのでなければならない。しかし、わたしたちが問おうとしているのは、そのいずれからも零れ落ちていくものたちの領域なのだった。

そこで問われるべきなのは、つまり、文化的な差異（属性）に基づくアイデンティティの承認が優先されるべきか、経済的な再分配という配分的正義の問題がまずは重要なのか、ということであるよりも、まず、現代的な資本主義が強いる人間的尊厳の根本的な置き去り——主体の存在そのものが「残余＝残りのもの（レムナンツ）」とされ、その実存的な欲望自体が社会的な「無」と見なされていくという事態——の問題である。承認と再分配というジレンマが生じる手前の、現代的な資本主義の力そのものが問われねばならない。

ちなみにこの点は見過ごされがちであるが、フレイザーもまた、紹介してきた論考の副題に「再分配・承認・参加」とある通り、経済的再分配／文化的承認とはまた別の、第三の次元について、すなわち「参加の平等」をめぐる政治の次元について論じていた。フレイザーがいう政治的なものとは、「不公正な配分や不十分な承認がないところでさえも、一部の人々を体系的に周縁化するような」意思決定プロセスからの根本的な排除（参加不能性）をめぐる問題系を指している。ここでフレイザーが独自に定義している「政治」とは、「参加の平等」をいかに万人に保障するか、にかかわる。フレイザーは、ホネットからの批判に対する応答文「承認できぬほどゆがめられた承認」において、民主的な討議・熟議の場への政治的な「参加の平等」は、価値観が複雑化し多元化していくグローバルな社会において、まず特権的に与えられるべき「ただ一つの道徳的命法」である、と述べている。つまり、ある人々が文化的な差異の承認や経済的な再分配の対象となるためには、そもそも、「参加の平等」が民主的に確保されていなければならない、と。「参加の平等としての正義は、どのようなアリーナであれ、社会的行為主体がその一員になろうと決めたアリーナにその主体が同等な資格で参加できるようにすることを目指すのである」。

もちろん、フェミニストとしてのフレイザーの議論の中に、わたしたちがこだわってきたような弱者男性／インセル的な論点が入り込む余地があるとは思えない。その点にかぎっていえば、フレイザーの問題構成によっては「承認拒否」という苦難経験（相互承認の過程にそもそも入りえない、という根本的な拒否のこと）が十分に問いえなくなる、というホネットの批判点は、それなりに重要な論点を突いているのかもしれない（ホネットの社会全体を承認のネットワークとして捉えようとする承認一元論について、あるいは承認論の道徳心理学的な解釈については、別枠で検討されねばならないとしても、である）。

差別論と能力主義のジレンマ

実際にある種の弱者男性たちの苦難経験は、現代的な資本主義社会におけるメリトクラシー（能力主義）的な価値基準のもとに排除され、自然淘汰され、問題外の扱いを受けるだろう。たとえば、ある集団的なカテゴリーの中には、一定程度、能力や努力が足りずに競争から置き去りにされ、取り残されていく少数の人々が存在するのは仕方ない、機会均等さえ確保されていたならば格差や能力差が出てくるのはどうにもならない、として。彼らの苦難経験は、承認以前のもの、再分配以前のものとして取り残されていくだろう。

つまり、たとえ複合的で交差的な差別構造がラディカルに批判されるべきであるとしても（差別としての健常者主義＝エイブリズムが批判されるべきであるとしてすら）、その場合ですらもなお、資本主義的な競争と切磋琢磨に基づく能力主義的な排除は変更不可能なもの――自然的で摂理的なもの――と見なされてしまうのである。後ほどふれる彦坂諦が言うように、「あらゆる差別がなくなったあとでも、たぶん、「能力」の名による差別だけは残るでしょう。その差別に抗することは、そして、ほとんど不可能でありつづけるでしょう」。

「承認と再分配のジレンマ」にならって、このようなジレンマを「差別論と能力主義のジレンマ」と呼ぶことにしよう。

あえて次のように言ってみよう。構造的な被差別属性やマイノリティとしての集団的アイデンティティを持つ人々は、能力主義的な排除を、承認問題や再分配問題の方にスライドさせて、繰り込んでいくことができる。しかし、そのような属性やアイデンティティを持ちえない人々――その中の一部としての弱者男性たち――の剥奪感／脆弱性／生きづらさ（プレカリティ）などの根本的な「承認拒否」という苦難は、こうしたジレンマからも零れ落ち、漏れ出して、社会の中の残余／残り物となってしまうのである。

とはいえ、逆にいえば、このような残余／残り物としての弱者男性たちの存在は、男性学的な理論やメンズリブ的な生活改善運動をこの先へとさらに推し進め展開していくための、重要なピボット（回転軸）にもなりうるのではないか。

そうした人々の鬱屈や実存的な欲望は、既存の社会的秩序の中にうまく位置づけることができない。残余／残りのものたちとは、マイノリティでもなく、被迫害者でもなく、あるいはサバルタンですらない。わたしたちはここから、文化／経済のどちらでもないような、（フレイザーが言ったのとは少し異なる意味において、だが）政治的な領域を注視していかねばならない。

弱者男性／インセルたちの実存的なゾーンの問題を、文化的承認と経済的再分配のいずれからも零れ落ち、漏れ出てしまうような政治的欲望の問題として論じてみること。ここでは、文化／経済／政治（承認／再分配／欲望）という三項図式を採用しよう。正確にいえば、政治（欲望）的なものとは同列の並びにある第三の領域というよりも、二元論的な対立からつねに零れ落ちていく「残余」の領域（X）である。文化的な承認の対象になりえず、また経済的な再分配の対象にもなりえない存在たちの実存的鬱屈は、特定の他者たちへのヘイト的な攻撃性となるか、自傷的な自己責任論としてブラックホールのように内向するか、という暴力的な結果へとしばしば行き着く。しかし、それとは違う道筋はありえないか。そのことをくりかえし問うてきた。

そうした残余＝残りものたちとは、ここでもジジェクの言葉を参照するならば、この社会にとっての「無」としてのプロレタリアート（あるいはプレカリアート）のようなものと言える。その限りでいえば、残余＝残りものとは、弱者男性／インセルという特殊なカテゴリーに限られるわけでもないだろう。無数にありうる残余＝残りものたちの中の一つのカテゴリーが、本論が一貫して対象化していく弱者男性／インセルたちである、ということになるだろう。

現代のプレカリアートたちの交差的な階級政治

マーク・フィッシャーは、「交差的な階級政治の可能性」が重要である、と論じている（『ポスト資本主義の欲望』大橋完太郎訳、左右社、二〇二二年〈原著二〇二一年〉）。この言葉はわたしたちにとって重要な道標になりうる。

交差的な階級政治とは何か。現実としての経済的な階級が解消されたとは言えない。階級問題は依然としてあるだろう。しかし、自覚的な階級意識はとっくの昔に失われてしまった。フィッシャーの歴史観によれば、一九七〇年代に新自由主義的なモードがはじまり、階級意識の「脱中心化」が起こった。それ以降は、階級意識よりも人権意識やフェミニズム的な意識が重視されていった（これはフレイザーの問題意識と同型であると言える）。そして今日ではインターセクショナリティという概念が生み出された。しかし、それらの概念は、根本的に階級政治の優先順位を低くしてしまいかねない面がある。

だから、必要なのは「交差的な階級政治の可能性」なのである。人種やジェンダーへの意識はもちろん大事である。これは優先順位の話ではない。しかし階級問題がそこから取り除かれると「すべてが決定的にゆがめられて」しまうだろう。だからこそ、アイデンティティ政治にとどまらず、現代的な文脈における（古典的なマルクス主義のそれとはまた別物の）プロレタリア的な階級意識を形成していくことが必要なのだ。

重要なのは、ジェンダー・セクシュアリティ・人種・障害など、それぞれに異なる文脈と歴史をもつ政治闘争たちを相互的に「接合」することであり、それらを「接合」させるためにこそ現代的な階級意識が要請される、ということだ。なぜなら階級的なものの領域は、人種やジェンダーや障害などの領域とは（繰り返すがこれは優先順位の問題ではない）横並びにはなりえない言わばゼロ記号のような特異な位置づけを持つがゆえに、それらの領域を「接合」してカバーしうるような「包括性」を持つからだ。それがフィッシャーの考えである（以上、第四講）。

わたしたちの文脈で受け止めるならば、ここでフィッシャーが言う「交差的な階級政治」とは、オールドタイプのマルクス主義（そして「党」や大文字の「理論」）を前提としたプロレタリアート論ではもちろんなく、グローバルな多様性や交差性をも取り込んで肥大化していく（ハイパー能力主義的な）資本主義のもとのプレカリアートたち――不安定な労働・生活を強いられて曖昧な生きづらさを抱えた人たち――の階級政治が必要である、という意味に近いように思われる。アイデンティティ政治上の承認闘争と経済的な再分配を要求する労働運動の間の分断（ジレンマ）を斜めに超えていくような「交差的な階級政治の可能性」が重要なのである。

こうした観点からは、フィッシャーが『資本主義リアリズム：オルタナティヴはないのか？』（セバスチャン・ブロイ＋河南瑠莉訳、堀之内出版、二〇一八年〈原著二〇〇九年〉）等で論じている新しいタイプの階級論――すなわち、ある種のグラデーション／スペクトラム的な曖昧さをもった鬱病者や発達障害者、依存症者たちの立場からはじめようとする階級論は、来たるべきメンズリブ的な運動にとっても、一つの重要な参照枠となりうるだろう。

フィッシャーは『資本主義リアリズム』の冒頭近くで、アルフォンソ・キュアロンの映画『トゥモロー・ワールド』（原作はP・D・ジェイムズの『人類の子どもたち』）について論じている。この映画の中では、ある時期を境に全人類が突然不妊状態になり、新しい子どもがもはや生まれず、新たな文化も生じなくなったディストピア的な憂鬱な世界が描かれる。一部のエリート層たちは、そうした憂鬱な現実から目を背けて、発電所内部に文化遺産を集めてひたすら愛でている。彼らの姿は、フィッシャーによれば、後期資本主義的な段階の快楽的ニヒリズムを象徴するものである。快楽的ニヒリズムとは、絶滅主義的な終末論や反出生主義的な欲望をデフォルトとし、低成長と文化的成熟の中で、多様な芸術や趣味を愛でつつ緩やかに滅びようとする、高踏的な左派的物語（左派メランコリーの残骸）にすぎない。

フィッシャーがここで対峙しているのは、すでによく知られている「資本主義リアリズム」である。それは資本主義の強化こそが唯一の持続可能な政治・経済的システムであると信じ、それ以外の選択肢を「想像することすら不可能」になった状態である。「これしかない」と信じることが「現実的」であり、それ以外の選択肢や異論はすべて非現実的であり、たんなる空想にすぎない、と退けられる。たとえば一九八〇年代の英国サッチャー政権も、現代日本の自民党安倍晋三政権も、自分たちの示す道以外に「ほかに道はない」と強く宣言したのだった（セバスチャン・ブロイ&河南瑠莉による「「諦め」の常態化に抗う――あとがきに代えて」を参照）。それは新自由主義者たちが共有するスローガンである。

フランシス・フクヤマは、ベルリンの壁の崩壊直後に、人類の歴史はリベラル資本主義において頂点に達したのであり、資本主義が完全に勝利した、と宣言した。そうした状況の中では「資本主義の終りより、世界の終りを想像するほうがたやすい」（ジジェク、ジェイムソンらの言葉）。フィッシャーが強調するのは、文化や芸術の領域ですら、そうした資本主義リアリズムに基づく無力感をどうにもできなくなった、という事態である。「若者たちが驚きを産み出せなくなったとき、その先にはいったい何があるのか?」。そこでは若者の現代的な文化たちもつねにすでに「ミュージアム遺物」に送り込まれてしまう。宗教的偶像もポルノグラフィも『資本論』も等価交換の中に巻き込まれて、何もかもがフラットになっていく。そこにはもはや、人々は廃墟と残骸の間をひたすら彷徨う「消費者＝観賞者」にしかなりえない。

これはリアリズムというよりもむしろニヒリズムに近いだろう。つまり、二一世紀の資本主義ニヒリズムである。こうしたニヒリズム的リアリズムの中では、人々はどんな希望を抱くことも危険であり、社会の変革について前向きな態度をとることさえも危険な錯覚である、という強烈な思いこみに支配され、自縄自縛になっていく。フィッシャーによれば、これはほとんど「鬱病患者のデフレ的視線」そのものなのだ。それは従来のポストモダニズム的なものとも異なる。ポストモダンという言葉にはまだポジティヴで躁的で楽観的なニュアンスが残っており、オルタナティヴなもの、形式を更新するという意味でのモダニズム的なものの残滓があった。しかし現代の資本主義リアリズムは、オルタナティヴやモダニズムの不可能性、蔓延した無力感、文化的・政治的な不毛さを特徴とするのだ。

フィッシャーは現代の若者や学生を支配する気分を「鬱病的快楽主義（ヘドニズム）」とも呼んでいる。彼らは文化や消費に快楽を感じていないのではない。むしろ即時快楽を求める以外に自分たちには何もできない、という依存症的な気分に呪縛されている。日々の様々な文化や娯楽を貪り続けるのだが、すぐに幸福感や情熱も消えてしまい、やがては抑鬱的な気分が戻ってくる。こうした双極性鬱病的な状態なのである。それはそのままアディクション的な憂鬱さでもある。快楽以外の何かによって鬱病的快楽主義の不全感を乗り越えるしかないのだが、その可能性を全く想像できなくされているのだ。

こうした資本主義リアリズムを外側から「モラル」によって批判しても無駄だろう、とフィッシャーは書く。「真の政治的主体を取り戻すとはまず、欲望のレベルにおいて資本という容赦なき肉挽きマシン（ミートグラインダー）によって翻弄されている私たちの関与のあり方を認めることから始まる」。フィッシャーによれば、資本主義リアリズムを「揺るがすことができる唯一の方法」は、資本主義に内在する根本的な矛盾（アポリア）を擁護不能なものとして示すことであり、その矛盾において資本主義とは別の欲望の可能性を開いていくことである。

こうした認識に立って、フィッシャーは次のように述べる。現代のグローバルな資本主義社会においては、ある種の発達障害、あるいは鬱病や依存症などの広義のメンタルヘルスの問題が「第一の問題」と見なされねばならない。なぜならそれらの病は、現代的な資本主義が学生や労働者たちに強いる葛藤や矛盾を何よりも象徴しているからだ。

鬱病、発達障害、依存症などの多くは、自己責任の問題として、自己啓発的あるいは自己完結的に片付けられてしまう。しかしこれほど多くの人々が発達やメンタル面の疾患に陥っているという社会状況は、資本主義社会そのものの根本的な機能不全を示すものと考えられる。少なくともそのことを切り離しては考えられない。資本の圧力によって精神健康の不調を強いられつつ、さらに国家と医療と広告企業と製薬会社によって大量の薬を買わされる、というこの悪循環は一体何なのか。逆にいえば、広い意味でのメンタルヘルスこそが現代社会を変革するための鍵になりうるのではないか。自助団体的なクローズドな場の機能や研究成果を重視しつつ、そこにある価値観をさらに広く社会化し、階級論化していくことには重大な意味があるはずだ。

一九六〇年代~七〇年代のフーコー、レイン、ドゥルーズらは、精神分裂症（統合失調症）などの極端な過剰さをもった精神疾患を反社会・反資本の象徴として提示した。現代の鬱病や依存症やある種の発達障害は、そこまでラディカルな破壊性を持つものとは言えない。しかし、まさにその「ありふれた病」を「再政治化」するということ。資本主義の中で増大していくストレスと苦悩を新たな枠組みで考えるということ。「もし左派が資本主義リアリズムに異議申し立てを試みたいのであれば、精神障害を再政治化していくことが緊急の課題になるだろう」。フィッシャーはそのように提案する。メンタルヘルスの人々こそが現代的資本主義を変革するための政治的な主体になりうるのである。

ポスト資本主義的な欲望

弱者男性たちもまた、何らかの仕方で「交差的な階級政治の可能性」にコミットしていくことができるのか。フィッシャーの議論から、そのような手掛かりを探し求めようとしてきた。そこでは「ありふれた病」がむしろ一つの鍵になる。「ありふれた病」を人々に強いる現代的な資本主義（ハイパー能力主義的な資本主義）に対峙することが重要になる。「真の政治的主体を取り戻す」ためには、「欲望のレベルにおいて」資本主義の問題を問わねばならない。ただしその場合のメンズリブ的な解放の欲望とは、反資本主義というよりも、ポスト資本主義的な欲望であるだろう。

二〇一七年一月に自死したフィッシャーによる大学院での最後の講義記録が、先ほども触れた『ポスト資本主義の欲望』である。講義は最後までたどり着くことなく、第五回目の講義でフィッシャーの死によって中断された。残された講義の中で問われているのは、わたしたちには資本主義を超えるような何かに対する欲望が今もまだ存在するのか、というポスト資本主義的な欲望の問題である。

フィッシャーは加速主義と呼ばれる思想を批判的に継承していた。加速主義とは、もはや未来がない（と感じられる）現代社会の停滞に対して、資本と技術をあえて加速させることによって、この社会の限界を突破し、その外部（火星、海上都市、メタバース、非人間……）へのexitを目指そうとするような思想である。フィッシャーに強く影響を与えた特異な思想家ニック・ランドは、ドゥルーズ&ガタリとリオタールの思想を交差させながら、加速主義的な思想を突き詰めていった。重要なのは、ランドにもまた一貫して、ポスト資本主義的な欲望は想像可能か、という問いがあったことだ、とフィッシャーは強調する。つまり、資本主義的なインフラとリビドーを保持しつつ資本主義を超えていくことができるならば、そこに到来するのはどんな社会なのか。フィッシャーはランド的加速主義を単純に否定してはいないし、そもそもランドの思想も単純なものではなかった。

フィッシャーの考えでは、加速主義的なものは、二〇〇八年の金融危機以降の、反資本主義運動の失敗と行き詰まりから生まれた思想という側面があった。ポスト資本主義という言葉は、たんに資本主義に「対立」するものではない。それは「反」(anti) ではなく「ポスト」なのである。この微妙な違いが重要である。ポスト資本主義的な欲望とは、資本主義に対する対立ではなく「勝利」を、しかも「資本主義を経由して現れるであろう勝利」を指し示すものでなければならない。フィッシャーは、加速主義的な問いのポテンシャルを批判的に解き放つために、新自由主義体制による支配が本格的に駆動する以前の、一九六〇年代のカウンターカルチャーの潜在的可能性に立ち返ろうとした。一九六〇年代に内在していたが失敗して果たされなかった欲望があり、別の欲望の可能性があった、と。

では、具体的にはどうすればいいのか。そうしたポスト資本主義的な欲望を展開するための美学的な実践を思考したテクストが、フィッシャーの『わが人生の幽霊たち――うつ病、憑在論、失われた未来』(五井健太郎訳、Pヴァイン、二〇一九年〈原著二〇一四年〉)である。これは二〇〇五年〜二〇一四年の諸文章を収録したものであり、多様な批評文の寄せ集めの一冊である。音楽、映画、小説、テレビドラマ、ゴシップなど、様々な文化現象が論じられるが、バラバラのテキストからぼんやりとフィッシャーの思想が浮かび上がってくる。『資本主義リアリズム』が政治論・運動論だったとすれば、『わが人生の幽霊たち』は文化批評的なテクストである。

フィッシャーは、現代音楽や映画の最前線を探りながら、時代の無力さやノスタルジーやメランコリー（もう新しいものはない、過去を反復しサンプリングするしかない、という憂鬱さ）をあえて引き受けて、そこに沈潜しながら、これまでの歴史や文化の中にありえた別の可能性や、生まれ損ねた潜在性を探し求めようとする。無力さにとどまりながら、別の未来を発見しようとする。これは危うい試みでもある。なぜなら（フィッシャー自身が『トゥモロー・ワールド』を論じて批判したような）知的エスタブリッシュメントたちが好みそうなポストモダンな滅びの美学、シニカルな低成長と衰退の享楽（文化や芸術を愛でながら、文明の爛熟を受け容れて、静かに平和的に滅びていくこと）に陥ってしまいかねないからである。

二一世紀の資本主義リアリズムの社会においては、「ノスタルジー・モード」（F・ジェイムソン）が支配的になり、過去の技法や形式や物語へ傾斜しがちになる。二一世紀の文化は、「アナクロニズムと無力」を見かけの「新しさ」という永久運動の「表面的な熱狂」によってつねに覆い隠す。文化や芸術としての表現形式の古さを、目新しく新奇な素材や技術や市場戦略によってごまかし、偽りの未来を「偽装」してみせること。それはむしろ、文化的な形式を現実に擦り合わせながらつねに刷新しようとするモダニズム的な挑戦からの「退却」なのである。そこでは、アナクロニズム、レトロマニア、ディスクロニア（反時間性）等の時間観念や歴史意識のねじれが蔓延していくだろう。

こうした暗鬱な出口のない状況に対し、フィッシャーは、哲学者のジャック・デリダが『マルクスの亡霊たち』（増田一夫訳、藤原書店、二〇〇七年〈原著一九九三年〉）という難解なテクストの中で示した「憑在論」という概念を援用して、文化批評の中に何らかの出口を見出そうとする。「もはやない」と「いまだない」の絡み合いの中から両者の微差を取り出すこと。過ぎ去った歴史の中から、もはや存在しないもの、しかし潜勢力を秘めてとどまっているもの、未だ起っていないもののポテンシャルを取り出すこと。それがフィッシャー的な意味での憑在論である。

デリダによれば、憑在論とは、物事が同じ時間に現前するというサンクロニー（共時性）に対して、アナクロニー（錯時性）の時間性を思考することだという。それは「アナクロニズムなきアナクロニー」とも言われる。錯時的な時間意識とは、世界がすでにすっかり摩耗してしまっていること、時間がおかしくなっていることへの意識であり、「時間の蝶番が外れること」の自覚である。蝶番が外れた時間の中では、過ぎ去ったものたちが幽霊として現在に憑依し、鬱病的な取り返しのつかなさ、強迫反復的なタナトスの否定性、無能性の中に、絶対的な新しいものの到来が想像されていく。過去を反復することが未来の条件となり、終わりがはじまりへと捩れていくのだ。蝶番が外れて捩れてしまった時間の中では、何をやってもうまくいかなくなり、倫理的な行いも計算不能なものにならざるをえないが、しかしそれゆえに、計算不能な正義が決定不能な未来から到来するかもしれないのである。デリダによれば、正義とはメシア的なものであり、未来からの計算不可能な贈与として到来するものなのだ。

フィッシャーによれば、以上のような『マルクスの亡霊たち』の思想は、現代的な情報技術環境（ポストメディア論的なテクノロジー）の中でこそリアルなものとなっている。憑在論という概念は二一世紀のポピュラーカルチャーにこそ適用されうるものだ。フィッシャーがデリダから受け止めた憑在論的な文化批評とは、「メランコリーに政治的な次元を与え」ることによって、「希望は消えた」「新しい未来は不可能だ」という資本主義に対する出口のない絶望の只中から、「未来に対する欲望」を再充填し、リブートしていくことである。歴史の中をさまよう政治的な幽霊を手放してはならない、とフィッシャーは強調する。というよりも、「亡霊は、われわれが、資本主義リアリズムに統治された世界のなかで見つかる平凡な満足のなかで生きていくのを許さないだろう」。

メンズリブ的なメランコリーと向き合う

以上のようなデリダ／フィッシャーの議論を、わたしたちは現代の男性学やメンズリブの文脈にも接木できるのではないか、と考えている。多様性や交差性が進んでいくグローバルな潮流の中で、一部の弱者男性／インセルにかぎらず、多くの男性たちが時代の進歩・発展から取り残され、メランコリーにとらわれ、残余／残りものになっているからである（後述する『バズ・ライトイヤー』を参照してほしい）。従来の「男らしさ」（男性性）の基準は崩れてゆき、有害／有毒な男性性が指摘されて脱男性特権が批判されるが、未来に新しい男性性のイメージを見つけることもできない。男性たちは今や無力さの中に沈み、失われた人生の可能性に対するメランコリーに陥っている。

しかしそのような根本的な無力さや無能さ、デフレ的な鬱的気分から目を背け、撤退するべきではない。そうなれば問題はさらにこじれて悪化していくだろう。女性や性的マイノリティへのミソジニー的／陰謀論的な攻撃・取り締まりに走ったり、自己啓発的にマッチョな男性性を回復しようとしてしまうだろう。男性たちにとって必要なのは、むしろ、自分たちが強いられた根本的な無力さや無能さ、メランコリーを打ち消すことなく、かつて自分たちが切り捨てて流し去ってきた様々な男性の可能性（複数的な男性性）の断片を思い出し、それらの幽霊や水子に憑依されながら、来たるべき新しい男性性の到来を待ち続けることなのではないか。

先述したように、たとえ複合的で交差的な差別構造を徹底的に批判しようとする場合にも、なお、資本主義的な競争と卓越化に基づく能力主義的な排除は動かせないものとして残る。それだけは自然の摂理ゆえに仕方のないものと見なされてしまう。それを「差別論と能力主義のジレンマ」と呼んでみた。そしてそれを打破する鍵を「交差的な階級政治の可能性」というフィッシャーの言葉に求めてみた。

弱者男性たちの存在は、かえって、男性たちの置かれた状況の突破口を開けるのかもしれない。自己愛を十分に持ちえず、別の生き方もできないぬかるみの中で、弱者男性たちは、「文化的な承認か、経済的な再分配か」といういずれの可能性からも零れ落ちていき、取り残されていくのだった。しかし、そのように取り残されて置き去りにされていくからこそ、弱者男性たちは、現代的な資本主義をめぐる困難な問題に率先して対峙しうる。そしてポスト資本主義的な欲望の可能性を想像していける。そのように考えてみたい。

男性たちは、すでに喪われたありえたかもしれない男性性（それがかつて一度も見たことも存在したこともないものの亡霊的記憶であるとしても）に対するノスタルジーやメランコリーから自由になれないからこそ、ラディカルな弱さやポスト資本主義的な無能性とともにある新たな男性性をイメージしていけるはずだ。たとえ女性嫌悪的な陰謀論や反動的ポピュリズムに闇落ちするリスクを完全には切り離せないとしても、その危うさや揺れ動きをも引き受けながら、である。すでに述べたインセルレフト的な政治的集団性をさらに先へ進めていく、という課題もまたそのことにかかわる。

では、男性たちにとってポスト資本主義的な欲望とは何か。わたしは今のところ、まだ、それを予感的にしか語ることができない。

哲学者のスラヴォイ・ジジェクは、二〇〇〇年代（中期）の著作『脆弱なる絶対――キリスト教の遺産と資本主義の超克』（中山徹訳、青土社、二〇〇一年〈原著二〇〇〇年〉）の中で、次のようなことを書いている。後期資本主義の段階におけるわたしたちの欲望とは、具体的な実体を持たないヴァーチャルなものへの欲望であり、究極的には「無」そのものへの欲望なのだ、と。ジジェクがしばしば用いる比喩でいえば、それを象徴するのはカフェインぬきコーヒー、ノンアルコールビール、ダイエットコーク、肉体的接触を伴わない電話やネットを介したセックス、所有や資産を持たない投資家、フェティッシュ（対象）のないフェティシズム……等々である。芸術作品がアート市場の投機ゲームに巻き込まれ、意味内容や歴史性を失った「無＝糞」のようなものになってしまうのは、むしろ、現代的なグローバルな資本主義の純粋形式を示すものである。

こうした観点から、二〇〇〇年代以降のジジェクは、PC的多様性を繰り返し批判するようになった。ポリティカルな「正しさ」のもとに、様々な領域における犠牲者や被害者の存在が発見されていく。しかしそこではかえって、多種多様な犠牲者や被害者のイメージがスペクタクル化されることで、それらを包摂し取り込んでいく資本主義という真の「現実(的なもの)」が隠蔽されてしまう。現代のグローバル化する後期資本主義は、フェミニズムやLGBT、植民地主義などの理念を取り込みながら、それによってかえってその力を怪物的に増していくのである。ここにリベラルな多文化主義の時代のパラドックスがあり、わたしたちはそれに自覚的であらねばならない。

資本主義の進歩と発展によってマイノリティの権利や社会の多様性や包摂性も自ずと実装され解決されていくはずだ、むしろそれなしには真に民主的な社会は到来しえない、という資本主義に対する(ひそかな)楽観主義こそが、現代的なニヒリズムそのものではないか。その点ではフィッシャーのいう「資本主義リアリズム」とは「資本主義ニヒリズム」にほかならない。現代のリベラル左派たちが見まいとするもの、それは「無」(現実的なもの)としての資本主義そのものなのであり、「無それ自体」を無限に欲動し続けてしまう自分たちの虚無的な姿なのだ。

ジジェクによれば、そこではもはや、PC的な正しさは、自分たちが政治的に何も行動「しない」ための言い訳のように機能してしまう。それでは、正義や真理のために政治的に行動するとは、どういうことなのか。ジジェクは次のようないっけん逆説に思えるようなことを述べる——わたしたちはあえて

「無」になるべきであり、「無」へと生成変化することを政治的に享楽するべきである、と。なぜか。そうした行為のみがそれによって「無」そのものとしての資本主義の現実的な姿を露呈させ、そこに亀裂を走らせることができるかもしれないから……（ここでは詳述しないが、ジジェクはそのような政治的な行為においてこそ、キリスト教的＝パウロ的な宗教性とマルクス主義的＝レーニン的な政治性がクロスしうるかもしれない、と論じる）。そのような意味での政治的な行為こそが、PC的多様性をすらもスペクタクルとして消費して肥大化し続ける怪物的な資本主義に対する根源的な批判になりうる、と見なすのである（のちにジジェクはそれこそをコミュニズムと呼び直すだろう）。

本論の文脈でいえば、現代的な資本主義の残余＝残りのものとしてのプレカリアートたち（その一部分としての弱者男性／インセルたち）は、残余／残りものであるがゆえに、無限に「無それ自体」を欲望し続けて、無そのものに生成変化していくチャンスを相対的により多く持っているとも言える。

ギレルモ・デル・トロの「怪物」たち

近年のギレルモ・デル・トロ（メキシコの映画監督）の作品は、現代社会のフェミニズム的な問題提起をも受け止めながら、男性たちの胎内から、怪物的な欲望や「無」としてのセクシュアリティが生まれ出る、という光景を何度も描こうとしている。わたしはそこに次のような突き抜け方を感じる。すなわち、もしも男性たちが有害で有毒なままで、リベラルな主体性もまっとうな正義も持ちえないならば、いっそのこと男たちは怪物的なもの――モンスター／プレデター／エイリアン？――に生成変化するしかない、と。

初期の代表作の一つである『ヘルボーイ』（二〇〇四年）の主人公ヘルボーイに垣間見える複雑な男性性のあり方などにも、もともと、男性学的に興味深いものがあった。ヘルボーイは仲間たちの手を借りずに一人でヒロイックに戦いたがるし、性格的にもマッチョに見える。しかし他方で異様な猫好きだったり、ゴツい銃を持ってるのに射撃が下手だったりする。また自分は外見的に醜いという醜貌恐怖を抱えており、愛するシャーマンからきっと愛されないだろう、と思い込んでいる。しかしヘルボーイはそれでも、他の男に嫉妬したりはするが、誰かを恨んだり憎悪をこじらせたりはせず、シャーマンを愛するという姿勢を貫く。そして自らの愛をシャーマンに「約束」するのである。

重要なのは、ヘルボーイのマッチョさは、未成熟な「ボーイ」とも矛盾しない、ということだろう。それを象徴するのがヘルボーイの去勢された「角」である。最後の戦いで、ヘルボーイは敵の策略によって真の姿へとむりやり覚醒させられて、失われていた角が再び隆々と生えてくる。しかしヘルボーイはその角を自らへし折って、再び自己去勢するのだ。つまり完全にマッチョな大人の「男」へと成熟するのではなく、未成熟な「ボーイ」のままであり続けようとするのである。

近年のギレルモ・デル・トロ作品では、こうした男性学的な屈折がさらに独特の特異的な深まりを見せている。男性たちのフェミニズム的なもの（女性）に対するある種の過剰なマゾヒズム的欲望の果てに、その男性的な胎内から、クトゥルフ神話的で暗黒啓蒙的な怪物が自らを突き破るようにして産まれ出てくるのだ（暗黒啓蒙的男性学）。

たとえば『ナイトメア・アリー』（二〇二一年）では、主人公のスタンは、ホームレス的な放浪の身だったが、ある見世物小屋の興行で働くようになり、やがては手品師、超能力者、霊媒師などの仕事で名声を得ていく。しかし彼は一貫して詐欺師であり、ある意味では自分のことをも騙し続けている。詐欺師としてのスタンは、「映画監督」というデル・トロ自身の職業のメタファーでもある。デル・トロには、いわばインポスター症候群的な「自分は映画監督として偽物であり、他人を騙している」という感覚があるのかもしれない。

『ナイトメア・アリー』のラストは、そうした詐欺師＝インポスターであらざるをえないという宿命が行き着くリミットを描いている。主人公は他人を騙し続けて社会的に成功してきたが、人生のどん詰まりに至って、見世物小屋で働く前に、自分が絶対にああはなりたくないと嫌悪していたホームレス未満の「獣人（ギーク）」になってしまう。そして最後に I was born for it!（そいつは俺の天職ですよ！）と呟くのである。そしてその瞬間をホルマリン漬けの一つ目の胎児のような、クトゥルフ的な暗黒の神が見つめているのだ。このラストは、普通に考えれば、作中で予言される通りの、最悪な、胸糞の悪い、最低な鬱エンドであると言える。しかし最低最悪の獣人の身に墜ちること、これこそがデル・トロ的な男性にとって最高の享楽であり、純粋な幸福なのではないか。最底辺の「無」以下の「無未満」（獣人という非人間）に生成変化する、ということ。自らの虚無化して、そこにクトゥルフ的な邪悪な神（＝一つ目の胎児、水子）を降臨させるということ。『ナイトメア・アリー』は、その最後の場面を、その最後のたった一言を、その泣き笑いの男の虚無的な享楽の表情を描くために制作されたのだ、とも言えるだろう。

あるいはネットフリックスで公開された『ギレルモ・デル・トロの驚異の部屋』（二〇二二年）という八話のシリーズもまた、デル・トロ自身が監督ではないものの、全体的にある程度共通するテーマ性を胚胎している。それは社会から転落してクズやオタクになった人々が、いったんモノ化=死体化されて身動き不能な状態に閉じ込められることを経て、最後にはクトゥルフ的な邪神に肉体を乗っ取られ内側から喰い破られて消滅する、そこにマゾヒズムやタナトスをも凌駕するような究極の享楽を得る……という主題である。エピソードによっては道徳的な因果応報譚にも受け取られかねないが、そのような人間主義的な罪悪感を明らかに突き抜けた欲望がある。

フェミニズム的なものに対するスタンスも捩れている。四話「外見」と八話「ざわめき」はおそらく対になっている。大雑把に言えば、どちらのエピソードでも、「心を病んで狂気に陥ったオタク的専門性をもったフェミニスト的な女性」と「その妻を必死にケアし、肯定し、寄りそおうとする無尽蔵に優しい夫」という夫婦の物語なのである。

それは一方では「妻に対して優しく無限にケア的であろうとする夫ですら、女性が抱えた真実の苦痛は絶対に理解しえないのであり、男性はフェミニズム的な問題の核心に対しては永遠に無感覚／無神経であらざるをえない」という女性の孤独と自由を追求した物語であるようにも見える。しかし他方では、「フェミニスト的でオタク的な心を病んだ女性は、夫がどんなに献身し、ケアしても、夫をひたすら否定し、罵倒し、男を非難し続ける怪物的で自分勝手な存在である」というようなアンチフェミニズム的な物語にも見える。そこには決定不能性がある。そしてそれはおそらく、交差的フェミニズムの時代、ポスト男性学的な時代における男性たちが置かれた困難を象徴しているのである。

そのようなアポリアの中で、『驚異の部屋』においては、男性は女性から責められ、ほとんど「無そのもの」のようになり、邪神としての女性に身体を内側から食われて、別のノンヒューマンな怪物的な何かに生成変化していく。あたかも自分の胎内から自分自身を産み直すように。それこそが男性たちにとっての究極の恐怖であり、同時に究極の享楽でもある、とでも言うように。

たとえば四話「外見」では、自分の外見に自信を持てず内気な妻（趣味は動物の剥製を作ること）が、謎の化粧品に取りつかれ、そのクリームを全身に塗るほどに美しく生まれ変われると信じる。しかし逆に皮膚が重度のアトピー性皮膚炎のように崩れ、ぼろぼろになっていく。それでも彼女はクリームを使い続け、ついには謎の生命体のようなクリームに全身を乗っ取られてしまう。そして夫である警察官の男は、妻の才能や外見を愛し、妻をつねにケアし続けてきたのだが、クリームに憑依された妻によって殺され、内臓を抜かれ、剥製（＝無）にされてしまう。生まれ変わった妻（クリーム人間、非人間）はそれでも剥製の夫と夫婦生活を続けるのである。あるいは八話「ざわめき」では、我が子を失って心を病んで錯乱していくオタク的な妻こそが夫＝男の支配者であり、ほとんどクトゥルフ的な邪神のようであり、そのような邪神＝女（たち）の理不尽な命令に従属し支配されることこそが、男たちの究極の恐怖＝享楽であるかのようだ。

ＰＣ的多様性の中で残りのもの＝無になっていく男性たちは、リベラルなＰＣ的価値観によって自己批判を続けるのみならず、自分たちの内なる欲望の虚無性に向き合うべきなのだろう。そしてそこから欲望の怪物的な特異性を発見し、産み直すべきなのだろう。「無」としての男たちは、そうすることによって、現代的な資本主義が強いるニヒリズム（虚無）にかろうじて対峙し抵抗しようとしている、と言えるのかもしれない。資本主義的な欲望の中で「無」へ向けて行動的に生成変化していくプロレタリアート（プレカリアート）というジジェクが示したヴィジョンは、現代の弱者男性／インセルたちの政治的欲望とも共鳴し合うものなのだろう。

PC的多様性や交差的差別論の中に参入できない残余＝残りのものとしての弱者男性たちは、あえて後期資本主義的な「無」への欲望を摂取し、「無」を体内に取り込み、それを受胎していくことによって、怪物的な何かに生成変化できるかもしれない。自分の胎内から自分を産み直して、暗黒啓蒙的にモンスター／プレデター／エイリアンと化していけるのかもしれない……。ひとまず、そのようなことを考えてみる。

男性たちの「ぬかるみ」

とはいえ、その先に男性たちの肯定的な未来が待っている、と簡単には言えない。男性であるわたしたちはまだまだ、出口も外部も見えない泥沼のぬかるみに耐え続けねばならないだろう。

マーティン・マクドナー監督の映画『イニシェリン島の精霊』（二〇二二年）は現代の中高年男性たちが置かれた泥沼＝ぬかるみ的な分断状況を——あるいは男同士の連帯の不可能性、さらにはホモソーシャルな友愛の中に隠された敵対性（内戦性）を——生々しく、容赦なく、重層的に織り上げてみせた作品である。

舞台は一九二三年、アイルランドのイニシェリン島。妹と暮らす冴えない中年男性のパードリックは、友人である初老のコルムから突然、理由も原因も不明のまま、絶交を言い渡される。

序盤のうち、この映画は、不機嫌でろくに感情を説明しないコルムと彼から絶縁されて戸惑うパードリック、彼ら二人の中高年男性の（敵対しつつの）ホモソーシャルな共同性と、それを感情的にケアしたり家事することを強いられる孤独な女性（パードリックの妹であるシボーン）の静かな怒り——そのようなわかりやすい構図の物語であるように見える（そしてそのような構図が解消されるとは最後まで言い切れない側面もまたある）。しかし、暴力をめぐる被害と加害が重層的に捻転していく名作『スリー・ビルボード』（二〇一七年）の監督らしく、『イニシェリン島の精霊』は、もっとはるかにややこしく厄介な映画であるように思える。

妹のシボーンは、一面では、兄をふくむ島の男たちから家事やケアや関係調整（いわゆる「解釈労働」）を強いられ、彼女の才能である教養を活かす仕事につけず、「行き遅れ」と馬鹿にされるような、家父長制的／ホモソーシャルなコミュニティによって排除された女性である。しかし他方では、シボーンは、共同体全体の生活を「何もない」と軽蔑し、特権的な文化的教養を持ち、動物や知的障害者男性たちに冷淡で、そこから「脱出」できる人間でもある。それらの両極端な印象の間で、この作品全体の印象は何度も反転していく。

初老のコルムは老いの中で自らの死を意識し、それまでの日常の友人関係を強引に切断して、残りの人生は音楽＝芸術に専心したい、と決意する。その決意の表れとして、「退屈」なおじさんであるパードリックとの友情を、理不尽に一方的に切断したのである。これは典型的な「おじさん」の仕草と言えるだろう。他人に一切の相談をしないこと。心の不安を、友とすらちゃんと話し合うことができないこと。そして必要な段階を踏まず、すべてが「突然」の決断によって行われること。まさに「おじさん」によくある悪癖である。

日常会話や男同士の親密さは所詮は「退屈」で「虚しい」ものであり、五〇年もすれば歴史から消えて忘れられるだろう。それは虚無である。しかし、芸術活動であれば永遠的なものに繋がりうるかもしれない。コルム老人はそう考える。しかしこれはそれ自体が非常に凡庸で、退屈なロマン的欲望にすぎないとも言える。たとえば新たな音楽仲間ともそれまでの男友達とも、両方の関係を継続して、プラグマティックな微調整によって落しどころを探る、きちんと軟着陸する、ということがコルム老人にはできないのだ。それまでの人生の中でそうした習慣を身につけてこなかったのである。

他方でパードリックはどうだろうか。確かに彼は善良で「いい人間」であるのかもしれない。しかし彼は、男の友情は放っておいても永遠に続くはずだ、と傲慢にも信じきっている。会話の中で目の前のコルムを退屈させてもそれを何とも思わない。相手が大事にしている趣味（音楽）に関心を持とうとしない。すぐに酔っぱらって、前後不覚になってしまう。妹のシボーンに家事やケア負担を強いても何も感じていない無神経さそのままに、である。

コルムから突然絶縁されたパードリックは、いわば「友情ストーカーおじさん」になってしまう。友人から絶縁を宣言されても、本人のその言葉を信じようとせず、自分に何らかの非があると考えもせず、他者の内面的な苦しみを認めず、勝手に「あんたは鬱だ」と決めつける。そして何度コルムから拒絶されても延々と付きまとい、相手を自傷行為に追い込んで、言わば加害者になった段階でも、なおも純粋被害者であるかのような顔をし続けるのだ。

こうも言えるだろう。お互いの人生の危機にあって、無神経な友情ストーカーおじさんと、一方的すぎる芸術憧れおじさんの間では、男性的な友情関係のあり方が自己懐疑的（再帰的）に更新されることがないのだ、と。二人の間の断絶は深まり、周囲の島の人々を巻き込みながら、事態は非現実的なまでに悪化の坂道を転がっていく。しかしそれは、酒を飲んで他愛無いことをだらだら話す、というおじさんたちのホモソーシャルな友情関係の中に、じつはもともと潜在していたる危機的暗部の露呈だったのだ。その寓話的な表現なのである。

ただし本作には、観客たちが距離と余裕をもって「おじさんたちはホモソーシャルな関係を克服すべきだ」「いい人だけど無神経、という傲慢さを自覚して、他者の気持ちに寄り添った関係を作るべきだ」「ひたすら内面に鬱屈を溜め込んで突然爆発する、という男性たちの暴力のパターンを乗り越えるべきだ」「おじさんたちもまた互いにケアし合えるような新たな友情の形を探れないものか」等々の、リベラルな「正しさ」による批判的介入をすることが一切無意味であるような、ある種のぬかるみ的脱出不能性が感じられる。

こじらせたおじさんたちのホモソーシャルな関係と、相互監視的で悪口や悪意ばかりの島民たちの共同性。妹のシボーンは、それらの暴力による最大の犠牲者とも言える。にもかかわらず、あるいはまさにそれゆえに、『イニシェリン島の精霊』の中ではほぼ唯一――ロバ、馬、犬のような動物たちを除けば――特権的な人間であり、泥沼のようなこの環境からの exit の希望を持ちえた人間である。なぜか。それは彼女の「知能」「才能」のためだ。彼女は能力主義的な意味では最上位の存在なのである。口論の中で、コルムが残りの人生を音楽という芸術に捧げたいと述べたことに対し、シボーンが切り返しのように口にする「言っておくけどモーツァルトは一八世紀の人間ですから」というセリフは、あまりにも残酷であり、知能や能力の序列の容赦なさを感じさせる。

コルム老人はパードリックに対して「お前は退屈だ」と繰り返し告げて、その人間としての魅力を全否定する。しかしこれはコルムだけの判断ではない。多くの島民たちが同じことを感じている。それは共同体的な価値判断なのである。コルムは「考える人」というあだ名をもつ。他方のパードリックは、「いいやつ」ではあるものの、「考えないやつ」「無思考な男」である。島の住民たちはみなそう考える。パードリックを見下している。しかし、それ以上に救いがないのは次のことだ。じつは妹のシボーンもまた、兄に対して同じように感じているのだ。兄は悪人ではないが、つまらない人間であり、何も考えていない愚かな人間である、と。

兄と妹による次の会話は圧倒的だ――兄は妹に対し、俺はバカじゃないよな、みなにバカにされてないよな、と同意を求める。妹はうんざりしながらも、兄のその主張を受け入れ、兄の感情をケアする。兄は、そうだよな、一番のバカはドミニク（知的障害のある若い男性）だよな、と言う。しかしすぐさま、じゃあ二番目は俺か？ とさらに妹に尋ねる。妹は、私はそういう基準では他人を判断しない、この島は他人を悪意で批判する人ばかり、兄さんはバカじゃない、この話はこれで終わり！ と議論を断ち切り、食卓を離れようとする。しかし兄が、そうだよな、俺はお前と同じくらい賢いよな、と口にすると、妹はほとんど条件反射のように「バカ言わないで！」と切り返すのだ。この非対称な切り返しの中には、能力主義をめぐる残酷なまでの悪意と本音が露呈していると言える。

ただし、妹は確かに、退屈でバカな兄に対してうんざりしているのだが、親密な愛情を感じていることも、決して嘘ではない。だからこそ、兄と妹の間の能力や人的資本の決定的な格差――というかそれはもはや「知能」のような何かである――は残酷である。この島のおじさんたちは、ほとんど、脳の機能や知能の面で致命的に毀損しているかのようだ。彼らの経済状況や学歴、年齢などにかかわりなく。男性たちにはもはや、回復や改善も考えられない。ここにはほとんど優生思想的な決定論の気配すらある。男に生まれたら誰もがこうなるのだ、無神経で退屈なおじさんになるのだ、「無」それ自体のような存在になっていくのだ、と。

最終的には、妹のシボーンは島での暮らしの「外部」へと脱出し、新しい生活を「満喫」することができる。それに対し、兄のパードリックには、今までのホモソーシャルなおじさん的友情や悪意に満ちたコミュニティからのexitの手段がない。その可能性すらない。被害と加害の悪循環には外部がなく、出口がないのだ。脱出不可能な永遠のおじさん的ぬかるみ——彼らに許されているのは、いわば「終りなき内戦を生きろ」というような姿勢である。たとえ一時休止のような停戦が訪れたとしても、またすぐに泥沼の内戦が再開されるだろう……。彼らはPC的な正しさや多様性へと決して至りえないだろう。啓蒙不能、改善不能な愚かさ（無能さ）の泥沼を生きるしかない。「無」のごときもの、無未満のものであり続けるしかない。はたしてこれは映画内の他人事だろうか。そのことを確認しておこう。何度でも。繰り返し。

メリトクラシーと男性の無能性

とはいえ、男性が資本主義的な欲望を徹底して「無」そのものへと生成変化していくことと、男性たちが自らを弁証法的に無能化していくためのジグザグの葛藤＝リブとは、重なりつつも、微妙に異なるものであるようにも思われる。先に紹介したジジェクの理論にあるような、主体が完全に「無そのもの」へと一体化するというぎりぎりの行為は、複合差別／交差性のジレンマから一足飛びに離脱し、自分たちの根本的にメランコリックな無力さ（無であるということ）を自己絶対化してしまう、という観念的な倒錯であるかもしれない。

先述した「差別と能力主義のパラドックス」においては、弱者男性たちの存在は「残りのもの＝残余」になってしまうのだった。これは逆にいえば、資本主義社会における広い意味での能力主義（メリトクラシー／エイブリズム）の問題――そして非能力や無能性の問題――を批判的に問い直すことによって、差別問題と階級問題をあらためて適切に交差させていくことができる、ということなのではないか。

それでは、男性たちにとって無能力（impairment、disability、impotence）とは何を意味するのだろうか。

そもそも能力主義（メリトクラシー）とは何か。

生まれた身分に応じて富が分配される仕組みを貴族主義（アリストクラシー）と呼ぶのに対し、個人の能力の高さと業績に応じて富が自然に分配されていくような社会の仕組みを、能力主義（メリトクラシー）と呼ぶ。

貴族層による統治と支配とは異なって、近代的なメリトクラシー的社会体制では、merit（実力、業績、功績、価値）のある人々による統治と支配が自然に成り立っていく。たとえば現代の日本社会では、学校教育を通じた義務教育＋選抜（学力・学歴）があり、その後は、各個人の能力や努力を通じて、職業選択＋自由競争が行われ、それぞれの社会的位置が決まっていく。また社会的分業＋比較優位の原則のもと、最大多数の最大利益が向上するような社会が形成されていく。

近代以降のメリトクラシーは、人々に機会を保障し、効率的な人的資源を調達することで、民主主義の発展と経済成長を実現してきた。つまり、誰がどれだけ稼ぐことができ地位を与えられるかについての近代的なルールは、自力では変更不能な生れ・身分・階級・性別などの属性原理（ascription）から、生産・能力に応じた業績原理（achievement）へと移行してきたのである。こうした流れは基本的によいことであり、王政・貴族政的な社会などの「生まれ」によって人生が或る程度決められてしまう世界よりは、相対的にマシな世界である。

もちろん実際には、生まれた家庭の社会階層がその子の能力に大きく影響を与えたり、ある業績がそのあと既得権として属性化する（学歴が学力以上のブランドとなりその後の就職や結婚に影響を与える、など）という場合がある（竹内洋「日本のメリトクラシー――疑惑・戦略・狼狽」『岩波講座社会科学の方法Ⅷ』岩波書店、一九九三年）。そして性別や人種その他に基づく様々な社会的不公正があり続けている。しかし少なくとも規範的には、そうした機会の不平等は望ましいことではない、とされてきたのである。

とはいえ、生まれながらの属性から能力・努力を通した業績へのシフトチェンジが生じたのだとしても、そこにはまさにそれゆえに身体・知能・精神・発達などをめぐる無能性の問題が残るだろう。障害や病などはその典型である。

イギリスの社会学者マイケル・ヤングの実験ＳＦ的な著作『メリトクラシー』（一九五八年）は、メリトクラシーという言葉の起源となった。しかしこの本で描かれる能力主義とは、そもそも、能力のある人々による近未来のディストピア的な支配体制のことなのである。二一世紀には、テクノロジーの発展により、出生前からの知能検査や能力の判定ができるようになり、絶望的な能力階級が生まれるだろう、と予言された。遺伝子操作による能力主義的な階級社会の到来を描いた映画『ガタカ』（一九九七年）を想起させるような世界と言える。

徴税と再分配、経済成長、機会平等や資源配分や人生の選択肢の保障……これらを漸進的に進歩させていくことは当然必要である。法律・制度の改良が重要であるのも当然のことだ。フェミニズムや障害者運動の歴史はそうした粘り強い交渉と社会改良の積み重ねである。しかし、その時も、健常者／障害者の間の能力をめぐる非対称性や敵対性が残り続けてしまう。そこではどうしても、危険なこと、半ば非人間的なことが問われざるをえなくなる。断種手術や優生手術ばかりではなく、資本主義の根本にある能力主義自体が優生思想なのだ、というラディカルな懐疑を突き付けざるをえない。たとえ比較優位や社会的分業を通した経済成長によって、再分配のパイ自体が増量されるとしても、である。というか、まさにその増量ゆえに、本当の厄介な問題が見えなくなるのではないか。

横塚晃一の次のような言葉は、あまりにも有名になりすぎた憾みがある。「しかし、ウンコをとって貰う（とらせてやる）のも一つの社会参加といえるのではないだろうか。要は主体性ということが大切なのである。主体性のない者に参加ということはあり得ないのだから……」（「脳性マヒ者の社会参加について」一九七〇年）。「我々障害者は、一束かつげなくても落穂を拾うだけ、あるいは田の水加減をみているだけでもよしとすべきであり、更にいうならば寝たっきりの重症者がオムツを変えて貰う時、腰をうかせようと一生懸命やることがその人にとって即ち重労働としてみられるべきなのです。このようなことが、社会的に労働として認められなければならないし、そのような社会構造を目指すべきだと思います」（「障害者と労働」一九七二年）。

これはまさしく一つの「夢」であるだろう。健常者主義（エイブリズム）と能力主義（メリトクラシー）

を超えた世界に対する、ほとんどユートピア的な解放の夢である。しかし、他者に「ウンコを」「とらせてやる」のも「一つの社会参加」であり、そこに当事者の解放的な自由があるような世界を夢見ることは、本当に不可能であり、無意味なのだろうか。各自のラディカルな無能力がそのまま何らかの労働＝社会参加になりうるような世界。それはどんなものなのだろうか。

ハイパーメリトクラシー

さらに近年では、近代的な意味でのメリトクラシーに加えて、ハイパーメリトクラシーと呼ばれるようなメタ的な能力が様々な場面で要求されるようになった（本田由紀『多元化する「能力」と日本社会――ハイパー・メリトクラシー化のなかで』NTT出版、二〇〇五年）。ハイパーメリトクラシーとは、労働の成果や結果を求められるだけではなく、コミュニケーション能力やクリエイティヴな力などの数値化できない能力を、つねに高めて発揮し続けることを求められる、という体制のことである。日本ではそうしたハイパーな能力は、グローバリズムの中でも活躍しうる人材、即戦力であるためにも必須であるとされてきた。

あるいは中村高康『暴走する能力主義――教育と現代社会の病理』（ちくま新書、二〇一八年）によれば、近代的な意味での能力主義には、もともと、能力の数値的測定の難しさという問題が内在していた。たとえば陸上競技で百メートル走のタイムを計るように、偏差値を測ることは困難である。能力主義とは

（ポストモダンの時代になってハイパー化する前から）再帰的なチェックが必要なものであり、社会構築的なもの、あるいは文脈依存的なものなのである。しかし特に近年の後期近代化の過程の中で、能力不安と能力主義の圧力が高まってきたことも確かである。

教育と演劇の問題を哲学的に論じる渡辺健一郎は、その著書『自由が上演される』（講談社、二〇二二年）において、現代的な権力とは、それまでの権力論が論じてきた規律訓練型権力でも環境管理型権力でもないような、「自由促進型権力」の側面をもつ、と論じている。自由促進型権力とは、自発的に自由であれ、とつねに強制的に命じてくるような自己矛盾的な、ダブルバインド的な権力である。それを象徴するのが近年のアクティブラーニング／ファシリテーター型の教育観であるという。たとえばそこでは、演劇教育＝演劇ワークショップ的な「場」のデザインが重要な役割を果たすと見なされる。実際に、近年の教育改革論では、通常の授業にまで、ある種の演劇性や芸能性、エンタメ的なパフォーマンス性などの能力が暗黙のうちに求められるのである。それは経済的効率性と芸能的創造性を融解させるネオリベラリズム的なものの典型とも言える。

哲学者・倫理学者のマーサ・ヌスバウムは『経済成長がすべてか？――デモクラシーが人文学を必要とする理由』（小沢自然・小野正嗣訳、岩波書店、二〇一三年〈原著二〇一〇年〉）で、子どもたちの教育には経済的利益や業績中心の能力主義「だけ」では不十分であり、そこには人文的・芸術的な教育もまた必要である、と強調する。子どもたちは世界市民になることへ向けた教育を受ける権利がある。そのために必要な項目として挙げられるのは、物事への批判精神、他者への共感能力、物語的想像力、世界中の宗教や文化や経済への知識、芸術的センス、マイノリティへの理解、動物や自然への感受性、語学能力、等々である。

しかしこうしたヌスバウム的な世界市民教育は、経済的能力主義ならぬ全人間的（全人間開発的）な能力主義であるようにも感じられる。ここで世界市民的な教育のために求められるリストは、実際に、ネオリベラル＝ハイパーメリトクラシー的な教育・能力観――すなわち多元主義的で柔軟な人間性（生涯学習、新学力、生きる力、コンピテンシー、コミュ力、非認知的能力等々）を求める教育・能力観――にうまくフィットするものであり、それを補完的に強化するだろう。

とはいえ、こうしたハイパー能力主義＝自由促進型権力の流れそのものを全否定したり、たんに反教育論的な抵抗のポーズを取り続けることにもあまり意味はないだろう。グローバル資本主義に対する「反」（anti）のパフォーマンスは、それ自体が資本主義の中に過不足なく取り込まれていくのだから。とすれば、わたしたちは、グローバルな資本主義によって統治的に課せられるハイパーメリトクラシー的な規範性を引き受けながら、エイブリズム／優生思想／健全者文明について批判的（critical）に問い直し続けていくしかない。そこから自由・教育・労働をめぐる「夢」を想像していくしかない。健常者主義なき能力主義（エイブリズムなきメリトクラシー）とは何か。各人の特異的な無能性をも活かすような能力主義的な世界は本当にありえないのか。

こうして、複合的な意味での（ハイパー）能力主義をめぐる諸問題は、交差的差別に抵抗し対抗していく上でも、厄介な躓きの石になりかねないものだ。

評論家の彦坂諦は、戦場の兵士たちの男性性の分析を通して、戦後社会の平時の男性たちのマスキュリニティ(男性性)を問い直そうとした名著『男性神話』(径書房、一九九一年)によってその名を知られている。ちなみに『男性神話』は、岩波書店のアンソロジー『日本のフェミニズム別冊　男性学』(一九九五年)にその一部が収録されている。

その彦坂は、『無能だって?それがどうした?!　能力の名による差別の社会を生きるあなたに』(梨の木舎、二〇〇二年)という著作の中で、「階級差別や民族差別や性的差別など」とは根源的に異質な次元に無能差別と呼ぶべきものがある、つまり能力主義的な差別がある、と述べる。「あらゆる差別がなくなったあとでも、たぶん、「能力」の名による差別だけは残るでしょう。その差別に抗することは、そして、ほとんど不可能でありつづけるでしょう。なぜなら、どんなにくだらない「能力」についてであろうとあなたが「無能」であるという「査定」は、あなたの全人格の否定となってあなたにのしかかるのだから」。

彦坂が言うのは、もちろん、性差別批判、性暴力批判とは無関係なものとして能力主義批判がある、という意味ではないだろう。そもそもこれは優先順位の問題ではない。能力主義とその批判(無能化)をめぐる問いを欠いてしまえば、性差別批判、性暴力批判などが不十分なもの、腰が砕けて力の入らないものになってしまう。そしてシステムそのものを決定的な形で揺るがしえない。おそらく、そのようなことを述べている。これはわたしたちの議論にとって重要なクリティカルポイントになる。

彦坂は、単行本で合計四〇〇〇頁を超える「ある無能兵士の軌跡」という巨大なシリーズにおいて、第二次世界大戦の従軍兵士の中に、「無能兵士」と呼ぶべき主体性が産まれるための可能性を執拗に模索している。『男性神話』の言葉を咀嚼すれば、「各種の能力の習得を意識的に放棄する、もしくはおこたること」という「無能兵士」たちの unlearn 的な試行錯誤の中には、まさに、性差別と民族差別が複合化したシステム＝構造へと自発的に従属してしまう男性兵士たちの「男らしさ」を組み替えていくための、ラディカルな無能性が潜在していたのではないか。彦坂の論は、そのように思わせてくれる。

たとえば近年の軍事社会学などの分野によれば、実態としての軍隊制度は、観念としての軍国・軍事主義（militarism）に支えられる、というだけではなく、複雑な日常的プロセスとして戦時と平時を連続する軍事化（militarization）のあり方によって維持されている。戦争というプリズムを通して見えてくる日常的な軍事化の過程があり、平時の「軍事的男性化」の問題があるのだ。これは彦坂の考えとも共鳴する。そして軍事的男性学によれば、軍事主義／軍事化というものは、国家と資本が「真の男」と「男らしくない男」を――そして「男」と「女（男以外）」を――区別し続けるために不可欠のファクターなのである。逆にいえば、男性は生物的な本能によって暴力や戦争を好む、というタイプのよくある本質主義はフィクション＝神話なのであり、わたしたちは生物学的男性性と社会構築的男性性の間の絡み合いにつねに注目しなければならないのだ（参照、佐藤文香『女性兵士という難問』慶應義塾大学出版局、二〇二二年）。

身近な例でいえば、男性特権が正当化されるときには、「男はいざとなったら命をかけて戦わねばならないから」という軍事主義的なコストと「男は燃え尽きても働いて家族の生活を守らねばならないから」という家父長制的資本主義的なコスト、これら二つのレトリックが絡み合いながらしばしば用いられている。男性たちはいざというときに命を捨てねばならない、粗雑に扱われることを感受しなければならない。そして命を人質に取られているからこそ、異性や子どもたちにケアしてほしい、それは当然だ、という欲望が強まってしまうのである。

すでに紹介したように、近年のトラウマ研究によれば、この社会は、女性から声を奪い、男性から心を奪うという（宮地尚子編『トラウマとジェンダー——臨床からの声』金剛出版、二〇〇四年）。怖いと言えること、泣けること、逃げられること。それは過去のトラウマを克服するために大切なことである。しかし、世の中の男性たちは、「男らしさ」を死守するために、自らの脆弱性や恐怖を否認せざるをえない。あたかも、この社会は、男たちに、感情を解離させること（無痛化）を積極的に奨励しているかのようだ。「酒を飲んで暴れたり、酔いつぶれて肝臓を壊すよりも、めそめそ泣いて傷つきを打ち明けることの方が男性にとってはタブーかもしれない」。

男性たちの無能弁証法

ここには、男性の身体や感情をめぐる「雑」の問題があるだろう（男性に対する「雑」問題については、オンラインイベント「名著で読み解く「男らしさ」」の場における天野諭氏の発表を参照した）。男性たちは、破壊的なセルフネグレクトまではいかずとも、常日頃から心身を雑／粗雑／粗末に扱われているし、自分のことをもそうやって扱っている。それによって男の子同士、男性同士の関係も、いかにして相手を粗末に扱えるか、あるいは粗末に扱われることに耐えられるか、というマウンティング合戦やチキンレースになりがちである。とすれば、男たちの内なるミサンドリー（男性憎悪）や自己嫌悪もまた、個人的な感情や心理の問題であるのみならず、社会的・構造的に強いられたものの問題でもあるはずだ。裸を見られて恥ずかしがるなんて男らしくない。涙を見せたり弱音を吐くのは男らしくない。常日頃から雑に扱われているし扱っているために、感情や感覚、情動が薄っぺらくなり、凹凸を欠くものになり、無痛化＝無感動化（アパシー化）していく、ということがあるのだろう。

マジョリティの男性たちは、構造的（法的・制度的・環境的）な次元で様々な優位性を既得権として持っている。これに対し、男性もまた不幸でありつらいのだ、人間はみな同じだ、という人間主義的な一般性を語るだけでは足りないだろう。性差別や性的不公正の問題をそうやって解消するわけにはいかないだろう。あるいはまた、男性たちは「男らしさ」という性規範を維持するためにコストを支払っているのであり、差別はされていないが抑圧されているのだ、という「男らしさのコスト」論だけでも足りないだろう。しかし、それでもやはり、男性たちもまた、存在を「雑」（粗雑、乱雑）に扱われているのではないか。そこには構造的な無痛化／アパシーの問題があるのではないか。世の男性たちはそこから解放されたいと欲望しているのではないか。そのように考えることは許されているだろう。

そこからあらためて問うてみたい。男性たちはそうしたアパシー的な構造を学び捨て、「男らしさ」

を学びほぐし、適切な形で無能化していく（＝男らしくない男になっていく）ことができるのだろうか。

もちろんここにも、ハイパーメリトクラシー的な資本主義による男性性／無能性の複雑な取り込みがあり、再帰的な回収があるだろう。ここでも文化商品たちを通してそのことを見てみよう。

南勝久の漫画『ザ・ファブル』（コミックス第一部二〇一五年〜二〇二〇年、第二部二〇二一年〜二〇二三年）では、サヴァン症候群の天才的な殺し屋・アキラが、大阪の市民的な日常生活に軟着陸して、「弱く」なっていくことを目指そうとする。強さのインフレになりがちな通常の作品とは逆の、デフレ的な過程を描こうとするマンガなのである。男性学的にいえば、そこでは、男性性と紐づけられた暴力性の要素を削ぎ落としていく過程と、サヴァンゆえのコミュニケーション障害を緩和して、他者に対する共感性や対話能力を身に付けていく過程とが重層的に絡み合っている。いわば「無能化の弁証法」とも呼ぶべきジグザグの過程があるのだ。少なくともその萌芽があるように見える。

ただし、アキラのキャラクターは、物語が進んでいく中で、「肉体能力的な無敵さ＋子どものような無垢な心の優しさ＋コミュ障ゆえの面白さ」を兼ね備えた、ポスト男性学的な時代の、一つのパーフェクトな男性像として完成されてしまう。そのような印象がどうしても残る。その意味では、ラディカルな無能化の過程が十分に描かれているとは言えない。

他方でアキラの「妹」のヨウコ（ちなみに二人には血縁関係はなく、また名前も仮に与えられたものにすぎない）は、外見的な美しさ＋戦闘能力の強さに加え、両親を殺された心の傷やアルコール依存症気味という脆弱性を持ち、かつそこからのレジリエンス的な回復力も兼ね備えており、まさしくマクロビーが言う意味でのポストフェミニズム的な女性の理想形の一つであるように見える。

しかし、ヨウコもまた、「兄」であるアキラや一般人のタコちゃん（代理父的な男性）に精神的な庇護を求めてしまうのだ。すなわち『ザ・ファブル』の世界は、ポスト男性学的な能力主義の世界をむしろ強化してしまうのである。厄介なのは、資本主義のパワー自体が反資本主義的なもの、脱加速主義的なスローさや無能性をある程度まで前提にし、それをも取り込んでしまうことだ。

しかし、たとえそのような困難があるとしても、ポスト資本主義的な欲望、ポスト能力主義的な労働の可能性を見出すためのストラグルが止まることもないだろう。さらに別の作品も参照してみよう。

ピクサー映画『バズ・ライトイヤー』（アンガス・マクレーン監督、二〇二二年）は、「トイ・ストーリー」シリーズのスピンオフ的な長編作品であり、時代の変化に取り残され、置き去り（残りのもの）にされてしまった男性が、若者たちと新しいアソシエーションを組み直す、そのことによって自分を愛せるようになり、男性としての（プライドではなく）尊厳を回復する、という映画作品として読み解ける。

フェミニズムやシスターフッド的な主題を前面化する近年のディズニー映画に対して、最初期からオタク／ギーク的な「男らしくない男たち」の葛藤や、社会から置き去りにされて無用化＝ゴミ化されていく存在の悲哀を描いてきたピクサーらしい作品であると言える。そして『バズ・ライトイヤー』は、消極的な「脱男性特権」「有害な男らしさ批判」の段階にはとどまらず、多数派の男性たちの新しい生き方を真剣に、正面から模索しようとしている。

物語の設定は以下の通り。調査宇宙船によって新たな惑星を調査中だったバズたちだったが、脱出時のバズのミス（あるいは能力不足）によって、宇宙船が破損・墜落し、またハイパー航法のための特別な燃料（ハイパークリスタル）を失って、乗組員たちはこの未開の惑星から脱出不能になる。彼らはこの星で暮らしつつ、物資を集め、施設を建築し、必要な技術開発を進めて、脱出と地球帰還を試みることになる。

しかし時が流れ、人々はこの惑星という新しい環境に順応し、コミュニティや社会を形成していく（ある種の移民として）。しかしバズは、自分のかつてのミスを取り返すためもあり、脱出と帰還というスペースレンジャーとしての責任感と任務に「男らしく」固執し続ける。しかもウラシマ効果があるため、バズが脱出の実験に失敗するたびに、その間地上では何年、何十年もの時間が経過していく。

こうして序盤、「与えられた任務に命をかけるという、意味のある男らしい生き方」の呪縛から逃れられないバズの空回り、あるいは成熟の不可能性——ちなみに『バズ・ライトイヤー』は特殊な意味での時間ループものであり、あるいはマルチバースものでもある——が寓意的に描かれる。瞬く間に六二年の時が過ぎる。地に足をつけ、新たな惑星に定住しようとする周囲の人々の変化と進歩から、バズの生き方は残酷なほど置き去りにされていく。SF的な設定によって、空回りして時代遅れになる悲哀が凝縮されて示されるのだ。

何度も失敗し続けた当初の命がけの任務は、それ自体が無意味なものとなった。バズは寿命を終えて世を去った親友のアリーシャ（黒人女性の同性愛者）も喪って、家族もいず、友人もいず（唯一ケアロボット＝猫型ロボットはいるが）、過去の仕事＝任務にすがるしか生きる目的がなく、しかしその「この星から脱出する」という目的自体も今や誰も共有せず、必要ともしていない……旧来の「意味ある男性性」が「有害な男性」「老害化した男性」とは言わないが「無意味な男性性」に転落してしまったのである。

その点では、中盤以降のバズの変化の兆しが、ほかに家族も友人もいない中で、唯一寄りそってくれた猫型ロボットのソックスを廃棄処分から助けるためだった、というのもポイントだろう。バズは「一人で何でもやれること、他者から助けられるのではなく他者を助けられること」をアイデンティティとしているので、他者からの無償のケアをちゃんと受け取れなかった。猫型ケアロボットとの関係――ケアされるはずがケアする側になっていた――を通してそれが少し変化するのである。（ちなみに『バズ・ライトイヤー』は、日本の『ドラえもん』シリーズの精神をかなり強く感じる。猫型ロボット、タイムマシン、成熟の不可能性、落語的＝シーシュポス的な失敗の繰り返し、しかし失敗を無かったことにしないこと、人間とロボットの奴隷的関係の逆転、無能無力な人々の連帯……）。

そしてバズがソックスとともに再び惑星に戻ると、二二年以上の時が過ぎ、地上は人間ではなくロボットたちが支配するようになっていた。バズはそこで、正規の兵隊ではなく、ジュニア・パトロール隊（自発的な士官候補生のチーム）のメンバーとチームを組んで、ロボットによる人間の奴隷的支配に対抗しようとする。

何よりも重要なのは、バズを、任務を家族や友人よりも優先する、仕事のためならば命をかけねばならない、という「男」の規範意識から次第に解放してくれるのが、非能力主義的な「使えない」部下たち＝新人たちとの協働であった、という点だろう。ある意味でそこには、「中間管理職の悲哀」という企業戦士的な価値観に再回収される危うさもあるのだが、この作品は決してそれにはとどまっていない。チームのリーダーになろうとしたり他者を助ける人間であれること（他者を助ける強さを持ちうること）にアイデンティティを見出すのではなく、たとえ仲間が優秀な能力を持たずとも、あるいは欠点や病気、老い、危険な性癖などを抱えているとしても、対等な仲間になれるようにすること。ここにバズの新しい男性性がある。

それは同情や支援の関係ではない。実際に、見かけは「使えない」新人たちとの非能力主義的な関係を通して、バズは途中、自分がアカデミー時代はとても成績が悪く、毎日失敗ばかりで、レンジャーの資質ゼロだったということ——そして祖母だけがそんな彼を認めてくれたこと——をはっきりと「思い出す」のだ。忘れ去っていた自らの無能力をとりかえすのである。つまり中間管理職的関係ではなく、バズ自身も未だに永遠の新人＝未熟者なのであり、そんな「新人」同士のアソシエーションをあらためて組み直したのである。

物語の終盤、ロボットたちを操作して人間を奴隷化するボスの正体は、老人になった五〇年後のバズ自身であることが判明する（顔が半分壊れた猫型ロボットもそこにいる）。もう一人のバズは、惑星からの脱出のあと、超高速の力を使って遥か未来へと行き、過去を改変するテクノロジーを手に入れ、タイムトラベルの実験を繰り返し、現在のバズたちが生きる時空に干渉したのだという。未来のバズの目的は、さらに時間を遡って、そもそも「最初の事故＝ミスが起こらなかった世界」を実現することにあった。

そのためのエネルギーが足りず、現在のバズたちが保有しているエネルギーを奪おうとしていたのである。すなわち、この年老いた未来のバズは、「新人たちと出会うこともなく、孤独なまま、男らしい任務を手放さなかったもう一人のバズ」なのだ。

現在のバズは、失敗によって新しい世界や関係が開けて、未熟さや錯誤もまたかけがえのないものであることを学びつつある。「男らしさ」を学び捨て、学びほぐし、能力主義を無能化＝impotence化しつつある。これに対し未来のバズは、そもそものはじまりの失敗自体をなかったことにし、「任務の成功」だけによって成り立つ世界を作り直そうとしている。未来のバズにとって、失敗やミスは正さねばならず、あってはならず、可能であれば歴史修正されるべきものなのだ。任務に失敗した人生は無意味な人生であり、修正してやり直すべき人生にすぎない。「こんな人生は嫌だろう？……悪夢に何度も飛び起きて、犯した過ちを悔やむ、そんな人生を変えられるんだ」。

しかし、現在のバズにとっては、ミスや失敗によって生じるその後の試行錯誤や人間関係もまた「正しい」のである。むしろ、たとえ自分の人生が失敗であっても、やり直しがきかないとしても、他者たちの世界はそれとは無関係に（あるいはこの私の失敗やミスを含み込んで）、偶然的に、新しく開けていくのだ。過去の自分の中の無能性をも肯定的に取り返す形で。未来のバズはそんな現在のバズのことをも消去しようとする。

過去の仕事の失敗や錯誤をリセットしないこと。時代の流れの中で人生をかけたミッションが残念ながら無意味化してしまったという無常に耐えること。そして「男」としての失敗後の人生の積み重ねや試行錯誤の中に、そこで出会えた（べつに英雄でもなく、優秀な人間でも何でもない）人たちとの関係の中に、「新たな故郷＝無限の彼方」を見出そうとすること。

バズはそのようにして、彼なりの「新しい男性性」を見出していくのであり、自分を愛し直せるようになったのである。性規範的な男性性の呪縛を学びほぐすことと、能力主義的なものの重力を無能化していくということがそこでは絡み合い、縺れ合っている。そうした無能化の過程を通して、バズは、彼なりのセルフラブを獲得していったのだ。

現代的な資本主義は、ポスト能力主義（ハイパーメリトクラシー）的なパワーによってあたかもすべての物事を虚無の中に飲み込んでいくかのようである。たとえば前述したように、WOKE（目覚めた、意識の高い）的な資本主義は、労働者や第三世界を依然として搾取し収奪するのみならず、ＬＧＢＴやＳＤＧｓやインターセクショナリティなどの理念をも効率的に取り込みながら、絶え間なく形態変化を展開して、その力を怪物的に強めてきた。複合的で交差的な差別の問題を批判するとしても、そこにはなお、能力主義的なものの厄介な問題が残り続けてしまう。

今やグローバル資本主義こそがインターセクショナルな力を存分に発揮しているとも言える面がある。それは次の事実が端的に示している。つまり、経済成長の力を借りなければいかなる社会問題も解決しない、という空気がリベラル左派にまで浸透してしまっている、ということに。反権力的で反資本主義的な姿勢すらも資本主義の中で消費され、資本の蓄積に利用されていくのだ。そうした現実に対する何重もの無力さの中で、わたしたちは、資本主義の外部を夢見ることを不可能化され、鬱屈し、特定の趣味や文化に依存しながら、現実をやり過ごしていく。資本主義的な欲望は、消費者や生活者であるわたしたちをも「無それ自体」に還元してしまう。だからこそ、ポスト資本主義的な欲望の解放が重要なのであり、ハイパー能力主義に抵抗するための無能化の道が試行錯誤（ストラグル、リブ）されねばならないのだ。

わたしたちは資本主義の力によって労働と欲望をつねにある方向へと駆り立てられている。その圧倒的な現実性を否定することはできない。そこから「降りる」「脱する」ことは、たまたまそれが可能だった人々の特権的な自己満足である。すでに述べてきたように、反資本主義的な態度や文化すらも、つねに消費文化の中に取り込まれて、それを活性化していくだろう。しかしそれでも、資本主義の運動のただなかには、つねにそれとは別の可能性が潜在し、別様の分岐のルートがあり、ポスト資本主義的な「非の潜勢力」（アガンベン）が備わっているはずだ。資本主義の中に資本主義自らを超えていく「ポスト」の力が胚胎されているはずだ。幽霊のように。水子のように。重要なのは、能力と無能力、肯定性と否定性をつねに重層的な弁証法的せめぎ合いの過程の中で見つめようとする眼差しである。

同じように、男たちが自分たちの男性性を批判的に（無力化ではなく）無能化していくという弁証法的な移行過程もまた、たんに競争や努力や能力主義から「降りる」ことではなく、あるいは健常者主義から「脱する」ことでもなく、能力主義と無能力の間の葛藤過程に積極的にコミットしていくことであり、それを通して男性たちに無力感やアパシーを強いる構造的問題に対峙していくことである。ポスト資本主義的な欲望を解放するということは、広義の能力主義（メリトクラシー&エイブリズム&優生思想）の「ポスト」を目指すような弁証法的な無能化の過程なのだ。わたしたちが試みるべきなのは、男性特権やジェンダー不公正をunlearnする（学び捨てる、学びほぐす）ように、能力主義を（反能力や脱能力ではなく）impotence化＝無能化していくことである。もとよりunlearnとは、たんに学問や文化の次元での学び捨てであるのみならず、労働や経済の次元での階級闘争、あるいは階級脱落的な概念でもあったはずである。

トランスパーソンであるポール・プレシアドは、『カウンターセックス宣言』（藤本一勇訳、法政大学出版局、二〇二二年〈原著二〇一八年〉）で次のようなことを論じている。世界大戦間の戦傷男性兵士の研究によれば、義手や義足の開発の目的とは、怪我人のもともとあった自然の手足を模倣して回復させることではなく、障害者の身体を「それが戦争機械の本質的な歯車であったのと同じように、工場生産機械にとっても本質的な歯車となるように修復すること」である。義体労働者と義体兵士は連続しているのだ。男性労働者の身体はそもそもロボットのメタファーで想像されていたのである。「西洋資本主義の奴隷制（プランテーション経済）とテイラー主義の労働管理（平時の産業にして戦時の大量破壊産業）のフレームのなかで、「男性の身体」は、それ自身において、そしてそれ自身から、すでに、いっそう巨大なメカニズムに奉仕する有機的な義体をなしていたのである」。男性的な身体とは根本的に兵士＝労働者の身体である。すでにつねにリハビリによって機能を強化され補完される障害者の身体であり、強制労働に従事するロボットあるいはサイボーグ的な身体なのだ。

プレシアドによれば、手足を失うなどの障害（disability）を抱えた人々は、義肢やリハビリによってロボット＝兵士として機能回復が可能な身体を持っている、と見なされている。そうした意味での障害者たちから区別されて、「不能者（インポテンツ）」という枠組みがある。不能者とは、能力の強化や回復が不可能な人々であり、再生産や生殖が不可能な（とされる）人々である。この意味での不能性＝インポテンツは、じつは、補完され強化されうる障害者＝労働者の身体の外部にある。たとえば、リハビリの分野ではペニスだけは義肢による再構築の埒外にあり、義体＝サイボーグにすらなりえない、とされてきたのである。

プレシアドは、社会モデルに準ずる「ディスアビリティ（障害）」と、そこに回収されえないラディカルな無能性＝インポテンツとしての「アン・エイブル（不-能）」を使い分けている。興味深いことに、プレシアドは、男性性というものを、勃起するペニスや射精のイメージではなく、むしろラディカルな「インポテンツ、疎外、勃起不全、コントロールの喪失」によってこそ暗喩化しようとしている。

すなわち、異性愛主義的な性規範としての男性性（男らしさ）は、競争的な能力主義（メリトクラシー）や、障害者や病者を排除する健常者主義（エイブリズム）とも深く結びついてきた。そのような「男」として主体化＝従属化しなければならない、という性規範的／構造的な呪縛の中にとらわれてきた。そうした意味での「男らしさ」の（構造的かつ内面的な）呪縛をアンラーンするとは、たんに「男らしさ」を学び捨てるという意味ではなく、それを適切に学びほぐしていくことである。ある種のジェンダートラブル／ディスアビリティトラブルの経験を積み重ねながら、自らを無能化＝インポテンツ化していく過程である。わたしたちは脱創造的な無能化を試みて行かねばならない。

たとえば、トキシック・マスキュリニティのトキシックには二重の意味がある。有害性と有毒性。男らしくあろうとして、ハラスメントや性加害などの「有害」さを発揮してしまうことは、その裏面では、自分に対して「有毒」（自家中毒）的であるということ、男らしさの毒に自分もまた苦しめられるということでもありうる。トキシックな男性性とは、有害／有毒の両者が絡み合い、縺れ合うような掙扎＝ストラグルの過程である。そうしたストラグルとしてのリブの中に、過去に削りとり、廃棄し、流し去ってきた男性的なものたちの断片や肉片が水子的に回帰してくるのだとすれば。無能弁証法的な過程自体が資本主義／ジェンダー階級に対する対抗と解放になっていくのだとすれば――。

弱者男性たちにとって無能性とは何か。ハイパーメリトクラシー的な資本主義に回収されえないラディカルな無能力とは何か。わたしたちはいつも何度でも、そのように問い直していこう。

無能な者たちのストラグル――『火ノ丸相撲』

ポスト資本主義的な欲望が目指していくのは、究極的には、能力主義／健全者主義による差別や排除が完全に消滅した世界である。これも何度も確認するが、無能的な弁証法とは、他者との公正な競争、努力、個人の能力などの価値・意味を無意味と見なし、それを廃棄することではない。むしろ逆である。

既存のメリトクラシー体制における有能／無能という階級的差別が消え去り、個々人の欲望＝能力の特異性がそれぞれの形で活かされうるような社会を夢見ることである。

労働・仕事が生活の維持と過度に紐づけられ、賃金労働なしでは生きる権利がないとされる社会の限界を脱して、ポストワーク的／ポスト資本主義的な社会を夢見ること――しかし、それは本当に、たんなる不可能な夢にすぎないのだろうか。わたしたちは前述した「差別と能力主義（資本主義）のジレンマ」を受け止めながら、男性性の中にも潜在するはずのポスト能力主義的で無能的な欲望をいかに解放していけばいいのか。

ここで注目してみたいのは「週刊少年ジャンプ」に掲載された川田の漫画『火ノ丸相撲』（集英社、二〇一四年〜二〇一九年、全二八巻）である。

資本主義的な競争と努力、そして仲間との友情を重視するバトル漫画形式を確立した「ジャンプ」の中でも、二〇一四年に、主人公が弱さ（あるいはhandicap）を抱えた幾つかの作品が連載を開始している。堀越浩平『僕のヒーローアカデミア』（連載二〇一四年〜、連載中）の主人公デク、葦原大介『ワールドトリガー』（連載二〇一四年〜、現在「ジャンプスクエア」で連載中）の三雲修などである。

たまたま当時の編集部にそれらの作品を後押しする空気があったのか、何らかの時代的な必然性があるのか、それはわからない。しかしいずれにせよそれらは、資本主義的な競争と切磋琢磨を重視する「ジャンプ」の中心に出現したポスト能力主義的な作品と言える。

ただしそれらの作品の弱さ（handicap）は、物語の進行とともに逆説的に強さの根拠に反転したり（『僕のヒーローアカデミア』のほか、ウェブメディア「ジャンププラス」に掲載されて爆発的にヒットした『怪獣8号』等もそうだろう)、あるいは、分業体制を前提として「それぞれがチーム＝組織の中で各々の一芸的な特異性を活かす」という方向で解消されることになる(『ワールドトリガー』のほか、かつての『アイシールド21』等もそうだろう)。そうした中で、少年漫画誌としてはマイナーな相撲という競技を選んだ『火ノ丸相撲』はやはり例外的であるように思える。主人公の潮火ノ丸は、「体が小さい」(中学生以降、身長も体調も標準以下しか成長しなかった)という相撲競技者としては致命的なhandicapを背負っているのだ。重要なのは、この作品ではこの出発点のマイナス点(否定的契機)が長大な物語の中で決して解消されず、超克されもしない、ということである。

超能力的な基本設定を取り込んだ多くのバトル漫画作品では、身長や体重の「小ささ」は必ずしもマイナス点にはならない。作画上、親しみやすく小柄に造形されているだけであり、戦闘や競争の弊害にはならない。しかし基本的にリアリズム志向の『火ノ丸相撲』では、主人公の体格のネガティヴィティは都合よく無視されたり解消されたりせず、ほとんど相撲競技の世界においては障害(disability)、奇形(crip)のような解消不能な唯物論性を持ち続ける。火ノ丸の高校相撲、プロ入り後の大相撲の日々は、自らの「体の小ささ」が強いる唯物論的な無能性をめぐる肯定／否定の螺旋状のストラグル＝葛藤となる。

物語の冒頭、日本古来の武道である相撲は、数少ない無差別級の格闘技であり、大きく重たい者が絶対有利であることが強調される。高校相撲でも体重百キロを超える巨漢がひしめく中、火ノ丸の体はあまりに「小さい」。実際に、危険防止のために、新弟子検査で身長一六七㎝以上でなければ大相撲に参加する資格すら与えられない（ただし学生・アマチュア時代に優秀な成績を収めた者を優遇する「幕下付出資格」という、体格を問わない抜け道があり、火ノ丸はこれを目標にしている）。そんな絶対不利の悪条件の中、火ノ丸は大相撲の頂点にして、人間を超えた「神」とも称される横綱を目指していく。相撲という武道に心・技・体のいずれもが必要であれば、生まれつき体が小さい以上、心で負けるわけにはいかない。そう自分を発奮させながら、火ノ丸は「三年先の稽古」（かつて小学生の頃に大横綱である大和国から与えられたアドバイス）という言葉を掲げて、自分を過度に追い込む激しい稽古を続ける。

火ノ丸は心を燃やして誰よりも努力するが、体格の壁に何度も行く手を阻まれる。決して順風満帆とはいかない。一直線に勝ち進むこともできない。また体格差ゆえに怪我もしやすい（ちなみに大相撲編では右手に大怪我を負い、イップスにもなって、火ノ丸の身体的な障害／無能性は二重化する）。しかし敗北や挫折を味わうたびに、悩みながら、また周囲の仲間や大人から助けられながら、体格的な宿命に必死に抗っていく——火ノ丸は実際に最終的には、神になるのではなく、相撲の神に永遠に抗う鬼神として自らを根拠づけるだろう。しかし繰り返すが、その過程においても、決して身体の小ささというhandicapは解消されず、それが都合よく能力の証に反転することもないのだ（少年マンガではしばしば、本人の傷が能力に反転することについては、河野真太郎『新しい声を聞くぼくたち』を参照）。そこに『火ノ丸相撲』という作品のポスト能力主義的＝無能弁証法的な魅力があるように思える。

インターハイ団体戦の準決勝で、火ノ丸は、前年度の高校王者であり、ずっと尊敬してきた天王寺（童子切）と対決する（ちなみに個人戦ではすでに天王寺に敗北している）。その対決の中で、今までの道のりで火ノ丸が得た強さの根拠が示される。それは、究極的な高みの「理想」と底辺の低みの「弱さ」のどちらからも逃げず、どちらをも手放さないことによって得られたものだった。つまり、横綱という理想を手放さなかった、というだけでは火ノ丸は火ノ丸たりえなかった。自分のどうにもならない弱さを認め（それは克服可能なメンタルの弱さではない）、小ささを認め、自力の努力と能力で成長できたのではなく周りの人々に散々支援されケアされてきた事実をも受け入れる。そうした何重ものネガティヴな「弱さ」に耐え続けることを通じて、火ノ丸は周りの仲間や敵たちの強みや長所をも積極的に自分の相撲に取り込んでいった。無数の穴や空洞が自在に水を吸い込むように。

かつての火ノ丸は心技体のうち心だけは誰よりも強くあらねばならない、仲間にすら弱みを見せてはならない、自分がリーダーとしてみなを引っ張っていかねばならない、と強烈に思い込んできた。しかし、現実的な限界に何度も突き当り、自分の弱さを心から思い知った時に、むしろ、相撲の実力においては自分よりも弱く劣る仲間たちの「頼もしさ」を学び知ったのである。その先で得られたのが火ノ丸だけに固有の「火ノ丸相撲」であり、火ノ丸の特異的な欲望そのものだった（第十五巻）。

もちろん火ノ丸の相撲を通した無能弁証法的な過程はそこでも止まらない。火ノ丸は天王寺戦に続くインターハイの団体戦決勝で、大横綱である大和国の息子、久世（草薙）という最強の力士と戦う（ちなみにインターハイ予選で火ノ丸は久世にも敗北している）。準決勝の天王寺との戦いで火ノ丸が自らの「強さ」の秘密を自覚したとしたら、久世との決勝では、自分が少年時代に相撲をなぜはじめたのか、という初発の動機（欲望）があらためて思い出される。そこで確認されるのは、きわめて単純なことである。「相撲が好きだから」。それが原点の感情である。まず、少年時代に憧れた横綱、その横綱をもぶん投げたい、という初期衝動がある。体が成長せずに負け続けた日々に溜め込んだ「負の感情」（ルサンチマン）もある。周りの「期待」への感謝もある。親切にしてくれた人々への「恩義」もある。団体戦のための「みんなとの日々」のかけがえのなさもある。若くして病で亡くなった母親に対する思いもある。どれか一つではない。それらのいずれも「全部ひっくるめて」、しかしそのいずれでもなく、「相撲が好きだから」。火ノ丸はそのことを「思い出す」。その「好き」という感情には、重層的な思いが雑じり合い、混然一体となっている。

その時に、火ノ丸の中で自分の肉体的なhandicap（障害的否定性、唯物論的無能性）の意味があらためて変化する。火ノ丸はその体の小ささゆえに、他のどの選手よりも、相撲中に怪我や死の危険を身近に感じてきた。そのため、誰よりも「生存本能と殺戮本能」の両方が磨かれてきた。そのことを火ノ丸の「体」が「誰より知っている」。「小ささ」ゆえに「誰よりも悩んだ」し「苦労もした」。しかしそのおかげで「誰よりも相撲のことを考えたし／この体のおかげで誰よりも相撲を楽しめたんじゃ」（第十七巻）。そして火ノ丸は感じる。「何度でも何度でも限界を越えてくれるこの体」が自分にとっての「誇り」であると。そこに生まれたのは、まさしく自分の身体へのセルフラブであり、自己尊重（selfesteem）である。しかもそれは「弱さと小ささ」という障害的無能性を決して抹消も忘却もしない形での、奇型的で異形の身体的自己愛なのだ。

『火ノ丸相撲』はここで終りではなく、一六〇話以降は大相撲編がはじまる。そこでも火ノ丸（四股名は鬼丸）の相撲人生は全く順風満帆とは言えない。大怪我を負ってリハビリに時間がかかる。そして自分のような規格外の小兵力士は所詮、横綱になんてなれないのではないか、という絶望に呪縛される。もしも人生を賭してきた相撲で何の結果も得られず、何一つ残せないくらいなら、身命を削るしかないし、勝利のためなら自他を傷つけるのも厭わない、という「死にたがり」のダークサイドに堕ちていく。そこから火ノ丸＝鬼丸の弁証法的な苦闘が再び、あるいは何度でもはじまる。ここではそれを一つずつ詳細に追うことはしない。重要なのは、繰り返すが、この作品では体の小ささというhandicapが完全に解消され超克されることはないということであり、弱さと無能性をめぐる螺旋状のストラグルが何度もはじめ直されることである。火ノ丸はそうした過程を経て、自分が過去に削り取り、捨て去ってきた様々な感情や欲望を、あるいは水子的な肯定性を自分の中に取り返していく。それこそが無能弁証法であり、その過程の中に火ノ丸＝鬼丸だけに固有の相撲道（生き方）の形が示され、ポスト能力主義的な欲望の特異性が示されていくのだ。

水子弁証法とは何か

以前のわたしは、基本的に、「男」＝シスヘテロ男性の立場から出発し、男性性（男性特権や異性愛規範）の内在的な脱構築を試みていく、という戦略を選び取ってきた——他者の声／呼び声という不可能なものに身を開きながら、男性の内部から自分たちを内省的に問い直していくこと。特に『マジョリティ男性にとってまっとうさとは何か』(集英社新書、二〇二一年)では、そうした否定性の果てに、ぎりぎりの形で、何らかの男としての「まっとうさ」を再発見できないか、と考えていった。

しかし、その後、次のように感じるようになった。そこで得られた「まっとうさ」はやはり、一般的な「人間」としての――性別的な「男」として、というよりも――まっとうさであり、そこでは依然として男性性そのものは排斥され、棄却されてしまっているのではないか、と。つまり、性規範的な「男らしさ」の肯定的なあり方を示し得ていないのみならず、性別的な「男」としての自分の存在を肯定的に語り得ていないのではないか。

おそらく「マジョリティ=男性」という枠組みから出発する限り、理論的には、終わりのない無限定の自己否定を続けるしかない(ジェンダーによる不平等や性分業的な不公正がほんとうに廃絶された社会がいつの日か実現するまでは)。そこから出発してしまえば、男性学/メンズリブ的な運動は、構造的な男性特権や覇権的男性性、有害で有毒な男性性などに対する自己批判と学び捨ての無限反復となり、消極的で受動的な撤退戦、あるいは無限の後退戦であらざるをえなくなる。しかしそれはかえって無責任なのではないか。そう感じるようになったのである。

とすれば、やはりそこには、出発点にもともと何らかの重大な錯誤=エラーが孕まれていたのだろう。延々と自己否定や反省を続けるのではなく、わたしは自分の欲望の中に――ほとんどアディクション的でミサンドリー的な男性性の自己否定的運動の中にすらも――何らかの形で、これまでとは別様の欲望として、解放的な自由の断片的イメージを見出していくべきだった。すなわち、男性たちにとって肯定的な男性性——肯定／否定の政治的な敵対性を超えるような高次元の肯定性（yes）——とは何だろうか、男性たちが男性であることを愛するとはどういうことなのか。

第三章ですでに言及したように、医師で脳性マヒ当事者の熊谷晋一郎は、小学生時代に子どもたちでポルノを視聴したときの経験を語っている（『リハビリの夜』、二〇〇九年、医学書院）。子どもたちは、ポルノ映像をみて、ポルノ男優の肉体を目にすることで、大人の男女のセックス時の健常者の動きを、一つの規範として、自分の身体に取り込み、自らの自由意志や欲望をそれに同期・同調させようとしていった。脳性マヒという障害をもつ熊谷の身体は、そうした男優の規範的身体や運動性からはズレて、逸脱せざるをえなかった。しかし、重要なのは、熊谷がその脳性マヒ者としての規範的男性身体からのズレや逸脱の中に、身体の別の運動性を見出し、別の官能（別様の特異的な欲望）の形を発見しようとしてきたことである。健常者の身体性や「男らしさ」に基づくポルノ男優のそれとは異なる、別の欲望・官能の形が潜在的にありえていたのかもしれない。

そもそも、性的マイノリティや障害当事者たちは、健常主義的／異性愛主義的な社会の中で「非規範的＝不自然」とされてきた自分（たち）の身体に対する自尊心やセルフラブの感覚を、弁証法的に——トラブル的＝リブ的に——取り戻すための試行錯誤を歴史的に積み重ねてきたのだった。逆にいえば、男性たちもまた、性規範的に強く正しい「男」であるために、人生の中で様々なものを抑圧し、捨ててきたのだろう。国家と資本のために労働する兵士のような「男」の規範性に従属＝主体化していく中で、少しずつ削り取られ、押し流され、棄ててきたものたちがあったはずである。それらの幽霊的なものたち、水子的なものたちをどうすれば取り返せるのか。

先述したように、トキシック・マスキュリニティを「有害な男性性」と「有毒な男性性」のどちらに翻訳するかは、かなり微妙な違いである。しかし、他者に対して無神経に有害にふるまってしまうことを注意深く否定しながらも、自家中毒的に混乱する自分の誠実さを決して否定しきらないということはできるのではないか（田中美津の「とり乱し」、バトラーのいう「トラブル」）。

つまり、有毒な葛藤的状態の否定性の中になお肯定的なものを弁証法的に再発見していくということ。過去に切り捨てられ廃棄された否定的なものたちが肯定性として、押し流されてしまった無用で無能なものたちがポテンシャルとして、今ここに回帰してくるということ。そうした戦略的な理論と実践を、わたしは仮に、ひとまず暫定的に、無能弁証法あるいは水子弁証法と呼びたいのである。

今現にある「男」の身体・存在の中にも成長と発展の過程でかつては幽霊的／水子的な分岐可能性があった、異性愛の「男」や「健常者」や「日本人」として主体化＝従属化してしまった結果として現在の「男」の身体・存在があるのだが、しかし今もまだ微妙な揺らぎ・振動としてそうした分岐可能性は残り続けている、その産まれ損ねた幽霊的／水子的な可能性を完全に抑圧し抹消することもまた不可能である、そしてそのような地点から男性たちはこの社会を変革していくべきだ……。

さらにわたしたちの眼前には、「批判的男性学」をめぐるジレンマがある。すなわち、一方では、まずはシスヘテロの多数派の「男」という立場を前提にし、それを引き受けなければ、男性特権や性差別の構造的問題を十分に問いえない。しかし他方では、そうした「男」を議論の前提にしてしまえば、ゲイ男性、トランスジェンダー、ノンバイナリー、障害者男性、人種的マイノリティ男性などをあらかじめ除外し排除することになる。では、どうすればいいのか。そうしたジレンマである。

現代のフェミニストたちが（異性愛＝シス的な「女」の属性を集合的アイデンティティとして絶対化するラディカルフェミニズムに対抗して）交差的フェミニズムの立場を主張するのと同じように、男性たちが交差的男性学という立場をためらいなく主張してしまうことができるだろうか。できないだろう。そこでは構造的（制度的、法的）な非対称性や性支配的な権力関係がスキップされ、様々な自己欺瞞が発生することになるからだ。だとすれば、「批判的男性学」とは、こうしたジレンマを受け止めつつ、その先の段階を一歩ずつ、探り探りで増築していくような学問と実践でなければならない。

構造的な上げ底＝男性特権が批判される。無神経ゆえのハラスメントやミクロな差別が批判される。しかし、同じ男性性（マスキュリニティ）と言っても、ゲイ男性、トランス男性、障害男性、在日男性や移民男性などの男性たちにとっての男性的なものは、マジョリティ男性の中の典型的なそれとは異質な、非定型的な意味や可能性を帯びているはずである。あるいは、女性や非男性たちの中にも、何らかの形で断片的男性性があるはずである。映画やマンガ、アニメ、ファッションその他を通じて受肉し受胎したような男性性の肯定的イメージが。とすれば、それらの別様の男性たち、あるいは他の性別／ジェンダーを生きる人々の中の複数的で多元的な男性性を――盗用や簒奪ではない形で――受け止め直し、咀嚼することによって、シスヘテロのマジョリティ男性たちもまた、男性性の肯定的意味を変奏し、異物的に胚胎することができるのではないか。

ドゥルーズ&ガタリによるマイノリティ革命の書『千のプラトー』（宇野邦一他訳、河出文庫、二〇一〇年〈原著一九八〇年〉）によれば、あらかじめ与えられた属性／本質のもとにマイノリティ的な集団が存在するわけではない。集団的属性としてのマイノリティもまた、自分の欲望を特異的に用いることで、マイナーな存在へと政治的に生成変化しなければならない。そしてこの世界にはあらゆる種類の多数多様な欲望の生成変化があり、生成変化とはつねに複数的／交差的なものである。しかし、ドゥルーズ&ガタリの思想の圏域では、「人間＝男」への生成変化だけはありえない、とされてきた。なぜなら「人間＝男」はマジョリティそのものであるからである。

しかしわたしたちは、ドゥルーズ&ガタリに逆らって、マジョリティの男性たちの男性性の中にも複数性があり、様々なマイナーで特異的な欲望の生成変化がありうる、と考えることにしよう。「性別が男性であること」と「社会のマジョリティであること」はイコールではないはずだ。また、男性性（男性らしさ）というものの中にも複数のレイヤーがあり、多元的な可能性があり、弁証法的な変化や部分的移行（トランジション）がありうるはずだ。わたしたちはそのような積極的な可能性を語ることを、批判的男性学のジレンマを抱えながらそれを超えていくことを、ゆるされているだろう。

重要なのは、現在の「男」たちが切り捨てて押し流してきた否定性が別物として、別様の姿で、肯定的な形で回帰してくるということだ。男性たちの欲望や身体やセクシュアリティもまた、たとえ直接的には不可能であるとしても、批判的（critical）な形で、限定的肯定（アドルノ）において、クィア化／トランス化／クリップ化することが可能なのではないか。そのようにして弱者男性たちの中の弱さ、無能性、impotenceが肯定的な要素として受け止め直され、甦ってくる。繰り返すが、わたしはそれをここで、無能弁証法、あるいは水子的弁証法と呼んでみたいのである。

増補改訂版・あとがき

男性にとって弱さとは何か。

それがこの本の主題である。それは旧版の時から変わらない。

もともと、集英社新書版（二〇一六年）を刊行する時にわたしが付けたかったタイトルは『男にとって弱さとは何か』だった。当時の集英社新書編集部の皆さんが、読者にいかにこの本を届けるか、売っていくか、ということを考慮してくれた。結果的に『非モテの品格』というキャッチーなタイトルが選ばれた。わたしがもともと提案したタイトルはサブタイトルの位置におさまった。

どちらのタイトルがメインであるべきだったか、読者の皆さんからの反応や意見は様々だった。ここでは一概には言えない。ただ、『非モテの品格』という題名が、本の内容ぜんたいを正確に反映していない点は、自分でも気になっていた。実際にそのような指摘も受けた。性愛の問題を中心的に論じたのは、全三章のうちの第二章だけだったから。

そのために今回の改訂版では、メインタイトルを本来の『男にとって弱さとは何か』に戻そうと考えていた。事前にそう伝えてもいた。しかし、再校ゲラの作業が終わり、前書きの部分も提出したあとで、編集部と営業部から、「弱さ」という言葉を入れると本が売れない、という助言があった。読者の皆さんがレジに持っていくのを躊躇するのではないか、と言う。

わたし個人にはそれでも、『男にとって弱さとは何か』というもともとの題名には強いこだわりがあり、何度かやり取りがあったが、残念ながら許可は降りなかった。編集部から提案された書名の語句をわたしが少し修正した題名が選ばれた。正直に言えば、しばらく落ち込んだ。鬱々とした時間を過ごした。自分の書き手としての弱さを感じた。

しかし、気落ちしているうちに、こう感じるようにもなった。こうしたささやかな躓きのエピソードもまた、現在の社会にとっての「男性の弱さ」「男の無能さ」が置かれた位置を示しているのだろうか、と。世間一般ではまだまだ、弱さを言葉にすること、無能さを思考することにすらも抵抗感がある男性たちが少なくないのかもしれない。だとしたら、本書の内容は、旧版のそれもふくめて、まだまだ無意味でも無意義でもないのだろう。誰かに届けられ、読まれる意味があるのだろう。そんな風に考えるようになった。

この本が届くべき人に届きますように。

二〇二三年八月二一日

杉田俊介

男が男を解放するために
非モテの品格・大幅増補改訂

2023年9月19日　初版印刷
2023年10月10日　初版発行

著者　杉田俊介

デザイン　北村卓也

編集　大久保潤（Pヴァイン）

発行者　水谷聡男
発行所　株式会社Pヴァイン
〒150-0031
東京都渋谷区桜丘町21-2 池田ビル2F
編集部：TEL 03-5784-1256
営業部（レコード店）：
TEL　03-5784-1250
FAX　03-5784-1251
http://p-vine.jp
ele-king
http://ele-king.net/

発売元　日販アイ・ピー・エス株式会社
〒113-0034
東京都文京区湯島1-3-4
TEL　03-5802-1859
FAX　03-5802-1891

印刷・製本　シナノ印刷株式会社

ISBN　978-4-910511-54-2